Monika Rox-Helmer

Jugendbücher im Geschichtsunterricht

W0231148

Herausgegeben von
Ulrich Mayer
Hans-Jürgen Pandel
Gerhard Schneider
und Bernd Schönemann

METHODEN HISTORISCHEN LERNENS

WOCHEN
SCHAU
GESCHICHTE

Bibliografische Information der Deutschen Bibliothek

Die Deutsche Bibliothek verzeichnet diese Publikation in der Deutschen Nationalbibliografie; detaillierte bibliografische Daten sind im Internet über http://dnb.ddb.de abrufbar.

www.wochenschau-verlag.de

Sie wollen mehr Informationen zu unseren Büchern? Zu jedem Titel finden Sie Autorenangaben, Inhaltsverzeichnisse, Über-sichts-texte im Internet. Sie wollen sich zu einem bestimmten Sachgebiet informieren? Klicken Sie auf die Themenstichwörter: So erhalten Sie einen guten Überblick. Wollen Sie alle Veröffentlichungen eines bestimmten Autors finden? Gehen Sie in die Autoren-auskunft. Wollen Sie sich über einen Arbeitsbereich in-formieren? Nutzen Sie unsere Spezialkataloge. Alle Titel können Sie einfach im Shop gegen Rechnung bestellen.

Die Reihe „Methoden Historischen Lernens"
wird herausgegeben von
Ulrich Mayer
Hans-Jürgen Pandel
Gerhard Schneider
und Bernd Schönemann

Illustrationen: Roderich Helmer
Fotos: Monika Rox-Helmer
Umschlaggestaltung: Ohl Design
Gedruckt auf chlorfrei gebleichtem Papier
Gesamtherstellung: Wochenschau Verlag
ISBN 3-89974224-9

Monika Rox-Helmer

Jugendbücher im Geschichtsunterricht

Pautos.

Inhalt

Zwei gar nicht so seltene Einzelfälle 7
1. Vorbemerkung 9
2. Historisches Jugendbuch – ein Definitionsversuch 12
3. Fiktives im wissenschaftsorientierten Geschichtsunterricht –
   darf das sein? 16
4. Geschichte im Jugendbuch – das ist nichts Neues 21
5. Didaktische Stichworte und ihr Bezug zum historischen
   Jugendbuch als Medium 28
5.1 Stichwort: Geschichtsbewusstsein 28
5.2 Stichwort: Imagination 32
5.3 Stichwort: Alltagsgeschichte 34
5.4 Stichwort: Multiperspektivität 35
5.5 Stichwort: Personifizierung 36
5.6 Stichwort: Schulformdifferenzierung 38
5.7 Stichwort: Schülerinteressen 39
6. Lernen aus PISA – Vermittlung von Lesekompetenz
   im Geschichtsunterricht 41
7. Die Qual der Wahl – Auswahl- und Analysekriterien 49
7.1 Kriterium: literarische Qualität 49
7.2 Kriterium: Brücke zur Freizeitlektüre 50
7.3 Kriterium: Klassiker 51
7.4 Kriterium: Vorwissen 53
7.5 Kriterium: fachliche Qualität 53
7.6 Kriterium: Multiperspektivität 55
7.7 Kriterium: Personifizierung von Geschichte 55
7.8 Kriterium: Lesegenuss 56
7.9 Besondere Hinweise für leseungewohnte Jugendliche 57
8. Orientierungsmöglichkeiten auf dem Buchmarkt 61
9. Praxisbeispiele 67
9.1 Die Arbeit mit Ausschnitten aus Jugendbüchern 68
9.2 Lesenacht – Kriminacht 72
9.3 Eine ganze Kiste voller Bücher –
    der Umgang mit Bücherkisten 80

9.4   Die Lesekiste – ein eigenes Museum im Schuhkarton 86

9.5   Ein Lexikon zum Buch 98

9.6   Vom fiktiven Zeitbild zum Interview:
      ein Roman als Einstieg in eine Zeitzeugenbefragung 106

9.7   Die Zeitleiste – fiktives und historisches Geschehen
      im Überblick 116

9.8   Das Tagebuch zum Buch:
      ein produktionsorientiertes Verfahren 130

9.9   Ein Jugendbuch als Quelle 141

9.10 Historisch-literarischer Spaziergang – auf den Spuren
      fiktiver Figuren und vergangener Zeiten 152

9.11 Schüler schreiben Rezensionen zu Büchern
      über den Nationalsozialismus 170

10.   Materialien 177

11.   Beispielcurriculum 189

12.   Anmerkungen 198

13.   Verzeichnis der erwähnten Jugendbücher 210

14.   Verwendete Literatur 214

Zwei gar nicht so seltene Einzelfälle

Anna:

„Zum Glück, die Hausaufgabenbesprechung ist vorbei und ich bin nicht dran gekommen. Himmel hilf, jetzt teilt die Lehrerin auch noch ein Arbeitsblatt aus! Was für eine exquisite Gestaltung! Braunes Papier und nirgendwo ein freies Plätzchen, der Zettel ist wirklich von oben bis unten voller Text!

Ich wusste es: Quellenarbeit! Anmarkern!

Irgendein Fritz von Schnarch hat sich diese blöden Urkunden rausgeleiert und jetzt werden damit arme Schüler gefoltert. Das ist doch ungerecht! Der wollte doch nur irgendwas mit seinem Minister klären, was geht mich das an? – Was der für geschraubte Sätze schreibt, und was will der eigentlich? – Selbst die Hausordnung der Schule würde ich jetzt lieber abschreiben!

Wie ich diese kurzen Textschnipsel hasse, eigentlich kann ich alles anmarkern, am Ende wird doch aus jedem Wort was rausinterpretiert, und am Ende weiß ich alles über die paar'n fünfzigste Heeresreform von Fritz dem Verblödeten, aber was soll das? Wenn ich was über die Vergangenheit wissen will, will ich was über die Leute wissen. Mich interessiert, was die erlebt haben und was die gefühlt haben. Ich möchte echte Menschen aus der Zeit kennen lernen, die auch mal Blödsinn machen und nicht immer nur wichtige Sätze zum Anmarkern von sich geben.

Wenn ich bloß zu Hause wäre, da hab ich einen Roman, der spielt in einem Kloster ... Da geht eine Nonne durch den Kräutergarten, fast kann ich den Lavendel riechen, die Melisse und den Thymian. Den holte die Hauptfigur, denn er soll gegen schlimmen Husten helfen. Thymian, Thymian, klar, das gehört an italienische Gerichte, aber ist das auf meiner Hustensaftflasche nicht auch Thymian?"

Frank:

„Ein großer realistischer Roman hat mein Deutschlehrer gesagt ... Realistisch kommt mir das aber überhaupt nicht vor. Endlose Beschreibungen und Andeutungen, ohne dass es zur Sache geht. Auf den ersten vier Seiten, da wird nur ein Haus beschrieben. Klar, es ist ein großes Haus mit großem Garten, aber vier Seiten, das ist zu viel, da wäre eine Zeichnung extrem

hilfreich, aber auf so was kommen die natürlich nicht, diese Dichter. Wahrscheinlich wurden die pro Seite bezahlt.

Bis Montag noch mindestens 200 Seiten! Das ist die reine Quälerei. Ich kann mir nicht vorstellen, dass das einer mal freiwillig gelesen hat. Das ganz dicke Ende kommt dann erst in den nächsten Stunden: die großen, einzig wahren Interpretationen! Ein Riesenblabla, meine ich!

Vor ein paar Jahren, da hatte ich noch Spaß am Lesen. Da bin ich mit den „Drei Fragezeichen" auf Verbrecherjagd gegangen, eigentlich war es immer schade, wenn eine Geschichte zu Ende war, aber zum Glück gab es ja immer noch eine Folge, und die ‚Fünf Freunde' waren auch noch da. Wo sind die Bücher jetzt eigentlich hingekommen? – Ist ja egal, jetzt bin ich dafür sowieso zu alt. Das war doch alles Kinderkram.

Freiwillig lese ich sowieso kein Buch mehr. Nur noch Computerzeitschriften und mal die BRAVO, wenn ich die in die Finger kriege. Die meiste Zeit geht mit Internet und Computer drauf. Gut, dass man da nicht zu lesen braucht – oder wenigstens nur Fakten.

Weshalb sollte man sich überhaupt mit ausgedachtem Zeug beschäftigen. Ist doch unreal, das bringt doch nichts. Und so etwas muss man sogar für die Schule machen. Dann ist mir ja sogar das Geschichtsbuch noch lieber. Da geht's wenigstens um Fakten. Das ist zwar nicht so spannend und ich kann nicht so mitleben wie früher bei meinen Abenteuer- und Detektivgeschichten, aber man lernt wenigstens noch was über das Leben früher. Und manchmal gibt's schon echt interessante Details."

1. Vorbemerkung

Das Interesse an geschichtlichen Fragen ist bei Kindern und Jugendlichen ganz natürlich. „Wo komme ich her, wie sah es in Städten früher aus, wie war das mit den Römern oder den Rittern, was aßen und tranken unsere Vorfahren, wie gingen sie mit Krankheiten um?"

Da ist es nicht erstaunlich, dass es auf dem Buchmarkt eine Fülle an Jugendbüchern mit historischen Themen gibt, dass dieser Markt beständig weiter wächst und dass diese Bücher zum Teil mit großer Begeisterung gelesen werden.

Mit dem Geschichtsunterricht sieht es zuweilen aber anders aus. Häufig kann die Schule die Begeisterung für die Sache nicht umsetzen in eine Begeisterung für das Fach. Da stellt sich die Frage, warum im Geschichtsunterricht nicht viel öfter auf Jugendbücher zurückgegriffen wird und diese als Medium zur Geschichtsvermittlung genutzt werden.

Wenn dies dennoch geschieht, werden meist nur Auszüge behandelt. Neuere Schulbücher bieten zu bestimmten Themen auch Ausschnitte aus Jugendbüchern an, einige Verlage haben kurze Texte zu verschiedenen Themen zusammengestellt, die Zeitschrift „Geschichte lernen" bietet zu ihrem jeweiligen Heftthema in der Regel auch einen Unterrichtstipp an, der auf einem Textausschnitt aus einem Jugendbuch beruht und mit Arbeitsaufträgen so aufbereitet ist, dass er im Unterricht konkret umsetzbar ist. Diese Arbeit mit Auszügen aus Jugendbüchern ist sicherlich didaktisch wertvoll und sollte in jedem Fall weiter betrieben werden. Dennoch ermöglicht die Arbeit mit Ausschnitten nicht das völlige Abtauchen in die dargestellte Zeit, es ist längst nicht so ein schönes und eindrückliches Erlebnis wie das Lesen eines ganzen Romans, und es ist auch nicht so beliebt bei Schülerinnen und Schülern wie das Lesen von historischen Jugendbüchern in ihrer Freizeit.

Aber ein ganzes Buch – einen ganzen Roman – im Geschichtsunterricht zu lesen, das scheint ein schwieriges Unterfangen zu sein. Schwierig mag es auch deshalb sein, weil sich die Geschichtsdidaktik bislang wenig mit den praktischen Seiten dieses Themas beschäftigt hat, auch wenn der didaktische Nutzen von historischen Jugendbüchern für den Erwerb von Geschichtswissen und den Aufbau eines Geschichtsbewusstseins immer wieder betont wird.

Hinzu kommt, dass spätestens seit der Auswertung des ersten PISA-

Tests deutlich geworden ist, dass die Förderung von Lesekompetenz nicht nur Ziel des Deutschunterrichts sein darf (PISA = Programme for International Student Assessment). Damit bekommt das Lesen – auch von längeren Texten – im Geschichtsunterricht einen ganz neuen Stellenwert.

Es fehlen allerdings methodische Konzepte, die den Umgang mit historischen Romanen für den Geschichtsunterricht praktikabel machen. Handbücher und Überblicksdarstellungen zur Didaktik oder Methodik machen zwar Vorschläge, diese bleiben aber unkonkret und müssen von der Lehrkraft mühsam auf ein Jugendbuch übertragen werden. Unterrichtsmodelle zu einzelnen Lektüren sind in der Regel für den Deutschunterricht konzipiert und gehen auf historisches Lernen nur am Rande oder im günstigsten Fall fächerübergreifend ein. Unterrichtsmodelle zu historischen Jugendbüchern, die für die besonderen Anforderungen und Zielsetzungen des Geschichtsunterrichts konzipiert sind, sind Mangelware. Hinzu kommt, dass das methodische Werkzeug, das die Schülerinnen und Schüler für den Umgang mit Romanen benötigen, in der Geschichtsdidaktik normalerweise nicht vorkommt.

Diese Lücke versucht dieses Buch zu schließen, indem es ein Methodenrepertoire vorstellt, mit dem Jugendbücher im Geschichtsunterricht behandelt werden können.

Zuvor sind jedoch einige theoretische Ausführungen notwendig. Aufgrund der nahezu unübersehbaren Fülle an Jugendlektüren muss zunächst eine Arbeitsdefinition dafür gefunden werden, was als historisches Jugendbuch gilt. Danach wird die Frage erörtert, ob Fiktives überhaupt einen Platz im wissenschaftsorientierten Unterricht haben darf. Nachdem begründet wird, warum diese Frage zu bejahen ist, wird aufgezeigt, dass die fiktive Vermittlung von Geschichtswissen nichts Neues ist, sondern bereits selbst eine Geschichte hat. Im Anschluss daran wird das didaktische Potenzial von Jugendbüchern untersucht, indem verschiedene didaktische Stichworte, die in der Diskussion der letzten Jahre grundlegend waren, mit Blick auf das Medium historisches Jugendbuch beleuchtet werden. Aufgrund der aktuellen Diskussion über PISA und der Bedeutung dieses Themas soll auf die Vermittlung von Lesekompetenz im Geschichtsunterrichts in einem eigenen Kapitel eingegangen werden.

Die beiden letzten Kapitel des theoretischen Teil bieten bereits einen Übergang zur Praxis: In Kapitel 7 werden konkrete Hilfestellungen und Beurteilungskriterien für die Auswahl von Büchern für den Unterricht vorgeschlagen und in Kapitel 8 werden Möglichkeiten vorgestellt, sich auf dem Jugendbuchmarkt zu orientieren.

Der Praxisteil stellt in lockerer Reihenfolge einige Methoden zum Umgang mit Jugendbüchern vor, wobei dies keineswegs ein abgeschlossenes Methodenrepertoire, sondern als erster Ansatz zu sehen ist, literarisch-historische Methoden vorzustellen und zu sammeln.

2. Historisches Jugendbuch – ein Definitionsversuch

Gegenstand dieser Veröffentlichung ist das historische Jugendbuch. Dieser Begriff ist nicht leicht zu fassen. Der folgende Versuch einer Definition legt zumindest eine Arbeitsdefinition fest und gibt damit eine Orientierung für die weiteren Ausführungen. Gleichzeitig werden die Grenzen dieser Arbeit gezeigt, die sich nicht allen Facetten des historischen Jugendbuches widmen kann.

Schon allein der Begriff „Jugendbuch" ist schwer zu bestimmen. Ist jedes Buch, das ein Jugendlicher liest, ein Jugendbuch? Das wäre keine hilfreiche Definition. Die Literaturwissenschaft hat verschiedene Definitionsversuche zusammengestellt und begrifflich unterschieden:[1]

1. Die Gesamtheit der von Jugendlichen rezipierten fiktionalen und nichtfiktionalen Texte wird als *Jugendlektüre* bezeichnet.
2. Die Gesamtheit der für Jugendliche als geeignet empfundenen Literatur wird als *intentionale Jugendliteratur* bezeichnet. Diese Literatur muss nicht für Jugendliche geschrieben worden sein, wird ihnen aber zum Lesen empfohlen.
3. Die Gesamtheit der speziell für Jugendliche geschriebenen fiktionalen und nicht-fiktionalen Texte gilt als *spezifische Jugendliteratur*. Sie sind bewusst auf jugendliche Leserinnen und Leser im Alter zwischen zehn und sechzehn Jahren hin konzipiert.

Für die Auseinandersetzung mit Geschichte oder den Aufbau eines Geschichtsbewusstseins können alle Bereiche der Jugendliteratur eine Rolle spielen. Um das Thema überschaubar zu halten, werde ich mich auf die spezifische Jugendliteratur beschränken, in denen geschichtliche Themen speziell für Jugendliche verarbeitet sind. Der Übergang zum historischen Roman für Erwachsene, bei denen historische Kriminalromane beliebt sind, ist dabei allerdings fließend.

Der Begriff *historisches Jugendbuch*, wie er im allgemeinen Sprachgebrauch für diese Literaturgattung benutzt wird, ist in der Geschichtsdidaktik irreführend. Die Geschichtsdidaktik verwendet das Attribut „historisch" normalerweise für die Bedeutung „aus der Vergangenheit stammend". Demnach wäre in Analogie etwa zur Untersuchung von „historischen Karten" und „Geschichtskarten" ein „historisches Jugendbuch" ein Buch, das in der Vergangenheit für Jugendliche geschrieben

wurde und das jetzt als Quelle verstanden wird.[2] Das ist im allgemeinen Sprachgebrauch allerdings nicht gemeint, und auch in der Geschichtsdidaktik haben sich statt des Begriffs „Geschichtsroman" die Begriffe „historischer Roman" oder „historisches Jugendbuch" durchgesetzt. Sie sollen deshalb auch hier verwendet werden. „Historisch" be-deutet in dieser Zusammensetzung nicht „aus vergangenen Zeiten stammend", sondern es bezeichnet eine Literaturgattung, die aus zeitlicher Distanz heraus ein Thema aus vergangener Zeit behandelt.[3]

Neben den fiktiven Romanen, die im Folgenden im Mittelpunkt der theoretischen und praktischen Überlegungen stehen werden, gibt es weitere Genres, die ebenfalls in den Bereich der historischen Jugendbücher fallen. Da sich einige davon ebenfalls für den Geschichtsunterricht eignen, soll wenigstens kurz auf sie eingegangen werden. Die Übergänge zwischen den einzelnen Genres sind ohnehin fließend.

Vom fiktiven Roman gibt es über den autobiographischen Roman eine direkte Linie zur Biographie. Eine *Biographie* ist „die ausgeführte, das ganze Leben umfassende Darstellung."[4] In der Biographie wird die Darstellung des Lebens einer Person als Mittel zum besseren Verständnis der Geschichte genutzt. Das kann sehr wohl dem Erwerb historischen Wissens dienen, insbesondere dann, wenn die Biographie die dargestellte Person als einen Menschen mit Stärken, Schwächen und Abhängigkeiten zeigt, der in die geschichtlichen Strukturen eingebunden ist. Dadurch kann es zu einer fruchtbaren Wechselbeziehung zwischen der Rekonstruktion fremder Lebensläufe und dem Lebenslauf des Lesers kommen.[5] Einige Jugendbuchverlage veröffentlichen in speziellen Reihen Biographien für junge Leser, die Gewinn bringend im Geschichtsunterricht eingesetzt werden können.[6]

Während der Biograph über das Leben einer anderen Person berichtet, erzählt der Autor einer Autobiographie von Ereignissen aus seinem eigenen Leben, einem Lebensabschnitt oder von seinem ganzen Leben. Damit ist die Autobiographie die „subjektivste Form der Geschichtsschreibung".[7] Sie entsteht erst durch erzählerische Konstruktionen: durch Auswahl, Hervorhebung, Verdichtung, durch Herstellung von Zusammenhängen und durch gezieltes Auslassen bestimmter Aspekte. Damit liegt die (Auto-)Biographie zwischen Geschichtsschreibung und Belletristik. Wie fließend auch hier die Übergänge sind, zeigt die Fülle an autobiographischen Romanen, die es in der zeitgeschichtlichen Literatur gibt. Sie haben eine spezifische Wirkungsdimension. Die lebensgeschichtlich verbürgte Erfahrung zieht den Leser ins Vertrauen und vermittelt so eine Nähe, wie sie sonst nur im mündlichen Erzählen vorkommt. Damit sind autobiographische Erzählungen besonders geeignet, historische Erlebnisse weiterzugeben,[8] müssen aber genauso kritisch analysiert werden wie Quellen und fiktive Jugendbücher.

Ein ganz anderes Genre ist das *historische Sachbuch für Jugendliche.* Es unterscheidet sich von den historischen Jugendromanen dadurch, dass nicht fiktiv erzählt wird, sondern ein bestimmter historischer Sachverhalt dargestellt wird. Von der wissenschaftlichen Fachliteratur unterscheidet es sich, weil es sich an einen breiten Leserkreis interessierter Laien und vor allem Jugendlicher wendet. Die Autoren sind nicht immer Historiker, verfügen aber in der Regel über journalistische Fähigkeiten, die die sprachliche Gestaltung in die Nähe der Literatur rücken.[9] Die Arbeit mit Bildmaterialien spielt in diesem Genre eine immer größere Rolle. Zahlreiche Veröffentlichungen haben zum Ziel, ihr Thema von der visuellen Seite her zu erschließen.[10]

Obwohl die Trennung zwischen Sachbuch und Roman durch die Unterscheidung zwischen nicht-fiktional und fiktional zunächst eindeutig erscheint, gibt es auch hier in der Jugendliteratur fließende Übergänge. So rückt z.B. das Hinzufügen einer fiktiven Begleitfigur, die dem Leser eine Identifikationsmöglichkeit gibt,[11] solche Texte ebenso in die Nähe des historischen Jugendromans wie Dramatik oder Lebendigkeit der Darstellung. Auch biographische Werke können zwischen Jugendroman und Sachbuch angesiedelt sein.[12] Einige Überblickswerke erheben sogar den Anspruch, bestimmte Aspekte der Geschichte chronologisch darzustellen.[13] Ein anderer Weg ist es, das dargestellte Wissen in eine Rahmenhandlung einzubetten, in der es wiederholt, hinterfragt und reflektiert werden kann. Leider gelingt das selten so gut wie in „Sofies Welt" von Jostein Gaarder, der die Geschichte der Philosophie in eine spannende Romanhandlung integriert. Manchmal ist die Rahmenhandlung allerdings mehr didaktisches Instrument als Identifikationsangebot für den jugendlichen Leser.[14]

Einen sehr reizvollen Ansatz bietet die neue Form der *interaktiven Abenteuerromane*, bei denen der Leser unter mehreren Alternativen selbst bestimmen kann, wie die Handlung weitergeht.[15] Ähnlich wie in Computer-Spielen können hier Punkte für besonderes Wissen gesammelt werden bzw. muss bei Nicht-Wissen erneut begonnen oder es müssen Umwege gegangen werden.

Hingewiesen sei noch auf die Gattung der *Nacherzählung historischer Texte* wie etwa der antiken Mythen für Jugendliche, die oft durch sachbuchartige Seiten ergänzt sind.[16]

Bei Schülerinnen und Schülern ist auch der *Comic* eine beliebte Form für die Geschichtsdarstellung, weil er ein Medium ist, das sie auch in ihrer Freizeit gern nutzen. Hier dominiert jedoch – abgesehen von den so genannten Funnies[17] – das visuelle Element, das einer gesonderten Behandlung bedarf. Deshalb soll sich im Folgenden ausschließlich auf historische Romane für Jugendliche konzentriert werden.

3. Fiktives im wissenschaftsorientierten Geschichtsunterricht – darf das sein?

Historische Jugendromane haben inhaltlich viele Facetten: Oft bieten sie Abenteuergeschichten, es werden Kriminalfälle oder Geheimnisse gelöst, schwierige Situationen gemeistert, Gefahren überwunden oder Probleme des Erwachsenwerdens angesprochen. Aber eines ist allen diesen Texten gemeinsam: Sie sind immer eine „Mischform von Fiktion und Tatsachendarstellung".[18] Selbst autobiographische Texte oder Romane, die auf Tatsachen beruhen, orientieren sich durch ihre literarische Ausgestaltung nicht nur an der historischen Wahrheit. Damit stellt sich die Frage, ob der historische Jugendroman überhaupt einen Platz in einem Geschichtsunterricht haben darf, der an die Ergebnisse und Methoden der Fachwissenschaft gebunden ist.

Historische Romane stellen keine wissenschaftlich verbürgte Geschichte dar und wollen das auch gar nicht. Das lässt sie im ersten Augenblick unbrauchbar für den Geschichtsunterricht erscheinen. Doch die Art ihrer Fiktion unterscheidet sich erheblich von anderen fiktionalen Texten, die fremde Welten oder Zeiten nur als Kulisse be-nutzen. Historische Jugendbücher erzählen Handlungen eingebunden in eine bestimmte historische Situation so, wie sie sich abgespielt haben könnten. Fiktionalität bedeutet in diesen Romanen also nicht freie Erfindung, sondern – trotz aller dichterischen Freiheit – eine historisch wahrscheinliche und möglichst authentische Darstellung. Anders als viele andere fiktive Werke der Belletristik sollen diese Romane nicht nur unterhalten, sondern ganz nebenbei einen Eindruck von den Lebensumständen früherer Generationen vermitteln. Sie zeigen, wie Menschen in einer bestimmten Zeit gelebt haben, was sie gegessen oder welche Tätigkeiten sie ausgeübt haben. Die gesellschaftliche Stellung unterschiedlicher Gruppen – gerade auch von Frauen und Kindern – wird in diesen Jugendbüchern ebenso thematisiert wie die Zwänge, die den Menschen durch Sitten und Gebräuche auferlegt wurden.[19] Geschichte wird damit sehr konkret und anschaulich, sie wird sozusagen erlebbar.

Dennoch gibt es zahlreiche *Bedenken*, die gegen den Einsatz fiktionaler Erzähltexte im Geschichtsunterricht vorgebracht werden:

◆ Erzählen in fiktionalen Texten münde leicht in freies Fabulieren, ohne Rücksicht auf historische Strukturen, Denkweisen oder Ereignisse.

- ◆ Ein geschlossener Erzähl-verlauf suggeriere historische Eindeutigkeit, die es so aber nie geben kann.
- ◆ Konkretheit, Individualisierung und Bildhaftigkeit erzeugten beim Leser den Eindruck, er habe es direkt mit vergangener Realität zu tun.
- ◆ Es fehle die notwendige Distanz zur Subjektivität und Fiktionalität des Erzählten.
- ◆ Die Behandlung ganzer Romane sei eine Überforderung der Schüler, denn die Lektüre sei zu zeitaufwändig, die Romanhandlungen seien zu umfangreich und in ihren Handlungssträngen, mit ihrem Figurenarsenal, ihrer psychologischen Motivierung und der erzählerischen Ausgestaltung zu komplex.

- ◆ Geschichte werde personalisiert. Sie werde dargestellt als Ergebnis des Handelns oder aus der Sicht einzelner Persönlichkeiten.
- ◆ Manipulationen der Schülerinnen und Schüler seien leichter möglich als bei nüchternen Schulbuch- oder Sachbuchtexten.

Mit einigen dieser Argumente wurde Anfang der siebziger Jahre die fiktive Geschichtserzählung aus dem Geschichtsunterricht verbannt. In der neueren Didaktik aber findet das Erzählen sowohl in Form der Geschichtserzählung als auch in Form von längeren epischen Texten eine andere Bewertung. Es wurde inzwischen erkannt, dass die Vorteile des fiktionalen Erzählens für die Vermittlung von Geschichtswissen deutlich überwiegen und dass ein reiner Arbeitsunterricht die Schülerinnen und Schüler kaum für eine Beschäftigung mit Geschichte motivieren kann.[20] Außerdem können die oben genannten Einwände durch eine kritische Textauswahl bzw. -konzeption und einen reflektierten Umgang mit diesem Medium behoben werden: Es ist selbstverständlich, dass die erzählenden Texte historisch triftig und plausibel sein müssen; es muss erkennbar sein, dass es sich um eine Fiktion handelt. Dennoch sollten historische Strukturen richtig erfasst sein; die Handlung sollte motivieren und nicht aus der Sicht einer für die Geschichte bedeutenden Persönlichkeit geschrieben sein, aber dennoch personifiziert sein;[21] die Figuren sollten einen in der Zeit vorfindbaren Sozialtypus vertreten; die Texte müssen so viele Leerstellen enthalten, dass Wertungen und Interpretationen für den Leser offen bleiben.[22] Für den Umgang mit dem Medium Jugendbuch ist es wichtig, dass die literarische Lektüre nicht allzu naiv betrieben wird. Dafür muss die Lehrkraft ihre Schülerinnen und Schüler zu einer elaborierten Form der Rezeption anleiten, d.h. zu einem Leseverhalten, das es ermöglicht, sich auf die Bildhaftigkeit, Konkretheit und Dramatik einzulassen, ohne dass diese eine suggestive Wirkung bekommen und Fiktionalität zum Illusionismus wird.[23] Dafür muss sichtbar gemacht werden, dass der historische Stoff künstlerisch verarbeitet wurde. Letztlich wird dann die Unterscheidung zwischen Realität und Fiktion ebenso selbstverständlich wie im quellengestützten Geschichtsunterricht die Unterscheidung zwischen Quellen und darstellenden Texten.

Damit werden hohe Ansprüche an die Texte gestellt und vor allem wird eine hohe methodische Kompetenz gefordert. Dabei ist die folgende Überlegung grundlegend: Beim historischen Lernen können kaum primäre Erfahrungen gemacht werden, erst Geschichten veranschaulichen die Geschichte. Sie lassen Bilder vor dem inneren Auge des Lesers entstehen. Sie ermöglichen ein „Einleben" in die historische Situation, denn die Zeitumstände, die Möglichkeiten historischen Handelns sowie die geschichtlichen Erfahrungen werden anhand kon-kreter Figuren veranschaulicht und damit für den Leser erfahrbar gemacht. Geschichten bieten die Möglichkeit, über eine Identifikation oder Anteilnahme mit der Hauptfigur Emotionen zu einem historischen Thema zu entwickeln.

Dieser Einsatz lohnt sich, denn fiktive Erzählungen haben als Medium im Geschichtsunterricht eine Reihe von *Vorteilen:*

◆ Historische Jugendbücher wirken motivierend: Sie machen auf ein Thema neugierig, verführen zum Lesen und regen zur Beschäftigung mit Geschichte im Allgemeinen an.

◆ Fiktive Erzählungen können für den Unterricht Lücken in der Überlieferung schließen. Es kann von solchen Menschen oder Zeiten erzählt werden, die in den überlieferten schriftlichen Quellen nicht vorkommen. Themen aus der Sozial-, Alltags-, Kultur- und Mentalitätsgeschichte können hier mit dem Blick von unten dargestellt werden.

- Erzählte Geschichte liefert Personifizierungen, die – im Unterschied zu den meisten schriftlichen Quellen – ebenfalls einen Blick von unten ermöglichen und damit andere Aspekte alltags- und mentalitätsgeschichtlicher Themen in den Unterricht einbringen können.
- Erzählte Geschichte ermöglicht eine Begegnung mit dem historisch oder kulturell Anderen. Der Leser bekommt eine kohärente Vorstellung von den Gedanken, Gefühlen und Stimmungen dieser anderen Menschen. Damit kann er das vermeintlich Selbstverständliche relativieren, Alternativen durchdenken und unterschiedliche Wertvorstellungen vergleichen.
- Allein durch Quellenarbeit ergibt sich für die Schülerinnen und Schüler häufig kein Gesamtbild. Dieses oft noch unzusammenhängende Wissen kann durch die ergänzende Lektüre eines passenden Jugendbuches zu einem Gesamtbild zusammengefügt werden. Denn in Romanen werden zusammenhängende, längere Geschichten dargeboten, die sehr viel prägender für das Geschichtsbewusstsein sind als Einzelinformationen, wie sie die „Texthäppchen" im Schulbuch anbieten.
- Jugendbücher können dort eingesetzt werden, wo wegen des Alters oder des Bildungsstandes der Schüler die Arbeit mit bestimmten Quellenarten nicht angemessen ist.
- Jugendbücher sind nicht den Zwängen von Lehrbüchern unterworfen; sie können kreativer als diese mit dem vorgegebenen Material umgehen. Dennoch verfolgen sie oft klare didaktische Konzeptionen, die sich auch in operationalisierbare Lernziele auflösen lassen.
- Darüber hinaus ist das Erzählen eine kulturelle Universalie, die als solche auch den Schülerinnen und Schülern vermittelt werden muss, um historisches Lernen überhaupt erst zu ermöglichen.[24]

Selbstverständlich ist Literatur nur eine Möglichkeit unter vielen, bei Jugendlichen ein Interesse an der Vergangenheit zu wecken oder historisches Lernen zu initiieren. Der Erwerb von Wissen über Literatur ist zwar immer nur ein indirekter, aber doch ein wichtiger: Beim Lesen darüber, wie Menschen zu anderen Zeiten oder an anderen Orten gelebt haben, erfahren wir immer auch etwas über uns selbst. Indem uns die Literatur in eine fremde Welt entführt, fordert sie uns stets zum Vergleich mit der eigenen Zeit und den eigenen Lebensumständen auf. Gleichzeitig werden vorhandene Wissensbestände abgerufen und in neue Beziehungen gesetzt. Fiktionale Texte können dieses Vernetzen von Wissensbeständen in besonderer Weise initiieren, weil sie ein erhebliches Potenzial an Vorstellungsanregungen liefern. Zum Beispiel entsteht beim Lesen eines Klosterkrimis die Welt eines mittelalterlichen Klosters vor dem inneren Auge des Lesers, weil er sich – wie ein Kriminalist – Sachzusammenhänge und Handlungsbedingungen klar machen muss. Die Literatur hilft hier, Vorstellungen von Dingen, Personen und Verhältnissen auszubilden. Das ist gerade dort ein besonders wichtiges Erlebnis, wo – wie beim geschichtlichen Wissen – Primärerfahrungen nicht möglich sind.

Aus diesen Gründen lässt sich die Frage, ob Fiktives im wissenschaftsorientierten Geschichtsunterricht einen Platz haben darf, nur mit einem deutlichen „Ja!" beantworten.

4. Geschichte im Jugendbuch – das ist nichts Neues

Geschichte im Jugendbuch darzustellen, ist keine neue Idee. Das Genre der Geschichtserzählung in der Kinder- und Jugendliteratur hat bereits eine lange Entwicklung mit vielen tief greifenden Veränderungen durchgemacht und eine bemerkenswerte thematische und gestalterische Vielseitigkeit hervorgebracht: von Nacherzählungen biblischer Themen bis hin zu belletristischen Werken – z.T. mit ideologischem Hintergrund – und literarisch gestalteten Sachbüchern.

Als in der Zeit der Aufklärung die Kindheit entdeckt wurde, kamen auch literarische Werke auf, die sich speziell an Kinder und Jugendliche richteten. Zunächst widmeten sich diese Werke vor allem biblischen Themen. Doch die zeittypische Forderung nach Vermittlung nützlicher Kenntnisse führte in der zweiten Hälfte des 18. Jahrhunderts zu ersten Versuchen, die Weltgeschichte für Jugendliche aufzubereiten. Dabei blieb die biblische Geschichte mit der Genesis und der Sintflut Ausgangspunkt, woran sich die Profangeschichte chronologisch anschloss.[25] Erst mit Ludwig von Schlözers „Vorbereitung zur Weltgeschichte der Kinder" (1779) begann die unterhaltende Geschichtserzählung, und allmählich setzte eine Belletristifizierung der Geschichtserzählung ein. Geschichte wurde jetzt so aufbereitet, dass sie dem Unterhaltungs- und Phantasiebedürfnis der Jugendlichen entgegenkam und dadurch auch zum Thema von Privatlektüre werden konnte. In Joachim Heinrich Campes Trilogie „Die Entdeckung von Amerika" (1781-88) beispielsweise tritt bereits das Lehrhafte zugunsten des Abenteuerlich-Spannenden zurück, wenn auch noch ohne fiktiven, jugendlichen Helden. Verbreiteter waren in dieser Zeit jedoch die mora-lischen Beispielgeschichten, die zwar vor einem historischen Hintergrund spielten, diesen aber nur zur Verdeutlichung der moralisierenden Intention nutzten.

Mit den Erfahrungen der Napoleonischen Kriege zu Beginn des 19. Jahrhunderts verlagerte sich die Zielsetzung der historischen Jugendliteratur von der moralischen Belehrung zur Förderung des Patriotismus. Es entstand die vaterländische Erzählung, die neben der Liebe zum Vaterland Opferbereitschaft einfordert und zentrale Tugenden als typisch deutsch betont. In deutlichem Kontrast zur Jugendliteratur der Aufklärung wurde der Geschichtsroman zunehmend zum Instrument

für die Bildung eines Nationalbewusstseins. Aber auch in diesen das Nationale betonenden Darstellungen trat immer mehr der abenteuerlich-unterhaltende Aspekt in den Vordergrund. Typisch für diese Entwicklung ab Mitte des 19. Jahrhunderts war die Kriegsabenteuer-Erzählung, in der ein jugendlicher, fiktiver Held durch die mehr oder weniger historisch belegte Handlung führt. Mit dieser Art Protagonist ist ein wichtiges Strukturelement in die Jugendliteratur hineingekommen, das bis heute für dieses Genre prägend ist: die jugendliche Identifikationsfigur.

Das Interesse an der Gestaltung historischer Stoffe führte im Folgenden zu einer Flut geschichtserzählender Literatur. Der historische Roman wurde zur Massenware, so dass die Zeit des Kaiserreiches auch als die „Goldene Zeit" des historischen Jugendbuches bezeichnet wird.[26] Thematisch beschäftigten sich diese Werke vor allem mit der deutschen Geschichte. Nach dem Krieg gegen Frankreich und der Reichsgründung 1871 trat zu dem nationalen Gedankengut verstärkt eine aggressiv-militaristische Tendenz hinzu, sodass die heroisch angelegte vaterländische Erzählung chauvinistische Einschläge bekam. Der Höhepunkt dieser Art von „Hurra-Patriotismus" lag zwischen 1890 und 1914. Fast jede historische Person, die zur literarischen Figur wurde, und jedes dargestellte historische Ereignis dienten „dem Nachweis der Auserwähltheit und Unübertrefflichkeit des deutschen Heldenmutes"[27] oder dem Aufbau eines Feindbildes durch die Herabsetzung anderer Völker. Dabei konzentrierten sich die Autoren neben kolonialgeschichtlichen Themen auf bestimmte Stoffe, die sich für diese nationalen Stereotypen eigneten: die germanische Zeit mit ihrer Gegnerschaft zu den Römern, mittelalterliche Stoffe, Martin Luther und Friedrich der Große sowie – für die Mädchenliteratur – Königin Luise von Preußen. Dadurch wurden regelrecht Mythen gebildet, die das Geschichtsbild der jugendlichen Leser tief geprägt haben. Dies hat vermutlich dazu beigetragen, dass sich im August 1914 viele von ihnen als Freiwillige begeistert zum Kriegsdienst meldeten.

Kurz vor dem Ersten Weltkrieg griffen sogar die Militärs in die Produktion von historischen Jugendbüchern ein. Sie verlangten, dass die Geschichtserzählung, die in ihrer Auflagenstärke mittlerweile die Serienliteratur der Groschenhefte erreicht hatte, für die geistig-moralische Mobilmachung genutzt wird.[28] So gab z.B. der Reclam-Verlag eine illustrierte Broschürenreihe mit dem Titel „Des deutschen Volkes Kriegstagebuch" heraus, mit der man eine Darstellung der Ereignisse auf verschiedenen Kriegsschauplätzen anstrebte. Der Ullstein-Verlag brachte die Taschenbuchreihe „Ullstein-Kriegsbücher" auf den Markt mit Titeln wie „Skagerrak", „Richthofen, der rote Kampfflieger" oder „Als U-Boot-Kommandant gegen England". Das allein zeigt schon, welchen Stellenwert das Genre erreicht hatte. Stimmen, die sich gegen eine solche Instrumentalisierung wandten, gab es nur wenige; ebenso gab es nur noch wenige Autoren, die die wissensvermittelnde Tradition der Aufklärung fortsetzten. Vielmehr wurde sogar die Mädchenliteratur von einer Welle des nationalistischen Historismus erfasst, obwohl man bisher den Mädchen eine „geschichtslose Natur" zugeschrieben hatte. Jetzt nahmen auch die bekannten Serien für „Backfische" typische Elemente des historischen Romans auf: So versuchen Else Urys „Nesthäkchen im Ersten Weltkrieg" oder Marie von Felsenecks „Trotzkopfs Erlebnisse im Weltkrieg" zu zeigen, wie der Krieg den weiblichen Reifungsprozess fördere, dass die Frau neben weiblicher Hingabe auch Heldenmut beweisen könne und dass ein verwundeter Kriegsheimkehrer ein durchaus begehrenswerter Mann sei.[29]

Die Jugendliteratur der Weimarer Zeit war zweigeteilt: Bis 1918 gab es kaum eine eigenständige proletarische oder republikanisch-demokratische Jugendliteratur. Einige wenige Autoren, die aus der Arbeiterbewegung kamen, wandten sich allerdings gegen das hurra-patriotische Geschichtsverständnis und versuchten in eigenen sozialistischen Kinder- und Jugendschriften ein anderes Geschichtsbild zu vermitteln. Das wohl bekannteste Werk klassenkämpferischer Prägung ist „Auf dem

Flügelpferd durch die Zeiten" von Berta Lask (1925), in dem der Arbeiterjunge Karl über der Lektüre seines Geschichtsbuches einschläft und von einem Gedankenpferd durch die Stationen der Sozialgeschichte der Menschheit getragen wird.[30] Bürgerliche Autoren hingegen setzten die nationalistisch-militaristische Literatur der Kaiserzeit fort, und zahlreiche ältere Titel wurden neu aufgelegt.

Auf die Machtübernahme der Nationalsozialisten reagierte der Jugendbuchmarkt sofort. Während es für andere Literaturbereiche kein einheitliches Konzept der Nationalsozialisten gab, beschäftigten sich viele Instanzen mit der Kinder- und Jugendliteratur. Vor allem der Nationalsozialistische Lehrerbund und die Reichsjugendführung begutachteten Bücher und gaben Empfehlungslisten heraus, um die Literatur zur nationalen Erziehung in Schule und Freizeit zu nutzen. Die Bedeutung geschichtserzählender Literatur wurde dabei besonders hervorgehoben, denn der Geschichte wurde die Funktion der „großen Weiserin zu Wesen und Schicksal" des deutschen Volkes zugewiesen, „das von den Kräften seines Blutes bestimmt" werde.[31] Mit der Anknüpfung an das Germanentum wurde die zweitausendjährige Geschichte Mitteleuropas als deutsche Vorgeschichte ausgegeben. Germanentum, Antisemitismus und Aufwertung von Volk und Volkstum waren zwar nicht neu in der historischen Literatur, sie wurden aber mit einer ganz neuen Radikalität vertreten, die den Rassenwahn einschloss.

Zum zentralen Bewertungsmaßstab der Literaturkritik und -zensur wurde die Frage, ob der Text einen Beitrag zur viel beschworenen „Volkswerdung" der Deutschen leistete. So wurden nur noch radikal-nationalistische Werke publiziert, die einen Eindruck von Optimismus, Aufbruchsstimmung und ein rassisch-völkisches Geschichtsbild vermittelten. Den größten Anteil an der historischen Jugendliteratur hatte daher verständlicherweise die Kriegserzählung, die als direkte Erziehung zum Krieg, d.h. zu „Härte, Tapferkeit, Treue, Haltung, Wahrheit, Kameradschaft, Ehre"[32] eingesetzt werden sollte. In ihr werden Kameradschaft, Zähigkeit sowie der Einsatz für Führer und Vaterland zu Tugenden stilisiert. Detaillierte Beschreibungen von Kriegshandlungen und Schlachtenszenen sollten zu einer Kriegserziehung beitragen und spätestens seit Ausbruch des Krieges auch Sachwissen vermitteln. Diese Kriegsliteratur stellt thematisch vor allem den Ersten Weltkrieg und koloniale Abenteuer in den Mittelpunkt, es erschienen aber auch Werke zu den Kreuzzügen, den preußischen Kriegen und den Befreiungskriegen sowie zu „Führern" oder „Freiheitskämpfern", die als Vorbild für die völkische Idee gedeutet wurden: Armin der Cherusker, der Sachsenherzog Widukind, Heinrich der Löwe oder Friedrich der Große. Den NS-

Literaturpädagogen war es dabei nicht unbedingt wichtig, ruhmreiche Sieger zu präsentieren, sondern Helden zu zeigen, die diszipliniert ihre Pflicht erfüllen und bereit sind, für das Vaterland jedes Opfer zu bringen.[33]

Die Verleger preiswerter Serienliteratur in Groschenheftform, die seit der Mitte des 19. Jahrhunderts zur Massenware der literarischen Unterhaltungsindustrie geworden war, kamen diesen Forderungen – schon aus wirtschaftlichen Gründen – sofort entgegen. So erschien z.B. noch im Jahr 1933 „Die braune Reihe" mit dem Serientitel „Die Fahne hoch". Darüber hinaus förderte auch das NS-System selbst die Herstellung von billigen historisch-politischen Leseheften. Um den Führerkult zu unterstützen, wurde oft Adolf Hitler selbst als Hauptfigur gewählt, beispielsweise in Karl Springenschmids „Eine wahre Geschichte", die Hitlers Aufstieg bis zum Reichkanzler darstellt. Nach Kriegsbeginn versucht auch die Wehrmacht durch eigene Publikationen, die männliche Jugend zum Eintritt in die verschiedenen Heeresbereiche zu bewegen oder militärisches Wissen zu vermitteln.[34]

Die geschichtserzählende Jugendliteratur war wegen ihrer Ideologielastigkeit am Ende des Nationalsozialismus erst einmal diskreditiert. Eine Neuproduktion kam nur schwer in Gang. Die deutschen Autoren waren so verunsichert, dass sie Themen der deutschen Geschichte mieden. In den wenigen geschichtserzählenden Jugendbüchern dominierten deshalb in der Nachkriegszeit die vermeintlich unpolitischen kulturgeschichtlichen Themen, die Antike und die Zeit der Entdeckungen.[35] Die Jugendbuchverlage, die zum Großteil weiter bestanden, legten außerdem Titel aus der Weimarer Zeit neu auf oder nahmen Übersetzungen englischer und französischer Literatur – in der DDR der sowjetischen Literatur – in ihr Programm auf.

In der Bundesrepublik orientierte sich der Jugendbuchmarkt erst allmählich neu. Die historische Jugendliteratur sollte nun zur moralisch wertenden Vergegenwärtigung von Geschichte dienen, um zur allgemeinen Charakterbildung beizutragen, wie es z.B. Ingeborg Engelhardt in ihren Büchern machte. Sie erhielt für ihre Erzählung „Ein Schiff nach Grönland" 1962 den neu geschaffenen Sonderpreis „Geschichte im Jugendbuch".[36] Die unmittelbare Zeitgeschichte, d.h. die Zeit des Nationalsozialismus blieb dabei lange Zeit unberücksichtigt. Die einzige Ausnahme von der Verdrängung der nationalsozialistischen Vergangenheit waren Flüchtlingsgeschichten, in denen die Deutschen als Opfer gezeigt werden.[37]

Die Entwicklung in der DDR verlief dagegen völlig anders. Hier erreichten geschichtserzählende Texte für Kinder und Jugendliche bereits in der frühen Nachkriegszeit eine große Bedeutung, da diese Literatur in die gesellschaftlichen Zielvorstellungen des Regimes eingebunden werden und das offizielle Geschichtsbild vermitteln konnte. Die Jugendgeneration wurde davon entscheidend geprägt. Thematisch standen dabei Erzählungen von großen sozialistischen Persönlichkeiten im Vordergrund. Daneben gab es Erzählungen vom antifaschistischen Widerstand oder der Arbeiterbewegung, aus der Kolonialgeschichte oder der Kunstgeschichte. Aus der deutschen Geschichte wurden entsprechend dem offiziellen Geschichtsbild vor allem die revolutionären Knotenpunkte bearbeitet, wie die Auseinandersetzung mit der Römerherrschaft, antifeudale Klassenkämpfe des Mittelalters, Reformation und Bauernkrieg oder die bürgerliche Revolution. Die Zeit des Nationalsozialismus wurde nahezu ausschließlich unter dem Aspekt des Antifaschismus betrachtet. In diesen Texten wurde die Auflehnung der „Guten" – d.h. der Antifaschisten und der Kommunisten – gegen die „Bösen" – eben die Nazis – dargestellt. Erst in den 1970er- und 1980er-Jahren änderte sich die Sicht auf dieses Thema. Erstmals wurde nun in der Jugendliteratur die Mitverantwortung von DDR-Bürgern für die Taten der Nationalsozialisten offen angesprochen, so etwa in Gisela Karaus „Der gute Stern des Janusz K."(1972) oder in Bodo Schulenburgs „Markus und der Golem" (1987).[38]

Seit den siebziger Jahren wuchs auch in der Bundesrepublik der Markt der historischen Jugendbücher. Dabei kam es auch zu einer thematischen Ausweitung: Mit Büchern zur Dritten Welt gelangte die außereuropäische Geschichte in die deutsche Jugendliteratur. Nach den ersten Versuchen Ende der fünfziger Jahre, auch Nationalsozialismus und Holocaust im Jugendbuch zu behandeln, ist dieses Thema seit den achtziger Jahren zu einem Hauptthema auf dem Jugendbuchmarkt geworden.[39] Mittlerweile gibt es über 1000 Titel auf diesem Gebiet.[40]

Gleichzeitig veränderten sich auch die gestalterischen Mittel für die Geschichtsdarstellung im Jugendbuch: jetzt standen „große Persönlichkeiten" nicht mehr kritiklos im Mittelpunkt. Parallel zur Ausweitung der wissenschaftlichen Forschungen wurde auch für die historische Jugendliteratur die Alltags- und Mentalitätsgeschichte zum Bezugspunkt. Hauptfiguren sind jetzt sympathische Helden aus den unteren oder mittleren Schichten, die Geschichte erleben und erleiden.[41] Mit dieser Umorientierung wurden nicht nur neue Erzählperspektiven und zeitliche Brechungen möglich, Fiktionalität und Authentizität bekamen in der historischen Jugendliteratur auch eine neue Bedeutung: In den Jugendromanen wird nicht mehr versucht, faktenreich die Geschichte wichtiger Personen nachzuerzählen, sondern es wird von fiktiven Figuren erzählt, die eine wahrscheinliche Geschichte erleben.

Bis in die 1980er-Jahre bevölkerten vor allem männliche Identifikationsfiguren die historischen Jugendromane. Heute spielen in vielen geschichtserzählenden Werken zwar immer noch männliche Helden die Hauptrolle, doch werden sie oft von weiblichen Co-Helden ergänzt.[42] Daneben gibt es inzwischen auch eine Reihe historischer Romane, die Mädchen in den Mittelpunkt stellen.

Auf dem gegenwärtigen Markt lassen sich folgende Tendenzen feststellen: Die Jugendliteratur nähert sich der Belletristik für Erwachsene immer weiter an und steht ihr hinsichtlich der literarischen Qualität in nichts nach. Dies macht sie auch für erwachsene Leser immer attraktiver. Thematisch sind anders als früher alle historischen Epochen vertreten, auch wenn bestimmte Themen besonders beliebt sind. Dazu zählen vor allem die römische Kaiserzeit, das Mittelalter mit Klöstern, Rittern und Stadtleben, die Zeit der Entdeckungen und Eroberungen, die Hexenverfolgungen, die Industrialisierung und die USA im 19. Jahrhundert. Für die zeitgeschichtlichen Romane entfallen die meisten Produktionen auf die Zeit des Nationalsozialismus und die direkte Nachkriegszeit, während die späteren Jahrzehnte erst allmählich in den Blick der Jugendbuchautoren kommen. Mit der Wende 1989/90 haben jedoch die Veröffentlichungen zur DDR-Geschichte – einschließlich der Ereignisse im Jahre 1989 – stark zugenommen.

Durch die Harry-Potter-Begeisterung ist in den letzten Jahren die Produktion von phantastischer Literatur stark angestiegen, und auch in historische Romane werden seitdem zunehmend phantastische Elemente integriert. Gleichzeitig bemühen sich andere Autorinnen und Autoren um eine sehr genaue Recherche, etwa um ein Offenlegen ihrer Quellen in einem Nachwort und um eine scharfe Trennung zwischen historischen Quellen und literarischer Bearbeitung.

5. Didaktische Stichworte und ihr Bezug zum historischen Jugendbuch als Medium

Nachdem im letzten Kapitel festgestellt wurde, dass Fiktives durchaus einen Platz im wissenschaftsorientierten Geschichtsunterricht haben darf, muss jetzt der Frage nachgegangen werden, welchen Wert das Fiktive in Form von historischen Jugendbüchern für das historische Lernen allgemein und für den Geschichtsunterricht speziell haben kann. Dafür werden im Folgenden einige Stichworte, die die geschichts-didaktische Diskussion der letzten Jahre prägten, daraufhin untersucht, welche Anforderungen sie an den Geschichtsunterricht stellen und ob das historische Jugendbuch als Medium diesen Anforderungen gerecht werden kann.

5.1 Stichwort: Geschichtsbewusstsein

Das Hauptziel des Geschichtsunterrichts wird von der Didaktik in der Herausbildung eines kritischen Geschichtsbewusstseins gesehen. „Ge-schichtsbewusstsein" ist damit die zentrale Kategorie für jede historisch-politische Bildung. Es „umfasst über das Wissen hinaus auch die Vorstellungen und Deutungen von der Vergangenheit sowie die daraus resultierenden Einstellungen."[43] Mit dieser Definition als Grundlage wird klar, dass alle Prozesse, in denen Geschichte vermittelt oder rezipiert wird, Gegenstand der Geschichtsdidaktik und des Geschichts-unterrichts sein müssen – also auch solche, in denen Geschichte fiktional dargestellt wird.

Wie wichtig es ist, fiktionale Elemente in den Geschichtsunterricht einzubeziehen, zeigt sich in der Beobachtung, dass fiktional vermittelte Geschichte sehr viel stärker – wenn auch meist unbewusst – das Geschichtsbewusstsein prägt als alle wissenschaftlichen Vermittlungs-versuche. Gerade Jugendlichen begegnet aufgrund ihres hohen Medien-konsums sehr häufig fiktional vermittelte Geschichte, z.B. in Filmen, Romanen, in der Werbung oder auch in Comics. Die Zunahme fiktiv vermittelter Geschichte kann sich aber nur dann positiv auf die Ausbil-dung eines kritischen Geschichtsbewusstseins auswirken, wenn sie mit

der Fähigkeit einhergeht, zwischen Realität und Fiktion zu unterscheiden.

Fiktionale Vermittlungsformen von Geschichte müssen deshalb Bestandteil des Geschichtsunterrichts sein. Hier können die Schülerinnen und Schüler zu einem reflektierten Umgang mit dieser Art der Geschichtsvermittlung angeleitet werden, was ein wesentliches Element des kritischen Geschichtsbewusstseins ist.

Historische Jugendromane stellen natürlich nur einen kleinen Ausschnitt aus der Medienwelt dar, in der Jugendliche fiktionalen Formen von Geschichte begegnen, allerdings kann die exemplarische Arbeit mit Jugendbüchern durchaus die allgemeine Fähigkeit schulen, zwischen Realität und Fiktion zu unterscheiden.

Welche weiteren Beiträge die Arbeit mit Jugendbüchern zum Aufbau eines kritischen Geschichtsbewusstseins leisten könnte, soll im Folgenden an den einzelnen Dimensionen des Geschichtsbewusstseins aufgezeigt werden. Hans-Jürgen Pandel[44] unterscheidet innerhalb des Geschichtsbewusstseins sieben theoretische Dimensionen, die er jeweils als Doppelkategorien verdeutlicht:

1. *Zeitbewusstsein* (früher – heute – morgen): Dieses Bewusstsein ermöglicht, zwischen Vergangenheit, Gegenwart und Zukunft zu unterscheiden.
2. *Wirklichkeitsbewusstsein* (real/historisch – imaginär): Diese Bewusstseinsebene hilft dabei, Ereignisse oder Personen als real oder imaginär zu unterscheiden.
3. *Historizitätsbewusstsein* (statisch – veränderlich): Das ist die Einsicht, dass Verhältnisse nicht gleich bleiben, sondern sich in der Zeit verändern.
4. *Identitätsbewusstsein* (wir – ihr/sie): Dieses Bewusstsein bezeichnet die Fähigkeit, historisch gegründete Zugehörigkeitsgefühle wahrzunehmen und zu reflektieren.
5. *Politisches Bewusstsein* (oben – unten): Hierbei geht es um die allgemeine Einsicht, dass menschliche Gesellschaften durch Herrschaftsverhältnisse bestimmt sind, sowie die Fähigkeit, solche Strukturen zu erkennen und zu analysieren.
6. *Ökonomisches Bewusstsein* (arm – reich): Dieses Bewusstsein erkennt soziale Ungleichheiten.
7. *Moralisches Bewusstsein* (richtig – falsch): Diese Bewusstseinsebene ermöglicht die angemessene Wertung historischer Handlungen und Ereignisse.

Die Arbeit mit historischen Jugendbüchern kann alle diese Dimensionen unterstützen. Das Zeitbewusstsein wird bei jeder Arbeit mit historischen Themen geschult. Da in Jugendbüchern zumeist Alltagsgeschichte dargestellt wird, können die Ebenen des Historizitätsbewusstseins, des Identitätsbewusstseins, des politischen Bewusstseins und des ökonomische Bewusstseins leichter erreicht werden als allein an der politischen Geschichte, denn der Bezug zu den eigenen Verhältnissen ist einfacher herstellbar.

Eine besondere Bedeutung kann die Arbeit mit historischen Jugendromanen jedoch beim Aufbau des Wirklichkeitsbewusstseins und beim moralischen Bewusstsein haben. Unser Geschichtsbewusstsein trennt nicht zwischen dem Bereich des Imaginären *(res fictae)* und dem des Wirklichen *(res factae)*, das die Geschichtswissenschaft zum Gegenstand hat. Deshalb stehen neben den wissenschaftlichen Fakten immer historische Imaginationen als Vorstellungen darüber, wie sich Geschichte vollzogen haben könnte. Das ist insofern prekär, als mit der Ausbreitung des Fiktiven durch die Medienflut der Anteil des Imaginären im Geschichtsbewusstsein immer mehr zunimmt. Hinzu kommt, dass durch die Überflutung mit Informationen im heutigen Medienzeitalter das notwendige Sortieren in reale und fiktive Informationen immer rascher vorgenommen werden müsste, häufig aber eher in eine Gleichgültigkeit mündet, die kritische Fragestellungen nach dem Wert von Informationen ausblendet. Deshalb ist es heute wichtiger als je zuvor, dass die Schülerinnen und Schüler ein *Wirklichkeitsbewusstsein* ausbilden.

Dafür müssen sie erkennen, dass es in allen Kulturen „wahre Geschichten" und „erfundene Geschichten" gibt, dass es reale und fiktive Personen und Ereignisse gibt und dass es wichtig ist, dieses zu unterscheiden. Dabei kann an das angeknüpft werden, was die meisten Schülerinnen und Schüler im Verlauf ihrer Lesesozialisation intuitiv lernen: Während für jüngere Kinder Asterix zunächst genauso real ist wie Caesar, besitzen Jugendliche in der Regel bereits ein unreflektiertes Wissen über die Unterscheidung von Wirklichkeit und Fiktion in der Literatur. Sie suchen Pipi Langstrumpfs Takatuka-Land beispielsweise nicht mehr im Atlas. An dieses intuitive Wissen gilt es anzuknüpfen, es bewusst zu machen und auszubauen. Jugendbücher bieten eine gute Gelegenheit, diesen Lernprozess zu initiieren, denn an ihnen kann gezeigt werden, dass die Unterscheidung nicht immer einfach, aber wichtig ist. Die Unterscheidung von Realität und Konstruktion, Sachverhalt und Spekulation, kritischer Schlussfolgerung und reiner Erfindung sind deshalb wichtige Lernziele im Umgang mit Jugendbüchern.[45] Einige Jugendbuchautoren geben im Nachwort Hinweise darauf, inwieweit sich die Handlung ihres Romans auf Fakten bezieht und was hinzugefügt wurde. Das kann ein guter Ausgangspunkt für eine Thematisierung dieser Aspekte sein.[46]

Auch für die Ausbildung des *moralischen Bewusstseins* kann die Arbeit mit Jugendbüchern ausgesprochen hilfreich sein, denn bei dieser Bewusstseinsebene geht es um die Fähigkeit, historische Handlungen und Ereignisse angemessen werten zu können. Angemessen heißt dabei, dass nicht einfach heutige Wertmaßstäbe übernommen werden, sondern dass die Wertung in erster Linie aus der historischen Situation und der Mentalität der damaligen Menschen heraus vorgenommen wird. Hierbei können Jugendbücher helfen: Sie stellen die zeitgenössischen Bedingungen und Beweggründe dar, die Personen zum Handeln bewegen. Der Leser nimmt diese zwar als andersartig wahr, dennoch begreift er sie als Handlungsbedingungen; zunächst als die Bedingungen der Romanfiguren, dann aber auch als historische Bedingungen, die spezifisch für die Zeit waren. Die Schülerinnen und Schüler können darüber zu Wertungen kommen, die nicht allein an heutige Normen und Konventionen angelehnt sind. Einem anachronistischen Moralisieren wird dadurch vorgebeugt. Im einfachsten Fall kann allein der Nachvollzug der Wertungen, die eine Identifikationsfigur vornimmt, bereits ein Beitrag zum Ausbau des moralischen Bewusstseins leisten. Wirksamer für das Geschichtsbewusstsein sind sicherlich eigene Überlegungen, die sich aus der Reflexion über das Handeln und Denken der Romanfiguren ergeben. Deshalb sollten Gespräche im Anschluss an die Lektüre solche Reflexionen anstoßen.

Wie hilfreich Jugendbücher für die Bildung moralischen Bewusstseins sein können, zeigt sich am Beispiel der Themen Nationalsozialismus und Holocaust. Viele Jugendbücher zu diesem Themenkomplex ermöglichen es, auch die Tätersicht zu beleuchten. Sie können das Mitläufertum vieler Menschen begreifbar machen, und sie können dem Schicksal vieler namenloser Opfer ein Gesicht geben. Vor allem können sie zeigen, dass einfache Gut-Böse-Klassifizierungen historisch oftmals nicht angemessen sind und differenziert werden müssen.[47]

5.2 Stichwort: Imagination

In der Didaktik der 1970er-Jahre wurde der Begriff der *Anschauung*, der für alle Formen des Erzählens von Geschichte zentral ist, durch die Hinwendung zum wissenschafts- und problemorientierten Geschichtsunterricht nicht mehr als adäquat betrachtet. Die Didaktik wollte die Beliebigkeit in der Darstellung von Geschichte möglichst weitgehend ausschalten und setzte deshalb auf den Arbeitsunterricht, der allein mit Quellen arbeiten sollte. Inzwischen hat man jedoch erkannt, dass das Vorstellungsvermögen eine äußerst wichtige Rolle im Prozess der historischen Rekonstruktion spielt,[48] und mit dem Begriff der *Imagination* wurde seit den 1990er-Jahren ein neues Stichwort in die Diskussion gebracht.

Ausgangspunkt aller Überlegungen zu diesem Stichwort ist die Tatsache, dass Geschichte nicht direkt erlebbar ist. Es sind keine Primärerfahrungen möglich; Geschichte ist etwas Vergangenes und existiert als solches nur in unseren Köpfen. Für das Geschichtswissen verbinden sich Fiktives, Erforschtes und Erdachtes zu Vorstellungskomplexen. Jede Beschäftigung mit historischem Material muss in uns erst Vorstellungsbilder (Imagination) erzeugen, sonst bleibt das Vergangene für uns unzugänglich. Selbst bei der Arbeit mit Sachüberresten muss man sich eine Vorstellung davon machen, wie sie im historischen Umfeld ausgesehen und gewirkt haben oder benutzt wurden. Rolf Schörken hat es treffend auf den Punkt gebracht: „Ohne Imagination keine Geschichte".[49] Für die Vermittlung von Geschichtswissen ist es deshalb besonders wichtig, die wissenschaftlichen Ergebnisse zu veranschaulichen und zu vergegenwärtigen,[50] um Imagination zu ermöglichen.

Zur *Veranschaulichung* müssen Medien bereitgestellt werden, die einen Sachverhalt so konkret darstellen, dasmit die Schülerinnen und Schüler sich etwas darunter vorstellen können, sich ein Bild davon machen können. Dafür muss der historische Ereigniszusammenhang in konkrete Einzelheiten zerlegt, d.h. detailliert werden: konkrete Orte, Zeitkolorit und Zeitatmosphäre, handelnde Personen mit ihren psychischen Verfassungen und Charakterzügen, Dinge des täglichen Lebens wie Kleidung und Gebrauchsgegenstände können ein historisches Ereignis anschaulich machen und Imagination ermöglichen.

Allerdings besteht bei diesen Veranschaulichungen – gerade weil sie so konkret sind – auch die Gefahr, dass sie vorschnell als historische Wirklichkeit gesehen werden. Sie sind aber lediglich eine Vorstellung davon. Die Schülerinnen und Schüler müssen deshalb zur Erkenntnis geführt werden, dass es Geschichtswissen nur als historische Präsentation gibt, sozusagen als zweite Wirklichkeit in unserer Vorstellung.

Historische Jugendbücher nutzen genau diese Möglichkeiten zur Veranschaulichung von Geschichte; gleichzeitig verweist ihr Romancharakter aber bereits darauf, dass es sich hier um eine literarische Verarbeitung von Geschichtswissen und nicht um historische Wirklichkeit handelt.

Vergegenwärtigen bedeutet als didaktisches Handeln, einen Bezug zur Gegenwart herzustellen und den historischen Ereigniszusammenhang so darzustellen, dass die Schülerinnen und Schüler in den historischen Strukturen Probleme erkennen, die ihnen bekannt vorkommen. Da die Probleme in Vergangenheit und Gegenwart nicht identisch sind, ist das nicht immer einfach. Es ist ein Abstraktionsprozess notwendig, um von den konkreten, individuellen Einzelheiten zu überindividuellen und überzeitlichen Fragen zu kommen, die Jugendliche beschäftigen, beispielsweise die Suche nach Identität, Befreiung von Ängsten, Liebe oder Trauer. Der historische Zusammenhang muss also generalisiert werden.

Einen historischen Ereigniszusammenhang gleichzeitig zu detaillieren und zu generalisieren schaffen historische Jugendbücher häufig problemlos. Denn die dichterische Freiheit erlaubt eine fiktive, anschauliche Ausschmückung der wissenschaftlich gesicherten Kenntnisse und lässt Geschichte als Handlung lebendig werden. Eine fiktive

Figur wird in die historische Zeit hinein versetzt, ihr Lebensumfeld und ihre Lebensumstände werden detailliert beschrieben, sie handelt, ihr Handeln wird begründet, ihre Reaktionen auf historische Ereignisse werden dargestellt, und doch erscheint diese Figur mit ihren typisch jugendlichen Problemen, Gedanken und Ideen dem jugendlichen Leser vertraut. Er kann sich mit der Figur identifizieren. Diese Identifikation bewirkt Emotionen und trägt entscheidend zur historischen Imaginationsfähigkeit bei. Der Leser kann sich die historische Situation vergegenwärtigen, auch wenn dabei die Gefahr besteht, dass die Identifikationsfigur unhistorisch modernisiert wird.

Deshalb ist es wichtig, dass das Lesen nicht bei der Produktion von Vorstellungsbildern – also auf der Stufe der Imagination – stehen bleibt. Das würde noch nicht historisches Lernen bedeuten. Georg Veit hat deshalb einen didaktischen Zweischritt vorgeschlagen, der eine Bewegung von der Imagination zur *Irritation*[51] anstößt. Unter Irritation versteht er dabei den Moment, in dem das Subjekt durch die Konfrontation mit dem Anderen verunsichert wird und beginnt, sich selbst mit zu sehen und in Frage zu stellen. Durch diese Irritation wird verhindert, dass der Lernende in das Vergangene ohne kritische Reflexion eintaucht. In der Regel bieten Jugendbücher so viel Distanzierungsmöglichkeit, dass diese Bewegung gemacht werden kann; allerdings setzt das schon eine recht hohe Lesekompetenz voraus. Deshalb müssen im Lesen wenig geübte Schülerinnen und Schüler zu diesem Schritt durch irritierende Fragestellungen gezielt angeleitet werden.

5.3 Stichwort: Alltagsgeschichte

Bis in die siebziger Jahre galt der Alltag als nicht wissenschaftswürdig, obwohl er die „vornehmliche und ausgezeichnete Wirklichkeit des Menschen ist".[52] Denn Alltag ist die Lebenswelt, in der sich Menschen tagtäglich oder regelmäßig in Aktionen, Interaktionen und Reaktionen mit der von ihnen vorgefundenen Wirklichkeit auseinandersetzen, um in ihr zu leben, zu überleben und sie ihren Bedürfnissen anzupassen. Aus der Betrachtung vergangener Lebenswelten ergeben sich Strukturen, die auch für die Gegenwart Orientierung geben können. Dabei kann es beispielsweise um Wertorientierungen, Verhaltensweisen, Erfahrungen der Arbeitswelt oder ganz allgemein um die tägliche Auseinandersetzung mit einer vorgegebenen Lebenswelt gehen.

Für die Lernenden wird somit ein Zusammenhang erkennbar zwischen dem historischen Alltag, ihrer eigenen Lebensgeschichte, gegenwärtigen gesellschaftlichen Erfahrungen und zukünftigen Handlungsmöglichkeiten. Die Schülerinnen und Schüler erfahren dadurch, dass die Beschäftigung mit Geschichte etwas mit ihrem Leben und ihrer Zukunft zu tun hat.[53]

Aus dieser didaktischen Einsicht heraus sind wirtschaftliche, soziale und kulturgeschichtliche Fragen in den letzten Jahren vermehrt in die Schulbücher und den Geschichtsunterricht aufgenommen worden. Allerdings wird meist nur dann ein Blick auf den historischen Alltag geworfen, wenn es um die Veranschaulichung von Armut, Not und Mühsal der Menschen geht. Wenn man die didaktischen Chancen dieses Ansatzes nutzen will, darf Alltagsgeschichte aber nicht auf die Frage des Überlebens in historischen Ausnahmesituationen beschränkt werden. Alltagsgeschichte beinhaltet auch die scheinbar ahistorischen Rahmenbedingungen menschlichen Daseins wie Sexualität, Geburt, Krankheit, Liebe und Tod sowie die zentralen menschlichen Attribute Ernährung, Arbeit, Erziehung, Wohnen und Kleidung. Als Erfahrungsgeschichte fragt dieser Zweig der Geschichtswissenschaft nach den kulturellen Deutungsmustern, den historischen Wertvorstellungen und den subjektiven Konsequenzen, welche die historische Situation für den Einzelnen hatte.[54]

Historische Jugendromane stellen vergangene Alltagswelten dar. Es werden Verhaltensweisen und alltägliche Erfahrungen geschildert, und der Leser wird mit den Wertorientierungen historischer Personen konfrontiert. Gerade in Jugendbüchern wird der Alltag oft so plastisch beschrieben, dass für den Leser die Zeitatmosphäre spürbar wird. Durch das Angebot von Identifikationsfiguren wird nachvollziehbar, dass Alltag eine historische Dimension hat. Dadurch kann den Schülerinnen und Schülern deutlich werden, dass auch ihre eigene Lebensumwelt eine geschichtliche Dimension besitzt und veränderbar ist.

5.4 Stichwort: Multiperspektivität

„Multiperspektivität ist eine Form der Geschichtsdarstellung, bei der ein historischer Sachverhalt aus mehreren, mindestens zwei unterschiedlichen Perspektiven beteiligter und betroffener Zeitgenossen dargestellt wird, die verschiedene soziale Positionen und Interessen repräsentieren."[55] Sie ist insofern wichtig, als historische Zeugnisse immer eine perspektivische Sichtweise und Deutung enthalten, denn die Wahrnehmungsweisen der Menschen unterscheiden sich nach Situation, Interesse oder Mentalität der Beteiligten ganz erheblich. Deshalb kann die Rekonstruktion eines historischen Sachverhalts nur dann erfolgen, wenn verschiedene Zeugnisse in ihrer Perspektivität analysiert und verglichen werden. Daraus kann die elementare Erkenntnis folgen, dass es die eine Geschichte nicht gibt und nicht geben kann, sondern dass es immer verschiedene Wahrnehmungen oder Sinnbildungen sind, die als Geschichte bezeichnet werden.

Multiperspektivität ist also als Prinzip historischen Lernens zu sehen, bei dem historische Sachverhalte aus den Perspektiven verschiedener beteiligter und betroffener Menschen dargestellt und betrachtet werden".[56] Für einen multiperspektivischen Geschichtsunterricht müssen den Schülerinnen und Schülern also Materialien angeboten werden, welche die Sicht unterschiedlicher gesellschaftlicher Gruppen repräsentieren. Bei der Bearbeitung dieser Materialien üben sie sich konkret in Empathie, im Erklären von Rahmenbedingungen menschlichen Handelns und Leidens. Sie lernen, dass jede Rekonstruktion vergangener Handlungen ein Akt der Deutung ist, sie können bemerken, dass sie selbst in der Rekonstruktion eines historischen Sachverhaltes aus einer bestimmten Perspektive heraus denken und sie lernen letztlich, wie wertende Urteile entstehen.

Häufig ist es allerdings schwierig, solche Materialien zusammenzustellen, denn es hat in der Vergangenheit viele „stumme" Gruppen gegeben, die keine oder für den Unterricht unbrauchbare Zeugnisse hinterlassen haben. Hier kann nur auf Fiktives zurückgegriffen werden:[57] entweder müssen die Schülerinnen und Schüler selbst fiktive Perspektiven übernehmen oder man greift auf fiktive Werke – wie etwa historische Jugendromane – zurück. Der Vorteil von Jugendbüchern liegt vor allem darin, dass sie genügend Hintergrundinformationen geben. So erfährt der Leser mit dem Urteil einer literarischen Figur zu einer bestimmten historischen Situation auch etwas über ihre religiösen Überzeugungen, ihre wirtschaftlichen Interessen oder ihre sozialen Verhältnisse. So kann die Perspektivität des Urteils leichter erkannt und erklärt werden. Viele Romane bieten darüber hinaus mit Figuren aus unterschiedlichem Milieu schon einen multiperspektivischen Blick, der die unterschiedlichen Wahrnehmungsweisen der verschiedenen Menschen verdeutlicht.[58]

5.5 Stichwort: Personifizierung

Geschichtliche Prozesse und ihre Auswirkungen sind leichter begreifbar, wenn sie anhand von Personen dargestellt werden. Das hat dazu geführt, dass lange Zeit die Deutung und Darstellung historischer Sachverhalte an großen Persönlichkeiten oder aus der Sicht großer Persönlichkeiten erfolgte, d.h. anhand von Personalisierungen. Dabei wird die Wirklichkeit so erfasst, als werde sie einzig von Einzelpersonen gestaltet. Diese erscheinen dann wie „große Persönlichkeiten", die alle Fäden in der Hand haben. An dieser Darstellungsweise von Geschichte ist verständlicherweise Kritik geäußert worden, denn sie läuft der Absicht der Geschichtswissenschaft zuwider, die Vergangenheit als einen Zusammenhang zu begreifen, in den alle Menschen als Handelnde oder als Leidende eingebunden sind. Die Geschichtsdidaktik sieht darüber hinaus eine personalisierte Geschichtsdarstellung als unvereinbar mit den Zielen, durch historisches Lernen zu eigenständigem Denken, zur Selbst- und Mitbestimmung und zur Emanzipation anzuleiten.[59]

In Auseinandersetzung mit dieser Kritik setzt die Geschichtsdidaktik heute das Verfahren der Personifizierung neben eine Begegnung mit historischen Persönlichkeiten. Klaus Bergmann definiert dieses Verfahren folgendermaßen: „Personifizierung meint die Darstellung von Geschichte an ‚namenlosen' handelnden und leidenden Personen und aus der Sicht dieser Personen, die immer gesellschaftliche Gruppierungen vertreten."[60] Die entscheidenden didaktischen Vorteile sieht Bergmann darin, dass die Personifizierung mit dem historischen Alltag vertraut mache, mit Bestrebungen, Hoffnungen, Erfahrungen und Leiden von Menschen vergangener Zeiten. Es würden weder autoritäre Einstellungen noch politische Apathie gefördert wie bei Personalisierungen; vielmehr könne erkannt werden, dass der geschichtliche Prozess aus einem mehrdimensionalen Zusammenhang entstehe. Menschen, die man nur generalisierend und abstrakt beschreiben kann, bekommen ein Gesicht. Die Person ist somit nicht als Individuum wichtig, sondern als Typus, der allerdings repräsentativ sein muss. Das entspricht einem gruppenbiographischen Verfahren, das auch dort Lücken schließen kann, wo die Quellenlage nicht ausreicht, um anhand von historischen Persönlichkeiten Themen zu erschließen.[61]

Jugendbuchautoren arbeiten häufig nach diesem Verfahren. Sie stellen aus Zeugnissen über verschiedene Personen Typisches zusammen und bündeln dieses in einer repräsentativen Figur. Damit bieten Jugendbücher alle didaktischen Vorteile von Personifizierungen. Gefahren, die möglicherweise mit diesem Verfahren verbunden sind, können umgangen werden – wie z.B. Verzerrungen der historischen Situation, wenn Personen nicht in den gesamtgesellschaftlichen Herrschaftszusammenhang eingebunden werden. Jugendbücher ordnen in der Regel die personifizierte Geschichte in ein konkretes historisches Umfeld ein.

5.6 Stichwort: Schulformdifferenzierung

Zurzeit mangelt es an einer schulformdifferenzierenden Didaktik ebenso wie an schulformspezifischen Curricula. Die Probleme, die sich
daraus ergeben, treffen vor allem die Hauptschulen, die ganz speziellen
Anforderungen entsprechen müssen. Das Interesse der Schülerinnen
und Schüler gerade dieser Schulform an Geschichte ist sehr gering, eine
Kompetenz im Umgang mit Texten – und damit auch mit Quellen – ist
kaum ausgebildet, und abstrakte Problemlagen oder strukturelle Bedingungen können oft nicht angemessen analysiert werden. Die Fachdi-
daktik nimmt diese Probleme aber kaum in den Blick, und die Lehrpläne sind häufig nur eine abgespeckte Version der Anforderungen, die für
die anderen Schulformen verbindlich sind; die Schulbücher entstehen
weniger nach eigenständigen Konzepten als durch Trivialisierungspro-
zesse.[62]

Gerhard Schneider hat deshalb ein alternatives Curriculum für die
Hauptschule entworfen. Darin schlägt er für das 6. bis 8. Schuljahr vor,
nur anthropologische und symbolische Themen zu behandeln.[63] Einige
davon lassen sich über historische Romane gut erschließen, wie z.B.
Kindheit und Jugend, Schule und Ausbildung, Angst und Ohmacht,
Zivilcourage oder Solidarität und Ausgrenzung. Aber auch für die
gegenwärtig gültigen Curricula kann die Arbeit mit Jugendbüchern
gerade in der Hauptschule neue Perspektiven eröffnen. Mit diesem
Medium werden neben der Quellenarbeit, bei der sich gerade diese
Schülerinnen und Schüler oft überfordert fühlen und ablehnend reagieren, motivierende Texte angeboten.[64] Zahlreiche historische Jugend-
bücher wenden sich gerade an solche Leser, die kein besonderes Vorwissen und kein spezielles Interesse an Geschichte haben. Wie wichtig der
Kontakt mit Büchern allgemein gerade für die Nicht-Leser unter den
Hauptschülern ist, wird im nächsten Kapitel gesondert dargestellt.

Eine zweite Schwierigkeit für den Geschichtsunterricht in den Hauptschulen, aber auch an vielen Real- und Gesamtschulen ist, dass das Fach
oft fachfremd unterrichtet wird. Eine Integration von Jugendbüchern
in den Geschichtsunterricht kann den Lehrkräften, die literarische
Fächer studiert haben, ein sicheres Terrain bieten; eine Zusammenarbeit mit dem Deutschunterricht kann außerdem den Zeitdruck, unter
dem beide Fächer häufig stehen, mildern.

Ganz andere Anforderungen gelten für den Geschichtsunterricht in
den höheren Jahrgängen des Gymnasialzweigs. Hier geht es neben der
Festigung eines historischen Basis- und Überblickswissens vor allem um
die vertiefte Kenntnis und Beherrschung der fachspezifischen Denk-

und Arbeitsweisen. Ganz wichtig dafür ist die Reflexion über das, was Geschichte eigentlich ist; d.h. Verständnis für den Konstruktcharakter jeder historischen Beschreibung zu entwickeln.[65] Wie bereits oben dargestellt, kann anhand von fiktiven, historischen Romanen dieser Aspekt leicht thematisiert werden. Werden ältere Jugendbücher als Quellen dem Unterricht zugrunde gelegt[66] oder wird ein Thema in der Jugendliteratur über einen längeren Zeitraum betrachtet,[67] können Aspekte wie zeittypische Deutungen von Geschichte und zeitspezifische Ausprägungen des Geschichtsbewusstseins untersucht werden.

5.7 Stichwort: Schülerinteressen

Für die Entwicklung eines historischen Bewusstseins ist ein gewisses Interesse an Geschichte unabdingbar. Schon die Übersetzung des lateinischen *inter-esse = dabei sein* zeigt, dass es sich dabei um eine zentrale Kategorie für das Gelingen oder Misslingen eines jeden Lernprozesses handelt. Der Geschichtsunterricht muss deshalb immer darum bemüht sein, den Schülerinteressen entgegenzukommen und die Stoff- und Methodenauswahl auf diese abzustimmen. Selbstverständlich ist es sehr schwierig, so etwas Individuelles wie Interesse generell zu beschreiben. Dennoch lassen sich einige Tendenzen feststellen: [68]

◆ Schülerinnen und Schüler mögen Konkretisierungen, bei denen Geschichte anschaulich wird, mehr als abstrahierende Zugänge zur Geschichte.

◆ Sie haben ein Interesse am Andersartigen, Rätselhaften und Abenteuerlichen.

◆ Sie interessieren sich dann für Geschichte, wenn sie einen Bezug zu sich selbst sehen können.

Die Lektüre von Jugendbüchern entspricht all diesen Tendenzen: Diese Romane stellen Geschichte anhand von konkreten Figuren, Orten und Handlungen dar. Damit wird es den Schülerinnen und Schülern ermöglicht, sich ein Bild von der Zeit zu machen und die Zeitatmosphäre zu spüren. Außerdem lassen sich viele historische Jugendbücher dem Genre des Krimis zurechnen oder sie sind im weitesten Sinne Abenteuergeschichten. Sie spielen in einer vergangenen Zeit, die für die heutigen Leser fremd und andersartig erscheint. Dennoch wird durch die Identifikation mit den jugendlichen Protagonisten deutlich, dass zahlreiche Probleme von Jugendlichen über die Zeiten hinweg ähnlich geblieben sind, wie etwa die Schwierigkeit der Identitätsfindung, erste Erfahrungen mit der Liebe oder das allmähliche Einleben in der Erwachsenenwelt. Damit zeigen diese Figuren ihren Lesern, dass Geschichte etwas mit ihnen zutun hat. Die Gestaltung des historischen Themas kann als Projektionsfläche für Probleme der Gegenwart gesehen werden; dabei kann der junge Leser durch die Identifikation mit dem Helden über ein Medium und eine Fremderfahrung eigene Erfahrungen im gefahrlos-beobachtenden Probehandeln machen und dabei lernen, auf Ansprüche und Forderungen der eigenen Zeit zu reagieren. So kann er auch ein Bewusstsein von der Wandelbarkeit der eigenen Gegenwart bekommen.

6. Lernen aus PISA – Vermittlung von Lesekompetenz im Geschichtsunterricht

„Wer als Kind auf das Lesen kam, der ist in der Tat bevorzugt, der hat etwas erworben, was man ihm nicht nehmen kann: die ruhige, stetige Konzentration Abend für Abend, die Geborgenheit, die Begegnung der eigenen Phantasie mit jener des Werkes."
(Golo Mann: „Die Chance des Lesers". Süddeutsche Zeitung vom 3./4. Mai 1975).

Als Ende 2001 die ersten Ergebnisse der PISA-Tests veröffentlicht wurden, war das für viele in Deutschland ein Schock. Die schlechten Ergebnisse deutscher Schülerinnen und Schüler im Lesekompetenztest passten nicht zum Selbstverständnis des Landes der „Dichter und Denker", das sich immer als Bildungsland verstanden hatte. Eine heftige Diskussion in den Medien, in den Schulen und in der Öffentlichkeit setzte ein, die immer noch anhält. Dennoch wurden bislang nur wenige konkrete Folgerungen aus den Ergebnissen gezogen oder gar in Schulen umgesetzt. Deshalb ist es auch nicht erstaunlich, dass die Vorabveröffentlichung der deutschen Ergebnisse des zweiten PISA-Tests keine wesentlichen Verbesserungen zeigten. Bei den wichtigen Basisqualifikationen Lesen und Textverständnis kommt Deutschland lediglich vom 21. auf den 20. Platz im internationalen Ranking von 31 Staaten. Erneut ist der Anteil der Risikoschüler erschreckend hoch; fast jeder vierte 15-Jährige kann einfachste Texte nicht lesen und verstehen. Die Leistungsspreizung zwischen guten und schwachen Lesern ist noch größer geworden: Während sich die Leistungsstarken leicht verbessern konnten, sind die schwachen Schülerinnen und Schüler schwach geblieben.[69]
Deshalb soll hier noch einmal auf die Ergebnisse von PISA zurückgegriffen werden, aus denen sich konkrete Folgerungen für den Schulalltag ergeben. Sie führen u.a. zu der Überlegung, dass es auch für den Geschichtsunterricht ein wichtiges Anliegen sein muss, die Lesekompetenz der Schülerinnen und Schüler zu fördern.
Lesekompetenz oder Reading Literacy wurde für die PISA-Studie definiert als Fähigkeit, „geschriebene Texte zu verstehen, zu nutzen und über sie zu reflektieren, um eigene Ziele zu erreichen, das eigene Wissen

und Potential weiterzuentwickeln und am gesellschaftlichen Leben teilzunehmen."[70] Diese Festlegung orientiert sich an dem angelsächsischen Literacy-Konzept, nach dem Lesen eine universelle Kulturtechnik ist, die es überhaupt erst ermöglicht, am gesellschaftlichen und kulturellen Leben angemessen teilhaben zu können. Wenn man diese Definition akzeptiert, ist besonders erschütternd, dass fast ein Viertel aller untersuchten Fünfzehnjährigen in Deutschland nur die unterste von fünf Bewertungsstufen der Lesekompetenz erreicht. Erst die nächste Stufe gilt als Mindeststandard für berufliche Chancen und angemessene Teilnahme am gesellschaftlichen Leben. Jeder fünfte von diesen Jugendlichen erreicht nicht einmal die erste Kompetenzstufe. Gerade für diese Schülerinnen und Schüler ist eine Leseförderung wichtig, wobei es allerdings um mehr gehen muss als um individuelle Fördermaßnahmen im Rahmen des Deutschunterrichts, die bei diesen Schülerinnen und Schülern häufig auf Widerstand stoßen. Hier müssen den Schülern neue Wege und andere Anreize geboten werden. Auch das Literacy-Konzept von PISA zielt auf die Verbesserung von Entzifferungs- und Verstehensleistung ab. Deshalb ist an diesem Konzept inzwischen oft Kritik geübt worden – vor allem dahin gehend, dass dieser sehr eingeschränkte funktionale Lesebegriff das literarische Lesen ganz ausblendet. Gerade dieses kann aber möglicherweise einen anderen Zugang zum Aufbau einer Lesekompetenz bilden.

Die aktuellen Forschungen zur Leseförderung in Deutschland haben deshalb die Ergebnisse der PISA-Studie sehr viel weiter ausgelegt und aus der Kritik an dem funktionalen Lesebegriff das Konzept der *systemischen Leseförderung* entwickelt.[71] Danach soll Leseförderung sich an

einem theoretisch und didaktisch breiteren Konzept von Lesen orientieren. Lesen wird dabei verstanden als kulturelle Praxis, was auch motivationale, emotionale und interaktive Dimensionen einschließt. Leseförderung zielt dann auf die positive Beeinflussung des Leseverhaltens, der
Lesemotivation und der Lesegewohnheiten ab: Sie will „zum Lesen
verlocken". Dieses Konzept stützt sich auf Erkenntnisse der
Spracherwerbsforschung, der Lesesozialisation und der interkulturellen
Unterrichtsforschung.

◆ Aus der Spracherwerbsforschung weiß man, wie wichtig Gespräche
  zwischen einem Kind und seiner Bezugsperson sowie das Ernstneh-
  men der kindlichen Äußerungen für den Spracherwerb sind.

◆ Die Ergebnisse der Lesesozialisationsforschung haben gezeigt, dass
  in der Vorlesesituation das Gespräch zwischen Kleinkind und er-
  wachsenem Leser über mögliche Interpretationen oder als Anschlusskommunikation für die Lesemotivation entscheidend ist.

◆ Aus der interkulturellen Unterrichtsforschung ist bekannt, dass das
  Erzählen auch beim Erwerb einer Fremdsprache eine entscheidende
  Rolle spielt.[72]

Übertragen auf die Leseförderung ergibt sich aus diesen Beobachtungen, dass Lesen in einem kulturellen Gesprächsrahmen stattfinden muss
und dass kompetente Gesprächspartner zur Verfügung stehen müssen.
Diese setzen Gespräche über das Gelesene in Gang und sind mit ihrem
Leseverhalten Vorbilder, die viele Anlässe schaffen, bei denen Bücher im
Mittelpunkt gemeinsamer Aktivitäten stehen oder bei denen über
Literatur diskutiert wird. In den Schulen muss es also vor allem darum
gehen, Lesemotivation aufzubauen und zu sichern, Lesefreude zu vermitteln, den Umgang mit Büchern vertraut zu machen sowie Lesege-
wohnheiten auszubilden und zu stabilisieren. Lesen muss für alle zum
Normalfall werden.

Der Gedanke, motivationale, emotionale und interaktive Elemente
in die Leseförderung einzubeziehen, kommt zwar im Literacy-Konzept
von PISA nicht vor, lässt sich aber durchaus mit den Ergebnissen der
PISA-Studie stützen. Die Auswertung zeigt nämlich, dass es gerade bei
den deutschen Schülerinnen und Schülern einen engen Zusammenhang zwischen der Leseleistung einerseits sowie der Lesehäufigkeit und
der Einstellung zum Lesen andererseits gibt. Sie zeigt außerdem, dass
Schulen, in denen bereits in der Vergangenheit in Projekten das Lesen
schmackhaft gemacht wurde, in der PISA-Studie am besten abschnit-
ten.[73] Nach diesen Beobachtungen ist das Umfrageergebnis, dass im
Bundesdurchschnitt 42 Prozent aller Jugendlichen nicht freiwillig
lesen, mehr als ein Alarmsignal: Kinder, die nicht lesen – weil sie nicht

gerne lesen – erreichen in der Regel nur eine unzureichende Lesekompetenz.[74] Damit fehlt ihnen die Basiskompetenz zum Umgang mit Medien, also die Grundvoraussetzung für die Teilhabe am gesellschaftlichen Leben und für ein lebenslanges Lernen. Es muss also das Ziel sein, das Lesen für alle Schülerinnen und Schüler zu einer Tätigkeit werden zu lassen, der sie gern und selbstverständlich nachgehen.

Daran schließt sich nahezu zwangsläufig die Überlegung von Volker Hagemeister an: „Wenn bei uns so viele Schülerinnen und Schüler sagen, dass sie nicht gerne lesen, so ergibt sich damit die Forderung zu überprüfen, ob in unseren Schulen nicht häufiger Texte, die Kinder spannend finden, Gegenstand des Unterrichts sein sollten."[75] Die Integration von Jugendbüchern kann einen Beitrag dazu leisten.

Die Idee, Jugendbücher stärker zum Gegenstand des Unterrichts zu machen oder in den Schulalltag zu integrieren, zielt vor allem darauf, zwischen dem Schullesen und dem Freizeitlesen eine Brücke zu schlagen, sozusagen zwischen Muss und Muße. Die starke Differenzierung, die viele Schülerinnen und Schüler zwischen der Freizeit- und der Pflichtlektüre vornehmen, muss dafür aufgebrochen werden. Vielleicht ist das im Geschichtsunterricht sogar leichter möglich als im Deutschunterricht. Hier verhindert gerade für leistungsschwache Schülerinnen und Schüler die Bewertung oder Prüfung des Lesens durch Noten und Klassenarbeiten ein lustvolles Lesen.[76] Im Geschichtsunterricht ist die „Entschulung" des Lesens, die im Blick auf die Leseförderung so wichtig ist,[77] vielleicht einfacher. Auf jeden Fall ist das – egal in welchem Fach – mit Jugendbüchern leichter zu erreichen, als über den klassischen literarischen Kanon des Deutschunterrichts. Denn Jugendbücher knüpfen an die Medienerfahrungen und Freizeitlektüren der Schülerinnen und Schüler an. Sie orientieren sich an Fragen und Problemen der Jugendlichen und können damit zeigen, dass das Lesen von Büchern persönlichen Nutzen haben kann. Dadurch können Leseinteressen aufgebaut und weiterentwickelt werden. Die Jugendliteratur stellt nicht nur einen motivierenden Zugang zur Welt der Literatur dar; an ihr können auch unterschiedliche Leseweisen eingeübt und Lesekompetenzen aufgebaut werden. Sie bietet nach der Kinderliteratur einen fließenden Übergang zur Erwachsenenliteratur. Gerade literaturästhetische Erfahrungen können Jugendliche zunächst einfacher an Jugendbüchern machen, weil sie bei diesen Werken literarische Strukturen besser mit ihren eigenen Leseerfahrungen in Verbindung bringen können.[78]

Die systemische Leseförderung muss – und das ist für ihren Erfolg ganz entscheidend – in möglichst vielen Fächern betrieben werden.[79]

Das beste wäre, wenn sich die ganze Schule als Lesegemeinschaft verstehen würde, wenn Leseecken mit Jugendromanen, -sachbüchern und Nachschlagewerken eingerichtet würden, wenn Bücherlisten aushingen, Bücher präsentiert und für andere besprochen würden, wenn Autorenlesungen stattfänden, wenn auf Neuerscheinungen von Jugendbüchern hingewiesen würde und vieles andere mehr.[80] Auch Vertretungsstunden, Klassen-[81] oder Studienfahrten[82] lassen sich mit literarischen Aktivitäten zu Jugendbüchern verknüpfen. Geschichtslehrer sollten sich daran intensiv beteiligen, damit möglichst viele historische Jugendbücher in solche Aktivitäten einbezogen werden. Sie bieten nämlich einen zweifachen Nutzen: Zum einen sind das die bereits dargestellten didaktischen Chancen, die dieses Medium für die Vermittlung von Geschichtswissen hat; zum anderen können gerade historische Jugendbücher für die Leseförderung bestimmter Schülergruppen von Nutzen sein.

Um dies zu begründen, komme ich noch einmal auf zwei Ergebnisse aus dem Umfeld der PISA- und IGLU-Studien zurück (IGLU = Internationale Grundschul-Leseuntersuchung):

◆ Die Nicht-Leser sind vor allem Jungen.
◆ Der Leseknick setzt im Alter von 12 bis 13 Jahren ein, d.h. in diesem Alter hört ein Teil der Jugendlichen plötzlich auf zu lesen.

Die PISA-Studie hat ergeben, dass die Risikogruppe, die keine ausreichende Lesekompetenz entwickelt hat (unter Kompetenzstufe I), zu zwei Dritteln aus *Jungen* besteht. Ungefähr die Hälfte von ihnen hat keinen Migrationshintergrund.[83] Dieses Ergebnis überrascht nicht, denn die geschlechtsdifferenzierende Leseforschung der letzten Jahre hat bereits Beobachtungen gemacht, die diesen Befund erklären können. Sie sollen hier kurz dargestellt werden, um daraus Ansätze zu einer geschlechtsspezifischen Leseförderung zu entwickeln.

Die Leseforschung unterscheidet zwischen den zwei grundlegenden Lesehaltungen:

1. Informatorisches Lesen: Der Leser/die Leserin liest, weil er/sie sich über ein bestimmtes Sachgebiet informieren oder sich beruflich weiterbilden will.
2. Identifikatorisches Lesen: Der Leser/die Leserin liest zur Unterhaltung oder Entspannung und lässt sich dabei auf Identifikation und Irritation durch die Hauptfigur ein, was seine/ihre Identitätsentwicklung beeinflusst.

Beide Leseweisen haben ihre Berechtigung, müssen eingeübt und unterstützt werden. Dabei ist es allerdings wichtig, auf die geschlechtsspezifischen Unterschiede zu achten. Während bei Mädchen vor allem das identifikatorische Lesen von fiktionalen Texten ausgeprägt ist, sind Jungen stärker am informativen Lesen interessiert.[84] Diese Beobachtung deckt sich auch mit Studien zur Erhebung des Leseverhaltens bei Erwachsenen. Danach nimmt der Anteil der Unterhaltungsleser unter den Männern kontinuierlich ab, für sie hat Lesen zur Information einen sehr viel höheren Stellenwert als das Lesen von Belletristik.[85] Daraus lässt sich ableiten, dass viele Jungen wohl eher zum informatorischen Lesen zu motivieren sind als zum identifikatorischen. Das macht es so wichtig, die Sachfächer in die Leseförderung einzubeziehen, denn hier kann das informative Lesen sehr viel glaubhafter und authentischer betrieben werden als im Deutschunterricht. Dennoch bleibt die Frage, wie eine solche Leseförderung aussehen kann, schließlich wurde schon immer in allen Unterrichtsfächern mit Sachtexten gearbeitet. Also kann das allein zur Leseförderung nicht ausreichen.

Das kann vor allem daran liegen, dass Informationsleser ein eher instrumentelles Verhältnis zum Lesen haben, so dass die Lust am Lesen nur solange anhält, wie ein Informationsbedürfnis besteht.[86] Die Leseforschung hat jedoch festgestellt, dass sich eine lebenslange Lesemotivation nur über den Genuss identifikatorischen Lesens von literarischen Texten aufbauen lässt. Denn Lesevergnügen stellt sich nur dann ein, wenn der Leser Erfahrungen der Identifikation, der inneren Beteiligung, der Lust am Gelesenen und der Neugierde auf die weitere Lektüre machen kann.[87] Es ist deshalb von entscheidender Bedeutung, nicht nur das informatorische Lesen zu stärken, sondern auch diejenigen an das identifikatorische Lesen heranzuführen, die zunächst einmal wenig Interesse daran haben.

Der Einsatz von historischen Jugendbüchern im Geschichtsunterricht ist hier eine gute Möglichkeit. Historische Romane können im Geschichtsunterricht zunächst auf der Ebene des informativen Lesens angegangen werden. Dadurch können auch solche Jugendliche zum Lesen motiviert werden, die eher an Sachthemen interessiert sind als an belletristischer Literatur. Ein erwünschter Nebeneffekt kann dabei aber sein, dass sie dabei den Genuss von identifikatorischem Lesen kennen lernen, entwickeln und die belletristische Literatur zur Unterhaltung für sich entdecken. Deshalb dürfen Jugendbücher im Geschichtsunterricht nicht eindimensional thematisch fixiert behandelt werden. Es müssen immer auch Freiräume für ästhetische Erfahrungen und Ansätze einer literarischen Interpretation bleiben. Ein technisch interessierter Junge kann den Genuss identifikatorischen Lesens vielleicht bei einem historischen Roman über die letzte Fahrt des Luftschiffes Hindenburg oder über den Untergang der Titanic entdecken;[88] jemand, der sich für das

Rittertum interessiert, findet vielleicht über die literarisch schön gemachten Pagan-Romane von Catherine Jinks einen Zugang zur Welt der Belletristik.[89]

Auch die Beobachtungen zum *Leseknick* sprechen dafür, stärker Jugendliteratur in die Sachfächer zu integrieren. Ein Vergleich zwischen der IGLU- und der PISA-Studie zeigt, dass der Leseknick gerade in dem Alter zu beobachten ist, wo die jungen Leser der Kinderliteratur entwachsen. Während fast alle Grundschüler noch zum Vergnügen lesen, hört ein hoher Prozentsatz von Jugendlichen im Alter von zwölf oder dreizehn Jahren plötzlich damit auf.[90] Offensichtlich gelingt es also dem Deutschunterricht allein bisher nicht ausreichend, alle Jugendlichen für die nächste Stufe der Lesesozialisation zu motivieren. Das Lesen für die Schule wird zur Pflicht, und damit ist das Freizeitlesen für einen Teil der Jugendlichen nicht mehr attraktiv. Hier müssen ganz gezielt solche Leseangebote gemacht werden, die auch für die Freizeit attraktiv sind, um die vorhandene Lesemotivation zu stabilisieren und die Lesesozialisation voranzutreiben. Mit dem Einsatz von historischen Jugendbüchern im Geschichtsunterricht kann dazu ein wertvoller Beitrag geleistet werden. Allerdings ist es dafür wichtig, dass dieses Lesen weitgehend „entschult" wird. Orientierungspunkt eines solchen Unterrichts darf nicht das Wissen über Literatur sein, sondern die Erfahrung mit Literatur. Um das zu gewährleisten, sollten die Jugendlichen ihren Lesestoff mit auswählen dürfen, ihre Bücher dürfen nicht „zerredet" werden, und individuelle Leseerfahrungen müssen in den Unterricht ebenso eingebracht werden können wie der Akt des einsamen Lesens als intime Erfahrung respektiert werden muss.

Neben den Jugendlichen, die aufhören zu lesen, gibt es aber auch diejenigen, die schon als Kinder nicht viel und nicht gern gelesen haben. Diesen Jugendlichen gilt es, ein erneutes Angebot zum Einstieg in die Lesekultur zu machen, denn das Alter von dreizehn bis fünfzehn Jahren ist entscheidend für die Ausbildung von Lesekompetenz. Wer diese bis dahin nicht erworben hat, kann das kaum noch nachholen.[91] Ähnlich wie für den Spracherwerb gibt es auch für die Entwicklung der Lesekompetenz eine sensible Phase. Wenn bestimmte Regionen im Gehirn bis zum Ende der Pubertät nicht angeregt werden, kann sich keine ausreichende Lesekompetenz entwickeln. Für diese Jugendlichen ist es also die letzte Chance, den Weg in die Lesekultur zu finden. Da sie als Nicht-Leser mit dem Deutschunterricht meist schon schlechte Erfahrungen gemacht haben, bieten Lektüreangebote in Sachfächern möglicherweise einen neuen, unbeschwerteren Zugang, der unbedingt genutzt werden sollte.

Der Schock über die PISA-Ergebnisse hat eine Gruppe von Jugendlichen ein wenig ins Abseits des Interesses gedrängt: die Viel-Leser und Gerne-Leser. Die gibt es nämlich zum Glück auch! Sie müssen gefördert, wenn nicht sogar „gefüttert" werden. Denn international gesehen hat PISA gezeigt, dass auch die guten Leistungen nicht gut genug sind, dass wir also nicht nur die Bildungsarmen vernachlässigen, sondern auch die begabten, intelligenten und lernmotivierten Schülerinnen und Schüler immer noch nicht ausreichend fördern – trotz der leichten Verbesserung im zweiten PISA-Test. Eine solche Förderung ist im Geschichtsunterricht mit historischen Jugendbüchern nahezu unerschöpflich möglich. Das Angebot, begleitend oder vorbereitend zum Geschichtsunterricht historische Romane zu lesen, wird von diesen Schülerinnen und Schülern meist gern angenommen und als Genre in die Freizeitlektüre aufgenommen.

Das zeigt, wie sich mit dem Angebot von verschiedenen historischen Jugendbüchern im Geschichtsunterricht hervorragend eine Binnendifferenzierung durchführen lässt, die sowohl der Leseförderung als auch der Vermittlung von Geschichtswissen dient. Es empfiehlt sich also, möglichst oft auf thematisch zum Unterricht passende Bücher hinzuweisen oder sie in den Unterricht zu integrieren sowie auch die Eltern in diese Informationen einzubeziehen. Zu einigen historischen Themen gibt es eine so große Auswahl an historischen Romanen, dass sich sogar mit Bücherkisten oder Buchvorstellungen arbeiten lässt. Dabei können die Schülerinnen und Schüler sich genau das Buch aussuchen, das sowohl ihren fachlichen Interessen als auch ihrer Lesekompetenz entspricht.[92] So kann der Einsatz von Jugendbüchern im Geschichtsunterricht fachliche Wissensvermittlung mit Leseförderung so verbinden, dass ein sich gegenseitig befruchtender Vorgang entsteht.

7. Die Qual der Wahl – Auswahl- und Analysekriterien

Da Leseförderung letztlich immer eine Frage der richtigen Auswahl der Lektüre ist, muss darauf besonders viel Wert gelegt werden. Weil das Lesen von historischen Jugendromanen aber auch Lehrerinnen und Lehrern Vergnügen bereitet, muss es keineswegs nur als Pflicht gesehen werden, Bücher auszuwählen. Empfehlungslisten, Werbetexte und Prämierungen helfen bei der Orientierung auf dem Buchmarkt, sie nehmen jedoch der Lehrkraft, die für ihre Schülerinnen und Schüler oder für ihren Unterricht das richtige Buch finden will, die Qual der Wahl nicht ab.

Für eine solche Auswahl sind natürlich Kriterien notwendig. Die nachfolgende Liste von Kriterien, die hier als Analysestichpunkte formuliert sind, will nicht abschrecken, sondern soll zeigen, dass je nach pädagogischer Intention und Lernzielsetzung unterschiedliche Kriterien wichtig sind. Sie muss keineswegs immer komplett abgearbeitet werden, vielmehr soll sie Hilfestellungen bei Entscheidungen bieten und auf verschiedene didaktische Schwerpunktsetzungen bei der Verwendung von Jugendbüchern im Geschichtsunterricht aufmerksam machen.

Auf leseungewohnte Jugendliche und schwache Leser wird am Ende noch einmal speziell eingegangen, denn gerade für diese Schülerinnen und Schüler muss die Auswahl sehr sorgfältig getroffen werden. Nur dann kann dazu beigetragen werden, eine Haltung zum Buch aufzubauen, die im günstigsten Fall zu lebenslangem Lesen führt und damit die Grundlagen legt für Medienkompetenz und für Teilhabe an der Lesekultur.

7.1 Kriterium: literarische Qualität

Lange Zeit wurde die Qualität eines Jugendbuches allein über den pädagogischen Gehalt und den inhaltlichen Anspruch bestimmt. Inzwischen wird Jugendliteratur aber – wie die Erwachsenenliteratur – eher nach ihrer literarischen Qualität beurteilt. Die Übergänge zur Literatur für junge Erwachsene sind ohnehin fließend, weil einerseits die jugendlichen Vielleser mit dem Übergang zur Belletristik für Erwachsene keine

Schwierigkeiten haben und andererseits literarisch gut gemachte Jugendbücher auch von Erwachsenen mit Begeisterung gelesen werden. Auswahlkriterien, die sich an ästhetischen Maßstäben der allgemeinen Literaturwissenschaft und der Literaturkritik orientieren, sind vor allem dann wichtig, wenn man die Erweiterung der literarischen Kompetenz und die Teilhabe an der Lesekultur als ein wichtiges Ziel beim Einsatz von Jugendbüchern im Geschichtsunterricht mitverfolgt.

Stichpunkte zur Analyse:
◆ Welches sprachlich-stilistische, imaginative und kompositorische Niveau zeigt der Text?
◆ Sind Stoff, Charaktere und Handlung originell?
◆ Sind die Figuren glaubhaft und profiliert gezeichnet?[93]

7.2   Kriterium: Brücke zur Freizeitlektüre

Das Jugendbuch im Geschichtsunterricht soll eine Verbindung zwischen dem Lesen für die Schule und dem in der Freizeit schaffen, die Lesemotivation stabilisieren, die Krisenphase des Lesens in der Pubertät überwinden, zur Teilnahme an der Lesekultur einladen und Anregungen zum Lesen außerhalb der Schule geben. Für diese Zielsetzungen muss das ausgewählte Buch ganz andere Kriterien erfüllen.

Stichpunkte zur Analyse:
◆ Ist die Darstellung spannend genug, um den Leser „bei der Stange" zu halten?
◆ Zielt das Buch auf eine lesemotivierende Identifikation?
◆ Enthält das Buch ergänzende historische Informationen (Bilder, Karten, Worterklärungen, Quellen, Nachbemerkungen, Literaturhinweise), die das Verständnis erleichtern?
◆ Ist das Buch Gegenstand einer Diskussion innerhalb der Lesekultur, d.h. wird über dieses Buch in den Medien gesprochen?

7.3 Kriterium: Klassiker

Aus dem letzten Stichpunkt ergibt sich der Gedanke, die Buchauswahl an den *Klassikern* der Jugendliteratur zu orientieren. Auch das kann sinnvoll sein, denn Klassiker sind im Bereich der Jugendliteratur anders definiert als in der allgemeinen Literaturgeschichte. Sie sind nicht die Werke einer klassischen Epoche, sondern sie definieren sich allein über ihre Wirkung – ähnlich, wie es im allgemeinen Sprachgebrauch auch für bedeutende Werke der Literatur üblich ist. Die Klassiker der Kinder- und Jugendliteratur sind bekannt als Longseller und als Lieblingsbücher mehrerer Generationen. Weil sie so beliebt sind, kann man davon ausgehen, dass sie ein enorm leseförderndes Potenzial haben. Außerdem können an ihnen Heranwachsende erleben, was literarisches Leben heißt, denn hiermit erarbeiten sie sich ein Stück des gemeinsamen Fundus', der die Lesekultur unseres Landes ausmacht.[94] Auch im Bereich der historischen Jugendbücher gibt es eine Reihe Werke, die nach der genannten Definition zu den Klassikern gehören.

Stichpunkte zur Analyse:
◆ In der wievielten Auflage ist das Buch erschienen?
◆ Wie hoch ist der Bekanntheitsgrad des Buches oder des Autors?
◆ Kennzeichnet das Buch eine lang anhaltende Wertschätzung?
◆ Gibt es mediale Verwertungen oder bewährte, ausgearbeitete Unterrichtskonzepte?

Beispiele
◆ Baumann, Hans: Ich zog mit Hannibal. München, dtv € 9,00. (als Hörkassette bei Dhv € 9,95).
◆ Engelhardt, Ingeborg: Hexen in der Stadt. München, dtv 2002. € 6,50.
◆ Fährmann, Willi: Der lange Weg des Lukas B. Würzburg, Arena 1994. € 8,00.
◆ Fährmann, Willi: Es geschah im Nachbarhaus. Würzburg, Arena 1988. € 5,90.
◆ Fährmann, Willi: Der Mann im Feuer. Würzburg, Arena 1997. € 7,90.
◆ Grund, Josef C.: Gib mir meine Legionen wieder. Bindlach, Loewe 1992. € 10,00.
◆ Grund, Josef C.: Asche auf Pompeji. Bindlach, Loewe 1995. € 10,00.
◆ Härtling, Peter: Krücke. Weinheim, Beltz&Gelberg 2000. € 6,50.

- Kerr, Judith, Böll, Annemarie: Als Hitler das rosa Kaninchen stahl. Ravensburger Taschenbuchverlag 2004. € 5,95.
- Kordon, Klaus: 1848. Die Geschichte von Jette und Frieder. Weinheim, Beltz&Gelberg 1999. € 18,00.
- Kordon, Klaus: Der erste Frühling. Weinheim, Beltz&Gelberg 2003. € 9,90.
- Kordon, Klaus: Die roten Matrosen oder Ein vergessener Winter. München, SZ-Bibliothek 2005 € 4,90.
- Kordon, Klaus: Die Zeit ist kaputt. Weinheim, Beltz&Gelbrg 2002. € 9,90.
- Kordon, Klaus: Ein Trümmersommer. Weinheim, Beltz&Gelberg 2000. € 6,90.
- Kordon, Klaus: Mit dem Rücken zur Wand. Weinheim, Beltz&Gelberg 2003. € 9,90.
- Lornsen, Dirk: Rokal, der Steinzeitjäger. Stuttgart, Thienemann 1987. € 9,90.
- Maar, Paul: Kartoffelkäferzeiten. Ravensburg, Ravensburger Buchverlag 2005. € 6,90.
- Richter, Peter: Damals war es Friedrich. München, dtv 1974. € 5,50.
- Röhrig, Tilmann: In dreihundert Jahren vielleicht. Würzburg, Arena 1993. € 5,50.
- Sonnleitner, A. Th. Die Höhlenkinder. Stuttgart, Frankh-Kosmos 2004. € 17,50. (Taschenbuch: München, dtv 1999. € 8,00).
- Stöver, Hans D.: Die Akte Varus. München, dtv 1997. € 9,50.
- Stöver, Hans D.: Quintus in Gefahr. München, dtv 1991. € 8,50.
- Stöver, Hans D.: Quintus setzt sich durch. München, dtv 1993. € 9,00.
- Sutcliff, Rosemarie: Der Adler der siebten Legion. München, dtv 1971. € 9,00.
- v. Thadden, Wiebke: Brun, Geisel des Königs. (z.Zt. vergriffen)
- v. Thadden, Wiebke: Phillipp zwischen Kaiser und König. Ein Ritterleben zur Stauferzeit. (z.Zt. vergriffen)
- v. Thadden, Wiebke: Tiza im Königsbann. Unterwegs im Reiche der Ottonen. (z.Zt. vergriffen).
- Wethekam, Cili: Mamie. (z.Zt. vergriffen)
- Wethekam, Cili: Tignasse. (z.Zt. vergriffen)
- Zitelmann, Arnulf: Hypatia. Weinheim, Beltz&Gelberg 2002. € 7,90.
- Zitelmann, Arnulf: Unter Gauklern. Beltz&Gelberg 2001. € 7,90.

7.4 Kriterium: Vorwissen

Spätestens seit den PISA-Studien weiß man, dass Lesen nicht nur ein Buchstaben- und Worterkennen ist, sondern dass für ein Textverstehen Makrostrukturen erkannt werden müssen, für die das Vorwissen ganz entscheidend ist. „Immer hat der Leser sein Vorwissen anzuzapfen, um in seinem Kopf eine kohärente Repräsentation der Textbedeutung zu konstruieren."[95]

Bei dem Einsatz eines Jugendbuches im Geschichtsunterricht muss folglich geprüft werden, ob das Vorwissen der Schülerinnen und Schüler für ein erfolgreiches Textverstehen ausreicht oder ob bereits vor der Lektüre historisches Fachwissen vermittelt werden muss. Dabei kann es selbstverständlich nicht darum gehen, alles Unbekannte als Vorwissen bereitzustellen, vielmehr soll der Leseprozess ja gerade dem Wissenserwerb dienen. Dennoch muss so viel Wissen vorhanden sein, dass für die Schülerinnen und Schüler ein genussvolles Lesen und damit ein Eintauchen in die fiktiv-historische Welt möglich ist. Die Entscheidung, ob die Lektüre als Einstieg, unterrichtsbegleitend oder vertiefend eingesetzt wird, muss also von der Komplexität des Buches abhängig gemacht werden.

> *Faustregel:*
> *Je weniger Wissen vorhanden ist, desto einfacher zugänglich sollte das Buch sein. Und umgekehrt: Je größer das Vorwissen ist, desto komplexer darf die Lektüre sein.*

7.5 Kriterium: fachliche Qualität

Für jeden Historiker wird die fachliche Qualität eines Jugendbuches entscheidend sein für einen Einsatz im Geschichtsunterricht, denn unter der Kategorie „historischer Roman" oder „historisches Jugendbuch" finden sich recht unterschiedliche Werke. Das resultiert vor allem daraus, dass Geschichte von Autoren auf sehr unterschiedliche Weise verarbeitet wird. Sie kann als Kulisse dienen für eine Handlung, die genauso in der Gegenwart ablaufen könnte, oder die vergangene Zeit dient mit ihrer Fremdheit als Schauplatz für phantastische Handlungen. Diese Romane sind auf dem Buchmarkt zwar oft recht erfolgreich, bringen für den Geschichtsunterricht aber wenig, wenn die Autoren nur oberflächlich mit der Geschichte umgehen, die Historie also lediglich als Steinbruch für Spannungselemente nutzen. Diese Autoren sind in der Regel nicht daran interessiert, Geschichtswissen zu vermitteln oder die

Zeit zu veranschaulichen, sodass sich auch Sachfehler, Anachronismen oder Fantasy-Elemente finden.

Für den Erwerb von Geschichtswissen ist entscheidend, dass eine Erzählung tatsächlich in der Vergangenheit angesiedelt ist: dass das Handeln, Sprechen und Denken der Figuren historisiert sind, dass die Zeit eine konstitutive Rolle für die Handlung spielt und dass zeittypische Ereignisse Auswirkungen auf das Leben der Figuren haben. In diesen Bereichen darf die Geschichte nicht geglättet sein, sondern muss in ihrer Andersartigkeit und Fremdheit dem jugendlichen Leser gegenübertreten. Das bedeutet, dass trotz aller Fiktionalität die Handlung historisch triftig und das Thema sachlich korrekt dargestellt sein muss:[96] Das Verhalten der Personen muss dem wahrscheinlichen Verhalten historischer Personen entsprechen, es dürfen keine falschen Modernisierungen vorgenommen sein, strukturelle Gegebenheiten der Zeit müssen berücksichtigt werden und Fakten müssen stimmen. Dennoch muss das nicht dazu führen, dass die Romanhandlung eine verkleidete Realienkunde ist; fiktive oder gar phantastische Elemente, die als solche deutlich sind (z.B. eine Zeitreise[97], das Eintauchen in ein Gemälde[98] o.ä.) verringern weder die Wissensvermittlung noch die Bildung von historischem Bewusstsein.[99]

Stichpunkte zur Analyse:[100]

◆ Warum bedient sich der Autor eines historischen Stoffes? Ist in erster Linie eine historische Rekonstruktion intendiert oder ist die Historie nur bunte Kulisse?

◆ Wird das Geschehen zeitlich genau fixiert?

◆ Wird durch die Schilderung von Vorgängen, Situationen, Schauplätzen, Landschaften und Lebensweisen eine Veranschaulichung historischer Zustände erreicht?

◆ Werden historisch nachweisbare Ereignisse und/oder Personen im richtigen Zusammenhang erwähnt?

◆ Wird das Geschehen in politische, ökonomische, soziale und kulturelle Zusammenhänge eingebettet?

◆ Werden strukturelle Ursachen für die behandelten Probleme genannt oder erscheinen sie lediglich als schicksalhaft?

◆ In welcher Dichte werden historische Informationen gegeben?

◆ Werden die Interessen und Motive der Handelnden dargestellt und erklärt?

◆ Werden punktuelle und/oder systematische Erklärungen gegeben?

◆ Werden Konsequenzen des historischen Themas für die Gegenwart deutlich?

7.6 Kriterium: Multiperspektivität

Wenn man die didaktische Chance nutzen will, mit Hilfe von Jugend-büchern Multiperspektivität in den Geschichtsunterricht zu bringen,[101] so muss der ausgewählte Roman noch einmal besondere Kriterien erfüllen: Der Leser darf dann nicht nur vom Protagonisten an der Leine der Identifikation geführt werden, sondern der Blick auf verschiedene Seiten des Themas muss möglich sein. Nur so kann es neben der Identifikation zu einer fruchtbaren Irritation kommen, die eine eigen-ständige Wertbildung ermöglicht.[102]

Stichpunkte zur Analyse:
◆ Wird das Geschehen ausschließlich aus der Sicht der Identifikations-figur dargeboten oder treten andere Perspektiven hinzu, wie z. B. ver-schiedene Personen oder unterschiedliche Erzählebenen?
◆ Sind die Figuren differenziert und realistisch dargestellt?
◆ Ist die Identifikationsfigur lediglich auf ihre unmittelbare Umwelt fixiert oder nimmt sie auch übergreifende politische, gesellschaftli-che oder wirtschaftliche Entwicklungen wahr?
◆ Werden Klischees und Ideologien bestätigt oder infrage gestellt? Welches Geschichtsbild wird im Roman vertreten?
◆ Lässt die Erzählstruktur dem Leser Distanzierungs- und Reflexions-möglichkeiten, und sind im Text genügend Leerstellen vorhanden, die dem Leser für eigenes Denken und Fühlen Raum lassen?

7.7 Kriterium: Personifizierung von Geschichte

Jugendbücher, die mit Personalisierungen arbeiten, sollten nicht unre-flektiert zum Gegenstand des Unterrichts gemacht werden. Wie bereits dargestellt, haben Personifizierungen einen höheren didaktischen Wert als Personalisierungen.[103] Für den Inhalt bedeutet das in der Regel, dass Themen aus den Bereichen der Alltags-, Sozial- und Mentalitäts-geschichte ausgewählt werden.

Stichpunkte zur Analyse:
◆ Ist die Identifikationsfigur repräsentativ für eine bestimmte Gruppe, Schicht oder Klasse in der betreffenden Gesellschaft?
◆ Ist die Identifikationsfigur überwiegend Handelnder in oder Leiden-der an den gesellschaftlichen Verhältnissen?
◆ Welche individuellen bzw. gesellschaftlichen Probleme stehen im Mittelpunkt der Handlung? Ist das Dargestellte exemplarisch?

◆ Fließen Eindrücke über historische Lebensverhältnisse und -umge-
bungen sowie alltagsgeschichtliche Aspekte ein? Wird Geschichte in
der Handlung für den Leser lebendig?

◆ Wie werden Lösungen gefunden? Werden sie durch die Leistung
eines Einzelnen erreicht, erscheinen sie zufällig oder werden überin-
dividuelle Phänomene dafür verantwortlich gemacht?

7.8 Kriterium: Lesegenuss

Um Jugendlichen den Genuss von identifikatorischem Lesen und
vergegenwärtigter Geschichte zu vermitteln, ist es wichtig, sie dabei zu
unterstützen, solche Bücher zu finden, die ihre aktuellen Probleme und
Fragen spiegeln oder aus einer anderen Perspektive beleuchten. Bücher
dürfen deshalb nicht nur streng nach fachlichen Gesichtspunkten oder
literarischem Qualitätsanspruch ausgewählt werden; vielmehr sollten
sie alters- und zeitgemäß sein und entwicklungsspezifische Fragestellungen behandeln, die in der fremden Zeit gespiegelt sind.[104]

Eine Identifikation wird bei Jugendlichen am ehesten bewirkt, wenn
die Hauptperson ihrer Altersklasse entspricht und einen ähnlichen
Entwicklungsstand hat. Dennoch muss diese Person auch Momente der
Irritation[105] bieten, denn nur dann kann die Entwicklung der Hauptfigur dem Leser als Lebenshilfe dienen und nur so bringt Lesen wirklich
Genuss. Denn eine literarische Figur ist immer dann für den Leser
interessant, wenn sie diesem nicht nur gleicht, sondern sich in anregen-
der Weise von ihm unterscheidet.[106]

Thematisch werden besonders solche Bücher bevorzugt, die proble-
matische Erfahrungen, Spannungen und Grenzsituationen darstellen,
entfalten und auch klären, ohne eine vordergründige Happy-End-
Lösung anzubieten. Solche Situationen sind vor allem das Hinaustreten
aus der geschützten Familie in die Erwachsenenwelt, erste Liebeserfah-
rungen und die Suche einer geschlechtlichen Identität, der Weg zur
Selbstständigkeit und Persönlichkeitsfindung, aber auch Erfahrungen
mit einem Unrechtsregime, mit Krieg oder Tod.[107]

Die Altersempfehlung, die viele Verlage für ihre Jugendbücher
geben, ist dabei lediglich als grobe Orientierung zu sehen. Bei den
Verlagen ist die Angabe von Altersempfehlungen ein ungeliebtes Ritual,
das nur auf Druck des Buchhandels aufrechterhalten wird. Bei den
heutigen Jugendlichen muss man eher nach den vorhandenen Leseerfahrungen zwischen Viel-Lesern, Wenig-Lesern und Nicht-Lesern unterscheiden als nach Altersklassen. Die jugendlichen Viel-Leser sind
bereits mit dreizehn, vierzehn Jahren in der Lage, auch Bücher für

Erwachsene mit Gewinn zu lesen. Dagegen sind Jugendliche, die gar nicht freiwillig lesen, oft schon von Büchern überfordert, deren Altersangabe noch unter ihrem Alter liegt. Auf Auswahlkriterien für diese leseungewohnten Jugendlichen wird deshalb im Folgenden noch speziell eingegangen.

Stichpunkte zur Analyse:
- Entspricht die Darstellung und Erzählform dem Entwicklungsstand und den Lesefähigkeiten des Lesers?
- Wer wird als Identifikationsfigur angeboten? Ist sie für jugendliche Leser geeignet?
- Finden beide Geschlechter Möglichkeiten zur Identifikation?
- Durchläuft die Identifikationsfigur im Verlauf des Geschehens eine Entwicklung bzw. einen Lernprozess?
- Bietet die Identifikationsfigur Momente der Irritation für den Leser?
- Dienen die beschriebenen Geschehnisse dazu, heutige Probleme besser zu verstehen? Wird eine persönliche Bedeutung oder eine individuelle Relevanz deutlich?
- Erscheinen historische Zustände als geworden und damit prinzipiell als veränderbar?
- Welche Normen und Verhaltensweisen werden dem Leser nahe gelegt? Werden diese als gegeben beschrieben oder werden sie zur Diskussion gestellt? Wird dem Leser Anpassung an ungerechte Zustände oder Widerstand gegen sie empfohlen?

7.9   Besondere Hinweise für leseungewohnte Jugendliche

Schülerinnen und Schüler dort abzuholen, wo sie sind, ist leichter gesagt als getan. Im Bereich des Lesens ist das besonders schwierig, weil wir als Lehrer so selbstverständlich mit der Schriftsprache umgehen, dass wir uns kaum noch eine Vorstellung davon machen können, wie mühsam der Weg dorthin ist.

Gerade bei leseungewohnten Jugendlichen muss besonders auf deren Interessen und Vorlieben sowie ihr spezifisches Wahrnehmungs- und Lesevermögen aufgebaut werden. Daraus ergibt sich aber bereits die größte Schwierigkeit für die Auswahl von Texten: Einerseits können altersgerecht aufbereitete Inhalte oft nicht erschlossen werden, andererseits werden Texte mit geringerem Schwierigkeitsgrad nicht gelesen, wenn die Inhalte am Interesse der Jugendlichen vorbeigehen oder als banal empfunden werden.

Im Geschichtsunterricht taucht dieses Problem regelmäßig bei der

Schulbucharbeit auf. Ganz abgesehen davon, dass Schulbuchtexte nur selten den Interessen leseungewohnter Jugendlichen entsprechen, sind die kompakten Texte mit ihrer zumeist abstrakten Sprache von diesen Schülerinnen und Schülern kaum oder nur schwer zu erschließen. Deshalb kann es hilfreich sein, gelegentlich das Schulbuch durch Jugendbücher zu ersetzen oder zu ergänzen, da Romane und Erzählungen stärker auf eine Vergegenwärtigung und Veranschaulichung der Geschichte abzielen. Andererseits müssen dabei die Schülerinnen und Schüler noch sehr viel mehr Text bewältigen, was am Anfang auf Protest stoßen wird. Deshalb muss bei der Auswahl eines Buches noch viel stärker der Schwierigkeitsgrad des Textes reflektiert werden.[108]

Ein *geringer Textumfang* verringert den Anfangswiderstand gegen die Lektüre eines Buches und lässt schnell ein Erfolgserlebnis eintreten. Dazu können ebenso eine große Schrift und Illustrationen beitragen, denn dadurch sind eine Seite, ein Kapitel und vielleicht sogar das ganze Buch schnell geschafft. Eine Kapiteleinteilung kann ebenfalls vermeiden, dass sich leseungeübte Jugendliche von der Länge des Gesamttextes erschlagen fühlen. Entscheidend ist nämlich, dass auch diese Schülerinnen und Schüler es fertig bringen, „richtige Bücher" und „ganze Geschichten" zu lesen, denn nur so lässt sich eine Brücke zum Freizeitlesen schlagen.

Illustrationen verringern nicht nur den Textumfang einer Seite, sie sind außerdem Ruhepunkte, bei denen sich Leseungewohnte von der Anstrengung des Lesens erholen können. Wenn zwischen Text und Bildern ein enges Sinnverhältnis besteht, können sie auch eine Verstehenshilfe sein. Sie können den Text verdeutlichen, aber auch auf ihn neugierig machen und so zum Lesen motivieren. Allerdings dürfen sie nicht zu detailreich sein, damit sie nicht den wichtigen Prozess der Erzeugung eigener Bilder im Kopf behindern.

Um das Textverständnis zu erleichtern, sollten die Handlung, die Figurenkonstellation sowie der dargestellte Raum *überschaubar* sein. Die Zeitgestaltung sollte möglichst einfach sein: Eine lineare oder chronologische Erzählstruktur eignet sich dafür am besten. Wenn Rückblicke oder Zeitsprünge vorkommen, müssen sie eindeutig als solche zu er-kennen sein, etwa durch eine andere Schriftart.

Die *Sprache* sollte einfach und adressatengerecht sein: einfach gegliederte Sätze, alltagsorientierte Wortwahl, ungewöhnliche oder veraltete Begriffe sollten aus dem Kontext zu erschließen sein oder in einem Glossar erklärt werden. Trotz des Gebots der Einfachheit sollte es sich aber immer um korrekte Schriftsprache handeln, auch wenn sie für Leseungewohnte fremd ist. Denn nur über diesen Weg können auch

diese Jugendlichen an die Andersartigkeit der Schriftsprache und damit an die Lesekultur herangeführt werden.

Die *Inhalte* sollten attraktiv und unterhaltsam in einer spannenden Handlung verarbeitet sein, d.h. es dürfen keine pädagogischen oder gar therapeutischen Ansprüche erhoben werden, vielmehr sollten sie Anregungen zur Lebensorientierung geben. Aktionen sollten Vorrang vor Reflexionen haben, lange Beschreibungen müssen von Handlungen unterbrochen sein. Denn gerade für diese Jugendlichen muss der Genussfaktor des Lesens im Vordergrund stehen.

Innere Monologe oder erlebte Rede erschweren das Textverständnis. Wenn sie vorkommen, sollten sie durch eine entsprechende *Textgliederung* vom übrigen Text abgehoben sein. Leicht verständlich ist dagegen die direkte Rede, weil sie auch bei Leseungewohnten durch den mündlichen Sprachgebrauch vertraut ist. Allerdings muss immer leicht erkennbar sein, wer spricht.

Verständlicherweise, aber auch bedauerlicherweise haben die Buchverlage bislang leseunerfahrene Jugendliche nicht als Adressaten im Blick. Es gibt kaum Verlage, die inhaltlich altersgerechte Bücher für diese Zielgruppe aufbereiten.[109] Man ist bei der Auswahl also auf Glückstreffer angewiesen. Diese kann man am ehesten im Bereich der Bücher für Deutschlerner finden, bei interaktiven Ratebüchern oder

Mitratekrimis[110] oder bei Comics. Auch Werke, die Abenteuergeschichten und Sachbuchwissen miteinander kombinieren, können für diese
Leserschaft geeignet sein.[111]

Bei der Auswahl von Büchern für diese Jugendlichen sollten die
fachlichen Kriterien an das Buch nicht allein ausschlaggebend sein. Hier
steht das Ziel im Vordergrund, die Jugendlichen über das Lesen an
historische Themen im weitesten Sinne heranzuführen. Da zurzeit der
Bereich der Fantasy-Literatur sehr stark von Jugendlichen genutzt wird
und sehr beliebt ist, sollten auch para-historische Romane[112] nicht von
vornherein ausgeschlossen werden, wenn die Schülerinnen und Schüler sich dafür begeistern lassen. Immerhin kommen die Leser dieser
Bücher mit historischen Themen in Kontakt, und es kann ein Gespräch
darüber beginnen. Gerade für die leseungewohnten Jugendlichen gilt,
dass sie erst am Anfang ihrer Lesesozialisation stehen. Für sie ist
entscheidend, dass sie neben dem Kennenlernen von historischen
Fragestellungen positive Leseerlebnisse machen.

8. Orientierungsmöglichkeiten auf dem Buchmarkt

Die Vermittlung von Geschichtswissen und Leseförderung mit Jugendliteratur ist – wie bereits mehrfach angesprochen – vor allem eine Frage der Auswahl der richtigen Bücher. Das setzt eine Kenntnis des Buchmarktes voraus. Doch der Markt der Neuerscheinungen ist selbst für Fachleute kaum noch zu überblicken. Jährlich erscheinen ca. 4000 bis 5000 Jugendbücher neu auf dem Markt. Ungefähr fünf bis zehn Prozent davon beschäftigen sich mit historischen Themen.

Hier sollen einige Tipps gegeben werden, wie man sich auf dem Jugendbuchmarkt orientieren kann. Die Möglichkeiten, sich auf dem Markt allein über den Bereich der historischen Jugendbücher zu informieren, sind allerdings eingeschränkt. Gerade wenn man nach Neuerscheinungen sucht, ist es deshalb meist unumgänglich, den gesamten Jugendbuchmarkt zu durchforsten. Deshalb werden hier zunächst Medien aufgeführt, die einen Überblick über den allgemeinen Jugendbuchmarkt geben können. Anschließend wird auf einige Möglichkeiten hingewiesen, historische Jugendbücher zielgerichtet zu suchen.

In Kapitel 10 werden dann in einem Beispielcurriculum chronologisch-thematisch einige bewährte Bücher vorgestellt.

Einen Überblick über Neuerscheinungen geben folgende Medien:
Analog zum „Buchjournal" gibt der Börsenverein des deutschen Buchhandels zusammen mit der Arbeitsgemeinschaft der Jugendbuchverlage zwei Mal im Jahr die *Bücherbox* heraus, in der die wichtigsten Neuerscheinungen aus den Sparten Bilderbuch, Kinderbuch, Jugendbuch und Sachbuch mit knappen Inhaltsangaben vorgestellt werden. Das Schlagwortregister kann bei der Suche nach historischen Themen hilfreich sein. Die *Bücherbox* liegt in vielen Buchläden oder öffentlichen Bibliotheken aus und kann dort kostenlos mitgenommen werden.

Einzelexemplare können über die avj-Geschäftsstelle, c/o Thienemann Verlag GmbH, Blumenstr. 36, D-70182 Stuttgart bezogen werden.

Auch das Medien-Magazin *Hits für Kids* informiert zweimal jährlich über Neuerscheinungen und wird vom Buchhandel kostenlos verteilt.

Die Arbeitsgemeinschaft Jugendliteratur und Medien (AjuM) arbeitet mit der Gewerkschaft für Erziehung und Wissenschaft (GEW) zusammen, um für Beratungen, Fortbildungsveranstaltungen und Publikationen Jugendbuchtipps zu geben. Dafür sichtet und prüft die AJuM Kinder- und Jugendliteratur und -medien unter dem Gesichtspunkt der Verwendbarkeit in der Schule. Sie hat bereits ungefähr 10 000 Medien der Kinder- und Jugendliteratur rezensiert und daraus eine *Datenbank* erstellt, die jährlich um ca. 5 000 Rezensionen ergänzt werden soll. Diese Datenbank wurde ins Internet gestellt und ist über Schlagwörter, Gattungen, Altersempfehlungen und Einsatzmöglichkeiten gut zu erschließen *(http://www.ajum.de)*.

Außerdem gab die AJuM bis 2004 jährlich eine Zusammenstellung von *Taschenbuch-Tipps* heraus, in denen Taschenbücher für Kinder, Jugendliche und junge Erwachsene vorgestellt wurden. Durch seine ausführliche Verschlagwortung und Hinweise auf Hörkassetten, Verfilmungen oder unterrichtsbegleitende Materialien sind diese Kataloge eine gute Hilfe bei der Auswahl von Schullektüren. Leider wird diese Publikation nicht mehr veröffentlicht. Dennoch gibt die AJuM im Zusammenhang mit der Vergabe des Heinrich-Wolgast-Preises eine Liste empfohlener Taschenbücher für den Unterricht heraus.

Ebenfalls im Internet ist eine laufend aktualisierte Liste der lieferbaren Kinder- und Jugendbücher, zu denen es Lehrerhandreichungen gibt, zu finden. Auch hier geben Schlagwörter dem Geschichtslehrer eine gute Möglichkeit, Jugendbücher zu historischen Themen schnell zu identifizieren und einzuordnen *(http://www.aol-verlag.de/ajum)*.

Auch *Auszeichnungen* können ein Qualitäts- und damit ein Auswahlkriterium für ein Jugendbuch sein. Doch auch hier ist die Orientierung schwierig, denn es gibt ca. 700 verschiedene Buchpreise in Deutschland.

> *Über die wichtigsten Jahres- und Monatspreise kann man sich relativ einfach über die Internetseite der Zeitschrift BULLETIN informieren: http://www.bjlonline.de.*

Der wichtigste Buchpreis für die Kinder- und Jugendliteratur ist der Deutsche Jugendbuchpreis. Er ist in Deutschland der einzige Staatspreis für Literatur. Er wurde vom Bundesministerium für Familie, Senioren, Frauen und Jugend gestiftet und wird seit 1956 jährlich für die Sparten Bilderbuch, Kinderbuch, Jugendbuch und Sachbuch auf der Frankfurter Buchmesse verliehen. Die Nominierung erfolgt jeweils im März auf der Leipziger Buchmesse. Seit 2003 gibt es neben der Kritikerjury eine Jugendjury, die eigene Nominierungen vornimmt.

Der Arbeitskreis für Jugendliteratur e.V. stellt in Zusammenarbeit mit dem Bundesministerium für Familie, Senioren, Frauen und Jugend jedes Jahr die Bücher in einer kleinen Broschüre vor, die für den Deutschen Jugendliteraturpreis nominiert sind. Diese Broschüre enthält die Begründungen der Jury zu allen Büchern, die nominiert wurden.

Auch diese Broschüre liegt kostenlos aus, ist aber auch zu beziehen über den Beltz Medienservice, Postfach 10 05 65, D-69445 Weinheim.

Der Börsenverein vergibt auf der Leipziger Buchmesse den Deutschen Bücherpreis in vier Kategorien, worunter auch einer für Kinder- und Jugendbücher ist.

Informationen dazu hängen in Buchhandlungen aus oder sind im Internet abrufbar unter: http://www.deutscher-buecherpreis.de.

Von den *Fachzeitschriften für Jugendliteratur* sei auf folgende hingewiesen:

Die Zeitschrift „Eselsohr" gestaltet in jedem Jahr eine Ausgabe zum Thema Historische Jugendbücher. Darin finden sich Rezensionen zu den Erscheinungen des letzten Jahres, die auch für Geschichtslehrer hilfreich sind.

In der Zeitschrift „BULLETIN. Kritisches Monatsmagazin für Kinder- und Jugendmedien, Leseförderung und Lesekultur" gibt es in jeder Ausgabe eine kleine Extra-Rubrik, in der ganz knapp drei bis vier historische Jugendbücher vorgestellt werden. Die Fachzeitschrift JU-LIT wendet sich an alle, denen die Förderung der Jugendliteratur ein Anliegen ist. Sie erscheint vierteljährlich und bietet zu je einem Themenschwerpunkt Aufsätze, Referate und Bibliographien. Einzelne Ausgaben widmen sich auch historischen Themen.

Der gute und kostenfreie Service von *www.amazon.de* kann natürlich auch bei der Suche nach historischen Jugendbüchern genutzt werden. Über die dort einsehbaren Kundenrezensionen lässt sich manchmal sogar einschätzen, wie das Buch bei jugendlichen Lesern ankommt.

Leider nicht kostenfrei ist die Mitgliedschaft bei kjl-online. Das Internet-Forum (*www.kjl-online.de*) bietet einen unabhängigen Überblick über alle Medien aus dem Bereich der Kinder- und Jugendliteratur. Es informiert über Neuerscheinungen, bietet Einzelbesprechungen, Autorenportaits und weiterführende Links. Regelmäßig werden ver-

schiedene Schwerpunktthemen behandelt. Außerdem wird über Termine und Preisvergaben berichtet.

Einige *Verlage* geben wiederum kostenfrei in ihren Internetkatalogen Hinweise zur thematischen Einordnung ihres Angebotes, informieren Lehrer auf Wunsch gezielt über Neuerscheinungen in ihren Newsletters oder bieten sogar Unterrichtsmodelle zu einzelnen Jugendbüchern an.

Speziell auf *historische Jugendbücher* und ihre Einsatzmöglichkeiten im Geschichtsunterricht gehen folgende Medien ein:

Die Zeitschrift *Geschichte lernen* bietet zu ihrem jeweiligen Heftthema regelmäßig Rezensionen von Jugendbüchern. Darüber hinaus findet sich dort immer ein Unterrichtstipp, der sich auf eines der vorgestellten Bü-cher bezieht. Der Unterrichtstipp ist bereits als Kopiervorlage aufbereitet. Diese enthält einen Ausschnitt aus einem Jugendbuch und dazu kon-krete Arbeitsvorschläge. Er ist in der Regel so konzipiert, dass er auch ohne Lektüre des gesamten Buches im Unterricht eingesetzt werden kann.

Die Zeitschrift *Praxis Geschichte* stellt in jedem Heft einige Neuerscheinungen von Jugendbüchern vor, die sich für einen Einsatz oder für Empfehlungen im Geschichtsunterricht eignen. „Stiftung Lesen" hat eine ganze Reihe von *Leseempfehlungen* zu verschiedenen Themenbereichen – auch zu Themen des Geschichtsunterrichts – zusammengestellt, die beständig ergänzt und erweitert werden. Auch wenn es hier nicht nur um Jugendbücher geht, sind einige Nummern aus den Lese-Empfehlungen für Geschichtslehrer interessant:

♦ 77: Geschichte in Romanen;
♦ 80: 1945 Literatur gegen das Vergessen. Nationalsozialismus, Kriegsende, Neubeginn;
♦ 87: Fünf Jahre deutsche Einheit;
♦ 92: Islam;
♦ 96: Verfolgung und Vernichtung unter nationalsozialistischer Herrschaft;

◆ Das 20. Jahrhundert in 100 Romanen;
◆ 116: 1949-1989-1999: 50 Jahre deutsche Geschichte;
Für die Themen „Nationalsozialismus" sowie „Kriegs- und Nachkriegszeit" hat die Stiftung Lesen Arbeitshilfen für Lehrer herausgegeben, die
Jugendbücher zu diesen Themen in den Mittelpunkt stellen.

> *Informationen im Internet unter: http://www.StiftungLesen.de.*
> *E-Mail: Mail@StiftungLesen.de*

Besonders hilfreich bei der Suche nach historischen Jugendbüchern sind
die Broschüren der Deutschen Akademie für Kinder- und Jugendliteratur e.V. *„Lebendige Vergangenheit"*. In ihnen wurden lange Zeit neu
erschienene historische Jugendbücher nach den großen historischen
Epochen mit jeweils einer kurzen Inhaltsangabe vorgestellt. Zu jeweils
einem Sonderthema enthielt der Katalog auch ältere Werke.
Bezugsadresse: Buchhändler-Vereinigung GmbH, Postfach 100442,
D-60004 Frankfurt.

> *Seit 2003 gibt es diese Zusammenstellung als Internetkatalog:*
> *http://www.akademie-volkach.de/Kataloge/ErzählteGeschichte.htm.*

Ebenfalls speziell für Geschichtslehrer gedacht, ist eine kommentierte
Bücherliste im Historischen Forum, die sich aus einem Projekt der
Akademie für Lehrerfortbildung Dillingen und der Deutschen Akademie für Kinder- und Jugendliteratur e.V. Volkach ergeben hat. Die jährlich im Mai erscheinende Liste ist gegliedert in Epochen, gibt knappe
Inhaltsangaben und – was sie besonders brauchbar macht – Kommen-
tare zur Ausstattung, zur Sprache und zum Inhalt des Buches. Sie gibt
den Zeitraum des Geschehens, die historisch-politische Kernaussage
und die behandelten Probleme an. Außerdem werden Empfehlungen
gegeben für den Einsatz in der Schule, was Jahrgangsstufe oder Fächer-
kombinationen betrifft.

> *Der Katalog ist im Internet abrufbar unter:*
> *http://www.schule.bayern.de/forum/texte/jugend.htm.*

Inzwischen machen auch einige Schulbücher auf thematisch passende
Jugendbücher aufmerksam.

Nützliche Adressen:

Arbeitsgemeinschaft Jugendliteratur und Medien (AjuM)
der Gewerkschaft Erziehung und Wissenschaft
Badenallee 27
14052 Berlin

Arbeitskreis für Jugendliteratur e.V.
Metzstraße 14c
81667 München

Stiftung Lesen
Römerwall 40
55131 Mainz

Bundesverband der
Friedrich-Bödecker-Kreise
Künstlerhaus
Sophienstraße 2
30159 Hannover

Deutsche Akademie für
Kinder- und Jugendliteratur
Hauptstraße 42
97332 Volkach

Arbeitsgemeinschaft von
Jugendbuchverlagen e.V.
Friedrichstr. 9
80801 München

9. Praxisbeispiele

Da der Jugendbuchmarkt auch für die historischen Romane groß ist und beständig durch Neuerscheinungen erweitert wird, sollen die Praxisbeispiele nicht allein auf ganz bestimmte Beispiele beschränkt sein. Vielmehr sollen einige Methoden so vorgestellt werden, dass sie sich auf verschiedene Romane anwenden lassen. Da das Medium historisches Jugendbuch bereits von seinen Eigenschaften her fächerverbindend ist, versteht es sich von selbst, dass auch die vorgeschlagenen Methoden nicht allein aus dem Geschichtsunterricht stammen. Einige Beispiele nutzen Methoden des Literaturunterrichts für den Geschichtsunterricht, andere zeigen, dass Methoden des historischen Lernens auch eine Lektüre erschließen können, wieder andere sind von vornherein eine Mischung aus historischem und literarischem Arbeiten.

Jede Methode wird zunächst ausgehend von ihrer didaktischen Idee vorgestellt. Dann folgen Hinweise zum konkreten methodischen Vorgehen, gegebenenfalls mit Vorschlägen für Arbeitsaufträge oder Schülerarbeitsblätter. Danach wird über mögliche Ergebnisse nachgedacht. Es folgen dann die besonders wichtigen Überlegungen dazu, welche Bücher sich für diese Methode eignen, denn nicht jede Methode ist für jeden Roman gleich gut geeignet.

Erst nach diesen allgemeinen Überlegungen wird jede Methode auf einen konkreten Roman angewendet, um sie anschaulich zu machen und ein zu ihr passendes Unterrichtsmodell vorzustellen. Diese Modelle sind so konzipiert, dass sie in der Unterrichtspraxis umgesetzt werden können. Dabei wird jeweils kurz begründet, warum dieser bestimmte Roman gewählt wurde und was seine Besonderheiten sind. Danach folgen eine kurze Inhaltsangabe, eine Leseprobe sowie auf die Methode abgestimmte Arbeitsaufträge, die mit Hinweisen oder Lösungsvorschlägen versehen sind.

Die Methoden, die nicht auf einzelne Bücher eingehen, sondern den Umgang mit einer Fülle von Büchern bzw. die individuelle Lektüre trainieren, müssen verständlicherweise ohne konkrete Anwendung auskommen. Dennoch werden auch hier Buchtipps gegeben bzw. Themenbereiche angesprochen, für die sich die Methode besonders eignet.

Zu einigen Methoden werden Reduzierungen, Erweiterungen oder Veränderungsmöglichkeiten vorgeschlagen. Das heißt nicht, dass alle

Praxisbeispiele genauso umgesetzt werden müssen, wie es hier vorgeschlagen wird. Sicherlich lässt sich ein hier vorgestelltes Buch auch mit anderen Methoden kombinieren, oder einzelne Methoden lassen sich verändern und an die konkreten Unterrichtsgegebenheiten anpassen. Deshalb wäre es wünschenswert, wenn die Praxisbeispiele trotz ihrer teilweise recht konkreten Anwendungsvorschläge als eine Art Steinbruch verstanden würden, aus denen sich jeder das herausnehmen kann, was er für seinen Unterricht und seine Schülerinnen und Schüler gebrauchen kann.

Die Anordnung der Beispiele erfolgt nach dem Anspruchsniveau der Methode: Während sich die ersten Beispiele bereits für den Anfangsunterricht im Fach Geschichte eignen, sind die nachfolgenden eher für die höheren Klassen der Mittelstufe bzw. für die gymnasiale Oberstufe gedacht. Auch hier sind die Zuweisungen bewusst recht offen gehalten, denn letztlich muss die Entscheidung für eine Methode oder eine Lektüre immer von den Unterrichtsbedingungen in der Lerngruppe abhängig gemacht werden: vom Leistungsniveau und den Interessen der Schülerinnen und Schüler, von den thematischen Vorgaben der Rahmenrichtlinien und vor allem von der didaktischen Zielsetzung.

9.1   Die Arbeit mit Ausschnitten aus Jugendbüchern

Sicherlich ist es ertragreicher, einen historischen Jugendroman ganz zu lesen. Aber der Geschichtsunterricht muss eine solche Stofffülle vermitteln, dass es nicht realistisch ist, zu vielen Themen passende Lektüreprojekte durchzuführen. Das bleibt sicherlich die Ausnahme und damit auch etwas Besonderes.

Einige der didaktischen Chancen von Jugendbüchern lassen sich aber auch beim Einsatz von Ausschnitten aus Romanen nutzen. Geeignete Texte lassen sich in zahlreiche Unterrichtseinheiten integrieren und können die Quellenarbeit ergänzen oder gelegentlich ersetzen. Deshalb sollen hier wenigstens überblicksmäßig Vorschläge zur Arbeit mit Ausschnitten gemacht werden – auch wenn die Konzeption dieses Buches die Arbeit mit Ganzschriften in den Vordergrund stellt und der Arbeit mit Ausschnitten eigentlich ein gesondertes Werk gewidmet werden müsste. Die Liste der Methoden soll Lust darauf machen, mit diesen Materialien zu arbeiten, sie soll zeigen, wie vielfältig die Möglichkeiten dafür sind, und dazu anregen, weitere Ideen zu entwickeln.

Am einfachsten ist es, die Arbeit an einem Ausschnitt *mit einer Buchvorstellung zu kombinieren*. Nachdem ein Schüler oder eine Schülerin einen Roman vorgestellt hat, wird ein Ausschnitt von allen gelesen, in den Gesamthandlungsrahmen eingeordnet und dann unter bestimmten Fragestellungen bearbeitet.

Es ist aber auch möglich, ohne Kenntnis des gesamten Romans mit Textausschnitten zu arbeiten. Dabei bieten sich – genau wie bei Ganzschriften – vor allem *handlungsorientierte Methoden* an, denn sie nehmen dem Text nichts von seinem literarischen Reiz durch langwierige Analysen oder Interpretationen. Außerdem lassen solche kreativen Operationen den fiktiven Text als Konstrukt erscheinen, so dass die Fiktionalität gut erkennbar wird. Zusätzliche Perspektiven, die im Text allenfalls angedeutet sind, können durch kreative Opera-

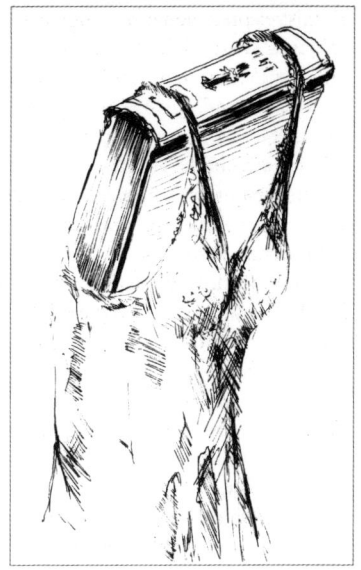

tionen sichtbar gemacht werden, so dass ein Perspektivenwechsel oder eine größere Distanz zu eigenen Urteilen führen kann. Sie können aber auch ein Einleben in die literarische bzw. historische Situation ermöglichen und damit das Bild verstärken, das von der Zeit und ihren Umständen zu bekommen ist.

Hier wäre zum Beispiel an folgende Operationen zu denken:

- ◆ Tagebucheinträge aus der Sicht einer literarischen Figur schreiben;
- ◆ Briefe aus der Sicht von literarischen Figuren gestalten;
- ◆ den inneren Monolog einer handelnden Person aufschreiben und ihre Handlungsmotive darin erläutern;
- ◆ Gespräche zwischen Figuren entwerfen und vorspielen;
- ◆ den Text aus der Perspektive einer anderen Figur erzählen oder die Erzählperspektive ändern;
- ◆ die Vor- oder Nachgeschichte zu einem Textausschnitt schreiben
- ◆ Alternativen zur Handlung einer Person entwickeln;
- ◆ das Geschlecht oder den sozialen Status einer Figur ändern und die Handlung daraufhin verändert neu erzählen;
- ◆ einen Zeitungsartikel oder eine Nachrichtensendung über das Geschehen aus damaliger Perspektive gestalten;
- ◆ den Text in einen Comic umsetzen;

- nach einem beschreibenden Textauszug ein Bild, einen Plan oder eine Karte zeichnen;
- eine Textszene mit viel wörtlicher Rede und/oder klaren Handlungsanweisungen im szenischen Rollenspiel nachspielen;
- Briefe an Personen im Buch schreiben;
- eine Figur mit ihren historischen Problemen und Sichtweisen in die Gegenwart versetzen und aus ihrem Blickwinkel ausgewählte Aspekte der Gegenwart beschreiben.

Natürlich sind auch zahlreiche *analytische oder interpretatorische Arbeitsaufträge* möglich, die ausgehend vom Text nach historischen Hintergründen, nach Möglichkeiten und Motiven forschen. Beispiele, die dann auf den konkreten Text zugeschnitten werden müssten, wären etwa:

- Über den historischen Hintergrund des Textausschnittes informieren;
- Klären von historischen Begriffen, Ausdrucksweisen oder Handlungen;
- Analyse von Motiven für das Handeln einer Person oder von Personengruppen;
- Erörtern von Handlungsalternativen;
- Vergleich zweier Texte aus unterschiedlichen Romanen zum gleichen Thema;
- Vergleich von zwei Texten aus dem gleichen Roman unter der Fragestellung, was dazwischen passiert sein muss;
- Vergleich eines fiktionalen Textausschnittes zu einem bestimmten historischen Ereignis mit der Darstellung des gleichen Ereignisses im Geschichtsbuch;
- Vergleich mit Zeitzeugenaussagen;
- Einordnung eines Textausschnittes in die historische Situation;
- Vergleich von Textausschnitten aus Romanen, die die Veränderungen nach einem historischen Ereignis zeigen können;
- Vergleich eines Jugendbuchtextes mit einer historischen Quelle;
- Lässt sich der Text direkt auf eine Quelle zurückführen, ist auch das Verfahren der Dekonstruktion möglich: Dafür wird der fiktive Text auf die Quelle zurückgeführt, was im Unterricht allerdings nur durch einen Vergleich, also im Nachvollzug funktionieren kann;
- Vergleich von Textausschnitten, die verschiedene Perspektiven auf die Handlung oder ein historisches Ereignis darstellen;
- Analyse der Darstellungsweise, der Wertungen oder der Personencharakteristik;
- Analyse der Aussageabsicht des Autors.

Das Schwierigste bei der Arbeit mit Romanausschnitten ist das *Auffinden eines geeigneten Textes*. Er muss ohne lange Erklärungen zur Vorgeschichte in sich verständlich sein, einen Handlungsgang möglichst vollständig darstellen und die Zeitatmosphäre deutlich werden lassen. Vor allem aber sollte er zur Beschäftigung mit dem Text und dem verarbeiteten Thema einladen.

Dafür ist man häufig auf Zufallstreffer angewiesen. Es gibt aber durchaus einige Veröffentlichungen, die Romanausschnitte oder kürzere erzählende Texte für den Geschichtsunterricht zusammenstellen, so dass man darin gezielt suchen kann.

◆ In der Zeitschrift „Geschichte lernen" findet sich regelmäßig ein Unterrichtstipp, der auf einem Auszug aus einem Jugendbuch basiert. Der Text ist dabei jeweils bereits zusammen mit Arbeitsaufträgen als Kopiervorlage gestaltet.

◆ „Geschichte und Abenteuer" ist eine Lesereihe aus dem Buchner Verlag, die für den Geschichtsunterricht in der Sek. I Texte aus der neueren historischen Jugendliteratur zusammenstellt. Die fünf Bände sind nach chronologischen Themen geordnet. Jeder Textauszug ist mit einem knappen Einführungstext versehen, der den Handlungszusammenhang erläutert; eine Zeittafel hilft bei der historischen Einordnung; Fachbegriffe werden erläutert. Kommentierte Lektüretipps geben Anregungen für die Freizeitlektüre.

◆ Bei Cornelsen gibt es den Band „Geschichte erzählt. Von der Antike bis zum 20. Jahrhundert". Für diesen Sammelband hat der bekannte Jugendbuchautor Harald Parriger hundert Geschichten geschrieben. Es handelt sich also nicht um Auszüge aus Romanen, sondern um in sich geschlossene Geschichtserzählungen, die sich gut zur Thematisierung der Alltags- und Sozialgeschichte in der Sek. I. eignen.

◆ Im Verlag Volk und Wissen ist eine Reihe im Entstehen mit dem Titel „Erzählte Geschichte(n). Hier sind ebenfalls kurze Geschichtserzählungen von Herbert Mühlstädt („Der Geschichtslehrer erzählt") und von Bernd Hildenbrand aktualisiert und neu bearbeitet sowie mit Arbeitsaufträgen und Illustrationen versehen. Teil 1 trägt den Titel „Ur- und Frühgeschichte bis zum Untergang des Römischen Reiches", der 2. Teil „Vom Frankenreich bis zur Reformation und den Bauernaufständen des 16. Jahrhunderts".

◆ Der Klett-Verlag gibt eine ganze Reihe von Leseheften heraus unter dem Titel „So lebten die Menschen ...", die teils chronologisch, teils thematisch angelegt sind. Sie enthalten auch kurze historische Erzählungen, die flexibel im Unterricht eingesetzt werden können. Die Texte sind jeweils schon mit Arbeitsaufträgen versehen.

9.2 Lesenacht – Kriminacht

Geeignet für alle Jahrgangsstufen; mit dieser Lektüre: Klasse 4-7

9.2.1 Methodisches Konzept

Idee:

„Lesen ist der Schlüssel zum Lernen. Vorlesen führt oft dazu, dass Kinder später auch selber gerne lesen. Wer vorgelesen bekommt, entdeckt die Liebe zu Büchern und kann Fragen stellen. Wird diese Neugierde erst einmal geweckt, dann greifen Kinder häufig selbst zum Buch", so Doris Schröder-Köpf, die Schirmherrin der Kampagne „Deutschland liest vor" in einem Interview.[113]

Was für Kleinkinder und Vorschulkinder schon Allgemeingut ist, gilt aber auch für ältere Kinder und Jugendliche. Vorlesen ist ein durchgängiges Prinzip zur Lesemotivation und sollte nicht nur auf die ersten Schuljahre begrenzt sein. Auch für Schülerinnen und Schüler der Se-kundarstufe gibt es kaum etwas Schöneres, als vorgelesen zu bekommen. Die Beliebtheit von Hörbüchern beweist das eindrücklich. Aber warum auf eine mediale Vermittlung zurückgreifen, wenn das Original schöner ist und ein großes didaktisches Potenzial enthält? Die Zuhörer lassen sich entführen in eine andere Welt oder Zeit, sie reisen mit den Hauptfiguren zu fremden Orten und werden selbst zu Kämpfern gegen das Böse und Ungerechte. Dabei wird die Geschichte zum Kommunikationsmittel zwischen Vorleser und Zuhörer. Das Lesen wird zum gemeinsamen Erlebnis, es bietet Gesprächsanlässe und es zeigt dem Zuhörer, dass sich der Vorleser ihm voll und ganz widmet. Gerade deshalb sind Vorlesesituationen vermutlich so beliebt, und selbst viele Nicht-Leser lassen sich gern etwas vorlesen. Mit Krimis kann man häufig selbst Nicht-Leser begeistern, denn Verbrecherjagden und Detektivarbeit faszinieren Jungen und Mädchen gleichermaßen, besonders wenn Kinder oder Jugendliche als Detektive fungieren. Der lang anhaltende Erfolg der „Drei-Fragezeichen"– oder der „Fünf Freunde"-Reihe – gerade auch in den Hörspielfassungen – beweist das eindrücklich. Zudem sind gerade Detektivgeschichten für das Vorlesen geeignet, denn zum einen ist allen klar, dass sehr genau zugehört werden muss, zum anderen können sich zwischen Vorleser und Zuhörern zahlreiche Gespräche über den ‚Fall' und seine Aufklärungsmöglichkeiten ergeben.

Im normalen Schulalltag bleibt für das genussvolle Vorlesen und Zuhören leider viel zu wenig Zeit. Im Geschichtsunterricht ein ganzes Buch vorzulesen, das erscheint auf den ersten Blick unmöglich. Das ist es aber keineswegs: Längere Lektüren kann man aufteilen und jeweils zu

Beginn der Geschichtsstunde die Aufmerksamkeit der Schülerinnen und Schüler durch das Vorlesen auf den Unterricht und die historische Thematik lenken. Man wird gerade in unruhigen Klassen dabei kaum mehr Zeit brauchen, als auf anderen Wegen eine Arbeitsatmosphäre herzustellen.

Ein besonderes Leseerlebnis ist es allerdings, wenn ein Roman in einem Stück vorgelesen wird. Das ist in einer Lesenacht – selbstverständlich tut es auch ein Nachmittag – möglich. Für diese Methode ist es wichtig, dass man zeitlich nicht an die Stundeneinteilung und das Klingeln im Unterrichtsalltag gebunden ist und dass man eine behagliche Leseatmosphäre hat. Vielleicht bietet die Schülerbibliothek oder der SV-Raum Platz für ein solches Vergnügen, eventuell kann auch ein außerschulischer Lernort aufgesucht werden. Sehr geeignet ist ein Abend während einer Klassenfahrt für eine solche Lesenacht. Bei jeder Lesenacht sollte für einen kleinen Imbiss und Getränke gesorgt werden; vielleicht wird sogar einmal nach einem historischen Rezept gekocht.

Das Hauptanliegen dieser Methode ist, die zuhörenden Schülerinnen und Schüler durch das Vorlesen in die historische Welt des Romans zu führen, sie neugierig auf die vergangene Zeit zu machen und sie letztendlich zum eigenen Lesen historischer Romane zu animieren.

Geeignete Bücher:

Zum Vorlesen eignen sich vor allem Bücher, die eine spannende, nicht zu komplexe Handlung haben, sich auf wenige Personen beschränken und sprachlich einfach gestaltet sind. Sie sollten nicht zu lang sein, so dass sie sich in etwa zwei bis maximal drei Stunden vorlesen lassen. Für die Lesesozialisation ist es besonders günstig, wenn sich an bestimmten Stellen Gesprächsanlässe bieten. Diese können sich spontan ergeben, können aber auch vom Vorleser geplant und initiiert werden.

Für ungeübte Leser, die sich vielleicht einer Anschlusskommunikation verweigern könnten, bieten sich Ratekrimis an, bei denen die Leser – hier die Zuhörer – selbst zum Detektiv werden und an der Lösung des Falles mitarbeiten. Dabei muss auf jeden noch so kleinen Hinweis geachtet werden, was genaues Zuhören fordert und fördert. Über die Rätselfragen ergibt sich automatisch eine Diskussion, die als Anschlusskommunikation dann auch über die eigentliche Frage hinausgehen kann.

Informative und gleichzeitig spannende Ratekrimis sind beim Loewe-Verlag in der Reihe „Tatort Geschichte" erschienen. Diese Krimis sind zwar ohne große literarische Ambitionen geschrieben, überfordern deshalb die Zuhörer aber nicht so leicht. Sie lassen sich alle in ungefähr zwei Zeitstunden vorlesen, enthalten interessante Rätsel, textbegleitende Illustrationen und am Ende jeweils ein Glossar mit wichtigen Begriffserläuterungen.

Bislang sind in dieser Reihe folgende Krimis *zur römischen Geschichte* erschienen:

◆ Fabian Lenk: Falsches Spiel in der Arena.
◆ Renée Holler: Der Geheimbund der Skorpione.
◆ Fabian Lenk: Anschlag auf Pompeji.
◆ Fabian Lenk: Die Spur führt zum Aquädukt.
◆ Fabian Lenk: Verschwörung gegen Hannibal.

Für das antike Griechenland:

◆ Renée Holler: Im Schatten der Akropolis.
◆ Fabian Lenk: Eine Falle für Alexander.

Für das Mittelalter:

◆ Fabian Lenk: Der Mönch ohne Gesicht.
◆ Fabian Lenk: Fluch über dem Dom.
◆ Renée Holler: Gefahr für den Kaiser.
◆ Harald Parriger: Verrat am Bischofshof.

Über die Zeit der alten Ägypter:

◆ Renée Holler: Rettet den Pharao.
◆ Renée Holler: Spurensuche am Nil.

Vorgehensweise:

Das Buch wird vom Lehrer in behaglicher Atmosphäre vorgelesen. Schüler oder Schülerinnen kommen nur dann als Vorleser in Frage, wenn sie dieses gerne und wirklich gut machen, denn sonst gelingt es den Zuhörern nicht, in die historische Welt des Romans einzutauchen und sich mit den Kindern zu identifizieren, die als Detektive den Verbrechern auf der Spur sind. Außerdem sollten sich die Schülerinnen und Schüler ganz dem Hörerlebnis hingeben können, ohne die Angst zu haben, gleich selbst lesen oder gestotterten Vorträgen folgen zu müssen.

Wenn diese Kriminacht wirklich an einem Abend stattfindet, sollte der Raum dunkel sein und nur beim Vorleser oder zur Präsentation von Illustrationen Licht vorhanden sein, denn das konzentriert die Aufmerksamkeit der Zuhörer auf den Text. Die Schülerinnen und Schüler sollten es sich mit Kissen und Decken gemütlich machen können.

Da die Kapitel jeweils mit einer Rätselfrage enden, bietet sich dort

Lesenacht in der Schulbibliothek

jeweils ein Gesprächsanlass. Diese Fragen sind in der Regel nicht allzu einfach zu beantworten. Man muss schon genau zugehört haben, manchmal braucht man etwas Hintergrundwissen, muss vielleicht eine Stelle noch einmal nachlesen oder mit den Figuren eine knifflige Rätsel- oder Beobachtungsaufgabe lösen. Dabei ist die Beratung im Klassenverband oft sehr hilfreich und wird daher keineswegs als künstliche Unterbrechung oder leidiges Interpretationsgespräch von den Zuhörern empfunden.

Um das Einleben in die Handlung zu unterstützen, sollten wenigstens einige Illustrationen gezeigt werden. Soweit die Bilder für die Beantwortung der Fragen hilfreich oder notwendig sind, müssen die Zeichnungen allen zugänglich gemacht werden. Am einfachsten geht das über eine Folie oder Kopien im Plakatformat, die auch später noch – vielleicht noch farbig ausgestaltet – den Klassenraum schmücken können.

Ergebnisse:
Bei dieser Methode sollte kein direkt verwertbares Ergebnis erwartet werden. Ein anschließender Abfragetest etwa wäre kontraproduktiv. Es geht vor allem darum, auch solchen Schülerinnen und Schülern, die aus lesefernen Elternhäusern kommen, die Erfahrung zu ermöglichen, sich in ein Buch zu versenken, ohne an Zeit und Raum zu denken und ohne die Anforderung, anschließend über das Vorgelesene sprechen, es interpretieren zu müssen oder gar dafür benotet zu werden.[114] Das Ereignis einer solchen Lesenacht sollte für sich stehen. Lediglich Hin-

weise auf weitere Krimis in dieser Reihe oder auf andere Jugendbücher zum Thema sollten gegeben werden, um Zugang zu weiterem Lesestoff zu ermöglichen. Das wird seine Wirkung sicherlich nicht verfehlen. Ebenso wenig wird man daran zweifeln können, dass die Schüler einiges an historischem Detailwissen erworben haben und sich auch später noch daran erinnern werden.

9.2.2 Anwendung:

Renée Holler: Der Geheimbund der Skorpione – ein Ratekrimi für eine Lesenacht

Zum Inhalt:
Der Krimi spielt im Jahr 9 n. Chr., in dem Jahr, als Kaiser Augustus seine drei Legionen in Germanien verliert. Dieser reale Hintergrund liegt der fiktiven Handlung zugrunde, in der die beiden Patrizierkinder Fabia und Titus zusammen mit dem Botenjungen Rufus dem Geheimbund der Skorpione auf die Spur kommen, der das Geld für die Gehälter der untergegangenen germanischen Legionen stehlen will.

Indem der Leser oder Zuhörer gemeinsam mit Fabia und Titus durch Rom streift, um einer geheimnisvollen Nachricht nachzugehen, erfährt er viel über das Alltagsleben im Rom der frühen Kaiserzeit: Beispielsweise folgt er den Kindern in die Schule, in ein Handwerkerviertel und in

die Suburba mit den großen Mietshäusern, in ein öffentliches Bad, zu einem Fest in einem patrizischen Haus und ins Tabularium, das Staatsarchiv am Capitol. Am Beispiel der Kinder Titus und Fabia erfährt man etwas über das Leben als Patrizier, mit Rufus über das Leben der ärmeren Römer, über einen verwundeten Onkel etwas vom Leben als Legionär und die allgegenwärtigen Sklaven machen deutlich, in welcher Weise man bei den Römern von einer Sklavenhaltergesellschaft sprechen kann. Dass der Geheimbund der Skorpione unter der Leitung von Calpurna Felix, die Kanalisation

Roms nutzen will, um die Legionsgehälter aus dem Portunustempel zu stehlen, kann den hohen Stand der Zivilisation und Infrastruktur im Kaiserreich zeigen.

Damit eignet sich dieser Band besonders gut, auf Aspekte des Unterrichts zur römischen Geschichte neugierig zu machen oder diese zu vertiefen.

Leseprobe:
Der Vater von Fabia und Titus bekommt im ersten Kapitel eine Geheimbotschaft. Der Vater ist aber zurzeit nicht in Rom, deshalb entschlüsseln Fabia und Titus zusammen mit dem Leser das Rätsel. Darin wird der Vater vor den Skorpionen gewarnt und gebeten, am nächsten Tag zum Brunnen in der Straße der Schuster zu kommen. Jetzt wollen die Kinder der Sache nachgehen.

Die beiden eilten die Tuscusstraße entlang, die am Castor-und Pollux-Tempel ins Forum Romanum einmündete. Es wimmelte von Menschen, die sich hier trafen, um Neuigkeiten auszutauschen oder den Rednern zu lauschen. Die Geschwister arbeiteten sich vorbei an den Stufen des Gerichtshofes, am Saturntempel und der Rednertribüne, an der besonders viel los war.

„Wenn das so weitergeht, kommen wir nie rechtzeitig zum Treffpunkt." Fabia benutzte ihre Ellbogen, um vorwärts zu kommen.

„Nur gut, dass Kaiser Augustus ein Gesetz erlassen hat, dass tagsüber keine Fahrzeuge durch Roms Straßen fahren dürfen. Stell dir nur vor, wie es wäre, wenn auch noch Pferdefuhrwerke und Eselskarren den Weg versperren würden!"

Endlich erreichten sie die andere Seite des Platzes. Oberhalb des Tabulariums glitzerten die Dächer des Jupitertempels in der Mittagssonne. An der nächsten Ecke bogen sie rechts ins Argiletum ein.

„Dort ist die Buchhandlung, in der ich mit Vater war." Titus deutete atemlos auf einen Laden, in dem Sklaven an niedrigen Tischen saßen. Vor sich hatten sie Papyrusrollen ausgebreitet, auf die sie Texte schrieben. „Jetzt müsste die Straße der Schuster eigentlich gleich kommen." Und tatsächlich, an der nächsten Abzweigung konnte Fabia den ersten Laden, an dessen Vorderseite fertige Sandalen hingen, sehen. Hier reihte sich eine Schuhmacherwerkstatt an die andere.

„Da, der Brunnen!" Fabia zeigte die Straße hoch. Ein Wasserstrahl plätscherte von einem Bleirohr in einen Trog. Außer einer jungen Frau, die gerade einen Tonkrug mit Wasser füllte, war niemand in der Nähe des Brunnens zu sehen.

„Vielleicht ist es ja gar kein Mann, sondern eine Frau." Fabia ging auf die Frau zu. Doch als der Krug voll war, schwang diese ihn, ohne Fabia eines Blickes zu würdigen, auf ihren Kopf und verschwand in einem nahe gelegenen Hauseingang.

„Fehlanzeige! Vielleicht ist die Person, die wir suchen, noch gar nicht hier."

Die Geschwister setzten sich auf den Brunnenrand. „Oder", argwöhnte Fabia, „wir sind zu spät dran. Stell dir mal vor, man hat kein fließendes Wasser im Haus und muss sich jeden Tropfen vom Brunnen holen!"

„Darüber habe ich mir noch nie Gedanken gemacht. Oder hast du schon jemals einen Patriziersohn mit einem Wasserkrug auf dem Kopf gesehen?"

Die Zeit verging. Außer Frauen und Sklaven näherte sich niemand dem Brunnen.

„Vielleicht ist es der falsche Brunnen?"

„Nein". Titus schüttelte den Kopf. „Bestimmt nicht. Oder siehst du einen anderen? Aber ich habe eine Idee: Siehst du die Bäckerei da drüben?"

„Ja. Sag bloß, du kannst jetzt ans Essen denken?"

„Das auch, ja. Doch im Ernst, vielleicht hat der Bäcker jemanden gesehen. Wir könnten ihn fragen."

„Gute Idee, und gleichzeitig kaufen wir uns ein Stück Kuchen."

„Und wer denkt jetzt ans Essen?"

Die Geschwister überquerten die Straße und betraten die Bäckerei.

„Zwei Stück von dem Honigkuchen, bitte."

Der Bäcker reichte ihnen das Gebäck. „Drei Asse."

Titus kramte in dem Beutel, der an seinem Gürtel hing, und legte die Kupfermünzen auf die Theke. „Ach ja", erkundigte er sich ganz nebenbei. „Haben Sie zufällig einen Mann am Brunnen gesehen?"

„Ja, oder eine Frau", fiel ihm Fabia ins Wort. „Wir waren zur sechsten Stunde dort verabredet, aber niemand ist gekommen."

„Wenn ihr denkt, ich hätte nichts Besseres zu tun, als zu beobachten, was sich auf der Straße abspielt, dann täuscht ihr euch gewaltig", brummte der Bäcker unfreundlich. „Verschwindet, und zwar schnell!"

„Na, das war ja nicht besonders aufschlussreich", meinte Titus enttäuscht, als sie wieder auf der Straße standen. „Wenigstens schmeckt der Honigkuchen."

„Pssst!", hörten sie da jemanden flüstern. „Kommt hier um die Ecke! Ja, ihr beiden!"

Neben der Bäckerei, wo eine schmale Gasse den Hügel hinaufführte,

stand ein Mädchen, das sie näher winkte. Die Geschwister folgten ihr.
„Ich habe gehört, dass ihr meinen Vater nach einem Mann am Brunnen gefragt habt. Vielleicht kann ich euch weiterhelfen."
„Hast du den Mann etwa gesehen?"
„Also, vor einer Weile, kurz bevor ihr gekommen seid, stand hier ein Mann. Er sah ziemlich nervös aus und blickte immer wieder um sich. Fast so, als hätte er vor irgendetwas Angst. Na, jedenfalls kam da eine Sänfte die Straße entlang. Ich dachte mir erst nichts weiter, hier kommen öfters Sänften vorbei. Und dann passierte alles blitzschnell. Zwei riesige Männer, die wie Gladiatoren aussahen, packten den Mann. Er wehrte sich, hatte aber gegen die beiden Kolosse keine Chance. Sie zogen ihn in die Sänfte, und Träger und Gladiatoren waren, so schnell sie gekommen sind, auch wieder verschwunden."
Fabia starrte das Mädchen mit offenem Mund an.
„Hast du erkennen können, wer in der Sänfte saß?", fragte Titus.
„Nein, die Vorhänge waren zugezogen. Es war eine ganz gewöhnliche Sänfte. Das heißt ..." Sie dachte nach. „Der Vorhang war mit kleinen Tieren bestickt. Jetzt fällt mir der Name nicht mehr ein. Wie heißen die nur? Giftige Tiere mit einem Stachel am Schwanz."
„Skorpione?", schlug Titus vor.
„Genau!" Sie nickte aufgeregt. Ach ja, und kurz bevor die Sänfte ankam, kritzelte der Mann etwas auf die Mauer hinter dem Brunnen."
(S. 23-28)

Lesezeit:
Die reine Vorlesezeit beträgt etwa 90 Minuten. Es muss allerdings noch Zeit für die Rätsel und Gespräche darüber eingeplant werden.

Illustrationen, die für alle zugänglich sein müssen:
◆ geheime Nachricht S. 20.
◆ Wandkritzeleien S. 30.
◆ Plan der Villa von Calpurna Felix S. 51 (hier wäre eine Kopie für jeden hilfreich).
◆ Darstellung des Festes im Tricilinium der Villa von Calpurna Felix S. 62 f.
◆ Türschloss S. 77.
◆ Darstellung der Arbeit im Tabularium S. 86 f.
◆ geheime Nachricht S. 98.

Idee für eine kleine Mahlzeit:
Damit die Begegnung mit der Geschichte nicht „papieren" bleibt, kann

in die Lesenacht eine kleine historische Mahlzeit integriert werden. Mit dem Kochbuch des Apicius sind eine Reihe altrömischer Rezepte überliefert, die sich auch heute noch nachkochen lassen. Da aber für die heutigen Schüler viele Gerichte daraus eher ekelerregend sind, ist es nicht ganz einfach, ein geeignetes Rezept auszuwählen. Im Krimi erwähnt Rufus einmal, dass sich die einfachen Römer vielfach Linsensuppe in einer Taberna kauften. Deshalb schlage ich hier ein Linsengericht aus dem Kochbuch des Apicius vor, das auch für unseren heutigen Geschmack genießbar ist:

> *Linsen mit Kastanien (lenticulum de castaneis)*
> (Koche die Linsen). Nimm einen neuen Topf und gib die sorgfältig gereinigten Kastanien[115] hinein. Füge Wasser und etwas Natron hinzu. Lasse dies kochen. Während die Kastanien kochen, zerstampfe im Mörser Pfeffer, Kümmel, Koriandersamen, Minze, Raute, Laserwurzel und Flohkraut.[116] Befeuchte die Mischung mit Essig, Honig und liquamen,[117] schmecke mit Essig ab und gieße sie über die Kastanien, wenn sie gar sind. Füge Öl hinzu und lasse das Ganze aufkochen. Rühre kräftig um. (Mische die Kastanien mit den Linsen.) Probiere: wenn noch etwas fehlt, füge es zu. Serviere in einem boletar[118] und gieße bestes Öl darüber."
> Elisabeth Alföldi-Rosenbaum kommentiert in ihrer Ausgabe des Kochbuches das Rezept: „Dies ist ein ausgezeichnetes Gericht. Für etwa 4-5 Personen genügen etwas 375g Linsen und 250 g geschälte Kastanien. Die Kastanien müssen, ehe man sie mit den Linsen mischt, zu einem Püree gerührt werden.[119]

9.3 Eine ganze Kiste voller Bücher – der Umgang mit Bücherkisten

Ab Klasse 5

9.3.1 Methodisches Konzept

Idee:
Eine Kiste voller Bücher, und jeder sucht sich das Buch aus, das ihn am meisten anspricht. Das muss keine Wunschvorstellung bleiben, denn inzwischen bieten viele Bibliotheken die Ausleihe von Bücherkisten zu bestimmten Themen an oder stellen sie auf Wunsch zusammen.[120] Manchmal sind sogar die Schulbibliotheken so gut ausgestattet, dass sich dort Bücherkisten zu historischen Themen zusammenstellen lassen.

*Bücherkiste
zum Thema
Holocaust*

Schullektüre wird in der Regel unter mehr oder weniger großer Schülerbeteiligung vom Lehrer oder der Lehrerin ausgewählt und ist dann für alle verbindlich. Selbst wenn die Lehrkraft sich bei der Auswahl noch so viele Gedanken macht, nie wird sie alle Schülerinnen und Schüler mit der Lektüre ansprechen. Bei dieser Methode ist das einmal anders. Hier wählen die Schülerinnen und Schüler selbst aus, und der Prozess der Auswahl ist bereits ein wichtiger Lernschritt. Dann wird nicht im Gleichtakt gearbeitet, sondern jeder liest individuell. Das kommt dem Freizeitleseverhalten sehr nahe, so dass hier eine Brücke zwischen Schullektüre und Leseverhalten in der Freizeit geschlagen werden kann.

Kurze Buchvorstellungen am Ende der Lesephase dienen nicht nur der Ergebnissicherung, sondern sollen vor allem den Zuhörern Lust auf weitere Leseerfahrungen machen.

Geeignete Bücher:
Für diese Methode eignen sich alle Jugendbücher. Häufig wird sich die Auswahl nach zu beschaffenden Bücherkisten oder dem Bibliotheksbe-

stand richten. Natürlich bietet es sich an, thematisch zum Unterricht passende Bücher zu bevorzugen und thematische Bücherkisten zusammenzustellen. Da es nicht zu allen Themen des Geschichtsunterrichts gleich viele historische Jugendromane gibt, weise ich hier kurz auf mögliche Themen hin, zu denen es genügend Auswahl gibt:

♦ die römische Antike,
♦ das Mittelalter,
♦ Hexen und Hexenverfolgung in der frühen Neuzeit,
♦ Nationalsozialismus und Holocaust,
♦ Nachkriegszeit / Flucht und Vertreibung.

Vorgehen:

Die Bücherkiste sollte mehr Bücher enthalten, als Schülerinnen und Schüler in der Klasse sind. Doppelexemplare können dabei sein. Entscheidend ist, dass jeder Schüler wirklich die Möglichkeit zur Wahl hat. Die Auswahl des Buches sollte bereits reflektiert geschehen, denn damit erwerben die Schülerinnen und Schüler ein Instrumentarium, das ihnen auch bei ihrer Privatlektüre eine bewusste Entscheidungsfindung ermöglicht und ein Bestandteil der Lesekompetenz ist.

Dabei stellt sich natürlich die Frage, wie ein kompetenter Leser seine Lektüre auswählt. Sicherlich verlässt er sich oft auf die Meinung von Experten: Er liest Rezensionen, hört von Büchern in den Medien, vertraut seinem Buchhändler oder Empfehlungen von Freunden. Schülerinnen und Schüler auf diesen Weg vorzubereiten ist das Ziel der abschließenden Buchvorstellungen. Zunächst aber geht es mit den Bücherkisten darum, zu lernen, aus einer Fülle von Büchern das auszuwählen, was einen am meisten interessieren könnte: also die Situation in einer Bibliothek oder im Buchladen im Kleinen zu üben. In diesen Situationen ist das sogenannte Beiwerk des Buches wichtig: das Cover mit seinen spezifischen Illustrationen, der Titel, der Klappentext und eventuell noch der Textanfang als Leseprobe.[121] Mit der Wahrnehmung von Cover und Titel wird über visuelle und klangliche Reize eine Grundstimmung aufgebaut, wobei der Titel vor allem eine konnotative und verführende Funktion hat. Der Klappentext als Werbetext des Verlages soll das Interesse möglicher Käufer wecken und informiert deshalb über Inhalt, Thema, Darstellungsweise und Verfasser auf eine solche Weise, dass Interesse an der Handlung geweckt wird. Mit diesem Beiwerk wird beim Leser eine gewisse Erwartung aufgebaut, die durch eine kurze Leseprobe überprüft werden kann. Für eine solche „Schnupperlektüre" bietet sich meist der Erzählanfang an.

All diese Paratexte mit ihren Funktionen sollten den Schülerinnen und Schülern vorgestellt werden. Anschließend sollten sie sich diesen Texten und Textteilen dann in aller Ruhe widmen und dann eine begründete Entscheidung für sich fällen. Diese Begründungen sollten bereits für die spätere Buchvorstellung festgehalten werden.

Danach werden die Bücher von den Schülerinnen und Schülern während eines abgesprochenen Zeitraums individuell zu Hause gelesen. Ganz entscheidend ist, dass eine Lektüre auch abgebrochen und durch eine andere ersetzt werden darf. Denn gerade in der freien Wahl des Buches liegt das Besondere dieser Methode.

Die Buchreferate, die die Unterrichtseinheit abschließen, müssen sorgfältig vorbereitet und begleitet werden, denn sonst stellen sich bei den Schülerinnen und Schülern schnell Frustrationen ein, die Referenten greifen auf vorgefertigte Rezensionen oder Inhaltsangaben zurück oder die Buchvorstellungen haben für die Zuhörer keinen Wert.

Georg Veit[122] gibt für Buchvorstellungen folgende Hinweise, die sich auch in der Praxis als sinnvoll erwiesen haben:

◆ Die Referentinnen und Referenten sollen zur kritischen Distanz ermuntert werden;
◆ Referate sollen vor dem Vortrag in Textform gebracht, dem Lehrer vorgelegt und zu Hause eingeübt werden;
◆ ein zeitlicher Rahmen für die Referate von 5 bis 15 Minuten soll nicht überschritten werden;
◆ es sollen Auszüge vorgelesen bzw. Texte/Abbildungen vorgelegt werden;
◆ bibliographische Angaben sollen an der Tafel erscheinen;
◆ bei Inhaltsangaben von epischen Texten soll bei der spannendsten/ interessantesten Stelle abgebrochen werden.

Ergebnisse:
Die Buchvorstellungen erfolgen mündlich. Darüber hinaus kann ein Reader erstellt werden, der wichtige Ergebnisse der Buchvorstellungen sammelt. Dieser kann dann nicht nur in der Klasse bleiben oder in Kopie verteilt werden, sondern auch bei der Bücherkiste oder in der Bibliothek ausgelegt werden. Auch über eine Veröffentlichung einzelner Buchvorstellungen in der Schülerzeitung kann nachgedacht werden. Auf diesen Wegen können Mitschüler auf Bücher aufmerksam gemacht und in ihrer Lektüreauswahl unterstützt werden. So kann eine Grundlage für die Ausbildung einer schulinternen literarischen Kultur gelegt werden.

Arbeitsaufträge:
Die folgenden Arbeitsaufträge sind als offene Liste von Vorschlägen zu

verstehen. Je nach Altersstufe und Leistungsfähigkeit der Lerngruppe kann bzw. muss ab Arbeitsauftrag 4 ausgewählt oder reduziert werden.

1. Suche dir aus der Bücherkiste das Buch heraus, das dich aufgrund von Titel, Cover, Klappentext und erstem Leseeindruck am meisten anspricht.

2. Notiere dir kurz, warum du gerade dieses Buch ausgewählt hast:
   - ◆ Welche Erwartungen hast du, nachdem du den Titel und das Cover gesehen hast?
   - ◆ Wie haben sich deine Erwartungen durch den Klappentext und den ersten Leseeindruck entwickelt?
   - ◆ Was interessiert dich am Thema des Buches?
   - ◆ Welche Erwartungen an die Lektüre hast du?

3. Lies das Buch in gemütlicher Atmosphäre zunächst einmal ganz durch.

4. Für deine Buchvorstellung musst du dein Buch analysieren. Mache dir zu folgenden Fragen Stichpunkte. Die Fragen kannst du später als Ausgangspunkt für deine Buchvorstellung nehmen:

   Zur Erschließung des Inhalts:
   - ◆ Welches historische Thema behandelt das Buch?
   - ◆ Wer sind die Hauptpersonen? Vertreten sie bestimmte Berufs- oder Bevölkerungsgruppen?
   - ◆ Wird das Geschehen allein aus der Sicht der Hauptperson dargestellt oder kommen andere Sichtweisen dazu?
   - ◆ Wie verläuft die Handlung?

   Zur Prüfung des historischen Hintergrundes:
   - ◆ In welche geschichtlichen Zusammenhänge ist die Handlung eingebunden?
   - ◆ Wird die Handlung mit geschichtlichen Daten, Plätzen, Personen oder Ereignissen verbunden? Überprüfe sie mit Hilfe eines Lexikons.
   - ◆ Überlege, wie real die dargestellte Handlung ist: Hat sie so stattgefunden, kann man sich vorstellen, dass sie so stattgefunden haben könnte oder ist sie frei erfunden?

   Zur Darstellungsweise:
   - ◆ Konntest du dich in die vergangene Zeit einleben?
   - ◆ Wird deutlich, welche Vorgeschichte ein Ereignis hat, warum eine Person genau so handelt, wie sie handelt, und welche Ziele sie verfolgt?
   - ◆ Wird deutlich, wie die Menschen in der Zeit gelebt haben, welche Werte und Anschauungen für sie wichtig waren und warum diese Normen galten?

Zur Wirkung:

◆ Konntest du dich in die Personen hineinversetzen?
◆ Konntest du Verbindungen herstellen zwischen den geschilderten Ereignissen und Situationen aus deinem Leben?
◆ Bist du durch das Buch zum Nachdenken über dein eigenes Handeln oder über aktuelle Themen gekommen?

5. Mache dir aus den Antworten einen Entwurf für eine Buchvorstellung, in der du deiner Klasse den Roman mit seiner Handlung vorstellst, sie über die Besonderheiten dieses Buches informierst und über deine eigenen Leseerfahrungen berichtest.

6. Suche für die Buchvorstellung eine Leseprobe aus, die du vorlesen möchtest. Dieser Textausschnitt sollte in sich verständlich, typisch für das Buch und besonders interessant sein.

7. Stellt euch eure Bücher gegenseitig vor.

8. Schreibe nach dem folgenden Muster einen Informationstext über dein Buch. Du kannst dich dabei an deinem Referat zur Buchvorstellung orientieren und einiges daraus zusammenfassen. Dieser Text soll mit den Texten deiner Mitschüler zu einem Katalog zusammengestellt werden. Mit diesem Katalog kann man sich später schnell über Bücher informieren und Romane für sich auswählen.

A   *Autor/in: Titel*
    Verlag   Erscheinungsjahr   Preis
    Wo kann dieses Buch ausgeliehen werden?
B   *Behandelte historische Epoche:*
    Behandeltes historisches Thema:
C   *Kurze Inhaltsangabe* (die aber nicht alles verraten sollte):
D   *Leseprobe oder Textauszug:*
    (eine Stelle, die du besonders interessant/spannend/lustig findest, mit Seitenangabe)
E   *Wie ich mich in die vergangene Zeit hineinversetzen konnte?*
F   *Wie mir das Buch gefallen hat* (mit Begründung):

9. Überlegt gemeinsam, nach welchen Gesichtspunkten eure Informationstexte zusammengestellt werden können, und fertigt ein Inhaltsverzeichnis an.

10. Stellt die Texte zusammen und ergänzt den Katalog, wenn ihr weitere historische Romane gelesen habt. Denkt über Veröffentlichungsmöglichkeiten eurer Buchvorstellungen nach.

9.4 Die Lesekiste – ein eigenes Museum im Schuhkarton

Als Methode geeignet ab Klasse 5; mit der vorgeschlagenen Lektüre ab Kl. 7

9.4.1 Methodisches Konzept

Idee:

Die Methode der Lesekiste ist von der Lesedidaktik für die Grundschule entwickelt worden und ist dort mittlerweile ein echter Hit in der Leseförderung.[123] Sie bietet aber auch für die Arbeit mit Jugendbüchern im Geschichtsunterricht der Sekundarstufe besondere didaktische Chancen.

Die Grundidee der Lesekiste ist, dass in einer einfachen Kiste (z.B. ein Schuhkarton) Gegenstände gesammelt werden, die in irgendeiner Beziehung zu der Lektüre stehen: Gegenstände, die im Text genannt werden, die für die Handlung wichtig sind, die aus der behandelten Zeit stammen oder die von den Schülerinnen und Schülern in Auseinandersetzung mit dem Roman selbst erstellt werden. So wird aus dem leeren Schuhkarton – wenn die ganze Klasse zusammenarbeitet, darf der Karton auch etwas größer sein – durch die lektürerelevanten „Zutaten" allmählich eine Lesekiste,[124] die so etwas wie ein kleines Museum zu diesem Buch und zu dieser historischen Zeit wird.[125]

Das Sammeln und Anfertigen solcher Gegenstände fördert nicht nur ein konzentriertes und sinnentnehmendes Lesen, sondern macht auch auf die Bezüge zwischen der Realität von Leser und Buch sowie auf die Zeit, in der die Handlung spielt, aufmerksam. Diese Tätigkeiten bauen auf diesem Weg eine Brücke zwischen der Fiktion des Textes, des Handlungszeitraums, und der Realität der Leser. Bei historischen Jugendbüchern wird damit nicht nur ein literarischer Kommunikationsprozess angestoßen, sondern auch verdeutlicht, wie Vergangenheit und Gegenwart zusammenhängen, was wiederum auf Veränderungen und Kontinuitäten aufmerksam macht.

Für das Aufspüren oder Anfertigen von Gegenständen für die Lesekiste ist oft die Hilfe von Familienmitgliedern notwendig, sodass es zu Gesprächen über das Buch oder über die Zeit, in der das Buch spielt, kommt. Zudem geht von Sachzeugnissen in der Regel ein besonderer Reiz aus – eine „auratische Wirkung"[126] –, der sich auf die Motivation auswirkt. Diese Motivation bezieht sich keineswegs nur auf das Sammeln an sich, sondern auch auf die Beschäftigung mit dem Thema. Notgeld, Lebensmittelmarken, Wehrpässe oder Familienfotos wirken viel unmittelbarer als Texte aus der Zeit oder über die Zeit.

Somit dient diese Methode nicht nur der Leseförderung, sondern bietet auch die Möglichkeit zur Integration von gegenständlichen

Beispiel einer Lesekiste

Quellen in den Unterricht, was im Geschichtsunterricht viel zu selten passiert. Die Methode ist preiswert und ohne großen technischen oder organisatorischen Aufwand in den unterschiedlichsten unterrichtlichen Zusammenhängen zu realisieren. Die Lesekiste ist im doppelten Wortsinn ein offenes Material, das in jeder Klassenstufe Verwendung finden kann.

Geeignete Bücher:
◆ Bücher, in denen Gegenstände eine Rolle spielen, die sich in der Lebensumwelt der Schülerinnen und Schüler finden lassen. Das ist natürlich eher bei Romanen der Fall, die Zeitgeschichte behandeln. Für diese Zeit können eventuell bei Eltern, Großeltern oder Nachbarn Sachzeugnisse/Originalgegenstände gefunden werden. Andererseits hat es auch einen großen Reiz, bei der Lektüre von Romanen aus der entfernteren Vergangenheit darauf zu achten, welche Dinge sich nicht oder nur wenig verändert haben;
◆ Bücher, die zu einer produktiven Auseinandersetzung reizen, etwa zum Schreiben von Briefen, Tagebüchern oder Notizen aus der Sicht der handelnden Figuren, zum Entwerfen von Zeitungsberichten oder Aktennotizen;
◆ Bücher, zu denen sich etwas basteln oder bauen lässt;

◆ Bücher, in denen bestimmte Gegenstände in unterschiedlichen Zusammenhängen auftreten und dabei von unterschiedlicher Bedeutung für die Handlung sind.

Vorgehensweise:
Es gibt eine Reihe unterschiedlicher Möglichkeiten, Lesekisten im Unterricht einzusetzen. Je nach der didaktischen Situation, in der sich die Schülerinnen und Schüler eine Lesekiste erarbeiten oder präsentiert bekommen, dient diese der Antizipation des Textes, der Motivation, der Konkretisierung, der plastischen Illustration oder als Anlass für die Kommunikation über den Text und sein Thema. Damit sind verschiedene Vorgehensweisen verbunden.

Jörg Knobloch[127] stellt verschiedene Szenarien vor, aus denen hier einige ausgewählte dargestellt werden, die sich für die Behandlung von Jugendbüchern im Geschichtsunterricht anbieten.

a) Lesekiste als Einstieg in eine Lektüre: Vor der gemeinsamen Lektüre eines Buches stellt die Lehrkraft eine Lesekiste zusammen. Die Schülerinnen und Schüler entdecken die verschiedenen Gegenstände und versuchen anhand erster Informationen zum Buch (Lehrervortrag, Klappentext, Illustrationen, Buchdeckel, historischer Hintergrund) die Handlung zu antizipieren. Diese Methode ist vor allem für leseschwache Schülerinnen und Schüler oder bei sehr anspruchsvollen Lektüren geeignet, das Einlesen und das Textverständnis zu erleichtern.

b) Lektürebegleitende, gemeinsam erarbeitete Lesekiste: Die ersten Kapitel einer gemeinsamen Klassenlektüre werden gelesen, so dass zentrale Thematik, Handlungszeit und Handlungsort erkannt werden. Ein stabiler Karton, der in diesem Fall größer als ein Schuhkarton sein sollte, ist vorhanden. Gemeinsam wird anhand der ersten Kapitel überlegt, welche Gegenstände von der fiktiven Ebene des Buches oder aus der fiktiv dargestellten Vergangenheit auf die reale Ebene des Kartons transportiert werden können und sich auch wirklich für die Lesekiste eignen: z.B. ein Knopf von der Jacke, der bei einer Flucht abgerissen wurde; eine Scherbe vom Glas, das in einer Schlüsselszene heruntergefallen ist, eine Prise Salz, mit der die Hauptperson die Suppe würzt; eine alte Fotografie einer Stadtansicht; ein Brief, den eine Figur einer anderen geschrieben haben könnte ... Nicht zu gebrauchen sind Dinge, die zu groß sind, die verderben könnten, die zu wertvoll sind oder die erst gekauft werden müssten.

Zur nächsten Stunde bringen die Schülerinnen und Schüler diese Gegenstände mit und erläutern, in welchem Zusammenhang sie zum

Buch stehen und inwieweit sie typisch für die dargestellte Zeit sind. Gemeinsam wird entschieden, welche Gegenstände in die Kiste kommen. Diese Gegenstände werden beschriftet und in die Kiste gelegt. Die weiteren Kapitel werden gelesen, und es werden Arbeitsgruppen gebildet, die zu den unterschiedlichen Kapiteln Materialien für die Lesekiste sammeln oder anfertigen. In einer auswertenden Arbeitsphase werden im Plenum die mitgebrachten Gegenstände erläutert, ihr Zusammenhang zum Buch erklärt und katalogisiert. Abschließend wird die Kiste passend beklebt oder bemalt. Sie kann als eine Art Museum im Klassenzimmer bleiben, an die Bibliothek gegeben werden, um von anderen ausgeliehen zu werden, oder sie wird an einem geeigneten Ort der Schulöffentlichkeit präsentiert. Manchmal ist es auch möglich, dass zwei bis drei Schülerinnen oder Schüler diese Lesekiste anderen Klassen vorstellen und dabei über die in der eigenen Klasse gemachten Leseerfahrungen berichten. Das wäre ein schöner Beitrag zur Entwicklung einer Lesekultur innerhalb der Schule.

c) Lesekiste als Buchvorstellung: Einzelne oder mehrere Schülerinnen und Schüler werden aufgefordert, Lesekisten zu historischen Jugendbüchern zusammenzustellen. Zu einem vereinbarten Termin bringen sie ihre Lesekisten mit, und der Urheber der Kiste präsentiert mit Hilfe der in der Lesekiste vorhandenen Gegenstände sein Buch. Er hangelt sich sozusagen von Gegenstand zu Gegenstand durch sein Buch und macht die Lektüre sowie die dargestellte Zeit auch für die anderen „begreifbar". Die Lesekiste kann dabei wieder als Museum gestaltet werden: An die Innenseite des Deckels wird eine knappe Inhaltsangabe geklebt und die Stirnseite des Kartons mit den zentralen biografischen Angaben zum Buch beschriftet, sodass die Kiste auch ohne Präsentation genutzt werden kann.

Gegenüber einer einfachen Buchvorstellung hat dieses Verfahren Vorteile, die in bestimmten Situationen den Mehraufwand rechtfertigen:

◆ Der Umgang mit der Lektüre ist deutlich ungezwungener und die Bücher werden im wahren Wortsinn „be-greifbar", sodass auch Schülerinnen und Schüler, die nur wenig Leseerfahrung haben, über diese Methode zu Experten für ihre Bücher werden.

◆ Schülerinnen und Schüler, die über handwerkliches, künstlerisches oder literarisches Talent verfügen, können dieses in den Unterricht einbringen;

◆ Es wird in Ansätzen das eingeübt, was in einigen Bundesländern als Prüfungsform „Präsentation" oder „Projektprüfung" im Rahmen von Abschlussprüfungen verlangt wird.

d) Lesekiste als gemeinsames Ergebnis einer Lektüre: Die Schülerinnen und Schüler bekommen den Auftrag, schon während der Lektüre darauf zu achten, was sich für eine Lesekiste anbieten würde und eventuell schon einiges zu sammeln. Als Einstieg in eine Besprechung werden die gesammelten Gegenstände betrachtet, die Bezüge zum Buch und zur historischen Zeit erläutert. Außerdem werden weitere Vorschläge gemacht, was außerdem noch in die Lesekiste hinein könnte. Danach wird über-legt, wer was besorgen, basteln oder anfertigen kann. Zu einem vereinbarten Termin wird alles mitgebracht, begutachtet, beschriftet und in einen entsprechend dekorierten Karton gepackt.

e) Mischform: Eine Möglichkeit, die Lesekiste als Methode gleichzeitig mit der Lektüre einzuführen, ist eine Mischform. Dabei wird die Lesekiste mit nur wenigen Gegenständen gefüllt, die sich auf das erste Kapitel des Buches beziehen und die als Impuls zu Beginn der Arbeit mit der Lektüre eingesetzt werden. Die Schülerinnen und Schüler erschließen sich damit das Prinzip der Lesekiste selbst, erkennen bereits ihren Reiz und erhalten Ideen, was sich alles für die Lesekiste eignen könnte.

Damit die Schülerinnen und Schüler über die Gegenstände aus der Lesekiste die Handlung antizipieren können, müssen sie sehr gut ausgewählt sein: sie sollten charakteristisch für das erste Kapitel sein, direkt auf die Hauptfigur verweisen oder typisch für die Handlungszeit sein, damit der Text-Gegenstand-Bezug erkennbar ist.

Mögliche Ergebnisse:
Wie bei allen produktionsorientierten Verfahren ist das Produkt – hier die Lesekiste – das Ergebnis der Unterrichtsarbeit. Wichtig ist dabei allerdings, dass dieses Produkt nicht um seiner selbst willen erstellt wur-de, sondern in die diaktische Zielsetzung des Geschichtsunterrichts eingepasst ist und dass es einer Öffentlichkeit vorgestellt wird. Dafür eignen sich Vorstellungen in anderen Klassen sicher ebenso wie kleine Ausstellungen in der Bibliothek oder im Schulgebäude. Auch die Übergabe von Lesekisten an Bibliotheken, die Präsentation beim Tag der Offenen Tür oder auf einem Elternabend kann den Schülerinnen und Schülern einen Gebrauchs- oder Mitteilungswert für ihr Produkt vermitteln.

Schülerarbeitsblatt:

Die Lesekiste als Museum
Was ist eine Lesekiste? Zunächst einmal ist eine Lesekiste ein ganz einfacher Schuhkarton. In diesem Karton sammelst du Gegenstände,

die in einem Zusammenhang stehen mit dem Buch oder der Zeit, in der das Buch spielt. Zu jedem Gegenstand schreibst du ein kleines Kärtchen, auf dem du erklärst, was der Gegenstand mit dem Buch zu tun hat. Überlege dabei auch, ob dieser Gegenstand zeittypisch ist, zu vielen Zeiten relevant war oder auch heute noch von Bedeutung ist. Zum Schluss wird die Lesekiste

♦ von außen passend zum Buch gestaltet;
♦ auf die Außenseite des Deckels werden der Autor, der Titel und die behandelte Zeit geschrieben;
♦ auf die Innenseite wird eine kurze Inhaltsangabe geschrieben.

Durch diese Zutaten wird aus dem Schuhkarton allmählich ein kleines Museum über die Zeit und das, was die Figuren des Buches in dieser Zeit erlebt haben.

Welche Gegenstände können in die Lesekiste hinein? Eigentlich kommen alle Gegenstände infrage, die in deinem Buch genannt werden oder so typisch für die behandelte Zeit sind, dass sie vorkommen könnten. Natürlich darf es sich dabei auch um verkleinerte Modelle oder Spielvarianten handeln. Du kannst auch selbst Gegenstände anfertigen, z.B. Zeitungsberichte zum Geschehen, Briefe von im Roman vorkommenden Figuren an andere, Tagebucheinträge, Notizen oder Gegenstände basteln. Einzige Voraussetzungen sind, dass:

♦ die Gegenstände von ihrer Größe in die Lesekiste hineinpassen,
♦ die Gegenstände nicht verderben,
♦ die Gegenstände nicht extra für die Lesekiste gekauft werden,
♦ deine Eltern damit einverstanden sind, dass der jeweilige Gegenstand verwendet wird.

9.4.2 Anwendung

Olov Svedelid: Die Hexe von Aggunda (dtv 2005) – wie eine Hexe gemacht wird

Zum Inhalt:

„Was waren Hexen eigentlich für Wesen", fragt sich zu Beginn des Romans der elfjährige Anders, die Haupt- und Identifikationsfigur dieses Romans. „Eine Hexe? Das ist eine tückische Frau, Anders. Eine ganz schrecklich tückische Frau.", erfährt er von seiner Mutter. „Sie hat einen Pakt mit dem Teufel geschlossen. Sie hat die Macht, Tiere und Menschen zu verzaubern. Sie reitet auf einem Besenstiel zum Blocksberg und trifft sich mit dem Teufel und mit anderen Hexen, und sie tanzen und trinken und ..." Für Anders ist damit klar, eine solche Frau gibt es in Aggunda und wohl in ganz Smaland nicht.

Doch schon bald gerät ausgerechnet seine Mutter, die sich mit Heilmitteln und Kräutern auskennt, in den Verdacht, eine Hexe zu sein. Anders muss erleben, wie die Hexenangst und die Predigten des Pfarrers die Menschen im Dorf so blind machen, dass sie den Anschuldigungen einer seiner Mutter feindlich gesonnenen Dorfbewohnerin glauben. Der Leser ahnt aufgrund der Vorausdeutungen schon sehr früh, worauf die Handlung hinausläuft, während Anders und seine Mutter sich noch lange nicht betroffen fühlen. Für sie ist es gar nicht denkbar, dass irgendjemand der Mutter etwas Schlechtes anhängen könnte oder dass ihr Wissen um die Heilkunst nicht mehr von allen geachtet werden könnte, wo doch so viele Dorfbewohner bei seiner Mutter Hilfe suchen und finden. Ebenso undenkbar ist für Anders und seine Mutter, dass ihr die weltliche oder geistliche Obrigkeit etwas vorwerfen würde, was sie nicht getan hat, und vor allem haben sie keine Vorstellung davon, wie leicht es ist, zur Hexe gemacht zu werden.

Svedelid macht deutlich, wie der Mechanismus der Hexenverfolgung funktionierte: Eine üble Nachrede reichte aus, um die Glaubwürdigkeit einer Person so zu erschüttern, dass sie an die Folterknechte über-geben wurde. Dass diese mit ihren peinlichen Verhören fast immer ein Geständnis bekamen, ist verständlich, denn die Todesstrafe erschien diesen Frauen die einzige Erlösung von der Folter zu sein. Damals wur-

den diese Geständnisse jedoch lediglich als Bestätigung dafür gesehen, wieder eine Hexe überführt zu haben. Auch die Hexenproben gaben den Angeklagten nur wenig Chance auf ein Leben mit einem Freispruch. Die Widersinnigkeit dieser Proben zeigt Svedelid im Roman an der Wasserprobe. Da man an die Rechtmäßigkeit und die Gottgewolltheit dieses Verfahrens glaubte, wiegten sich alle in Sicherheit, bis sie vielleicht selbst in Verdacht gerieten, weil ihre Namen unter der Folter genannt wurden oder Findeburschen sie verdächtigten. So produzierten die Hexenprozesse selbst neue Hexen.

Diese Funktionsweise erkennt der Leser zusammen mit Anders, als dieser versucht, seiner Mutter zu helfen. Er beobachtet nicht nur einen Hexenprozess vor der königlichen Kommission, er wird selbst zum so genannten Findeburschen, denen die Macht zugeschrieben wird, im Gerichtssaal weitere Hexen aufzuspüren. Außerdem erlebt er, wie die Angst und der Hass der Dorfbevölkerung sich auch gegen ihn richten. Jetzt weiß Anders, dass er weder von der Obrigkeit noch von sonst jemandem Hilfe für die Mutter erwarten kann.

In dieser ausweglos erscheinenden Situation lernt er den jungen Mattos, einen Gaukler, kennen. Und ausgerechnet von diesem am Rande der Gesellschaft lebenden Jungen hört er: „Wir Gaukler glauben nicht, dass es Hexen gibt (...). Und wir glauben auch nicht an den Teufel. Die einzigen Teufel, denen wir begegnen, sind äußerst lebendige Menschen." Mit dieser Erkenntnis und einem Gauklertrick gelingt es Anders schließlich, seine Mutter zu retten.

Auch wenn das Happy End historisch vielleicht nicht repräsentativ ist, so veranschaulicht dieses Buch doch auf äußerst spannende Weise eindrucksvoll, wie der Hexenwahn sich so rasant ausbreiten konnte.

Leseprobe:
Eine neidische Nachbarin, Magdalena Larsdotter, hat das Gerücht aufgebracht, Anders Mutter sei eine Hexe. Jetzt kommt der Pastor als Vertreter der Obrigkeit in ihr Haus, um sie mit diesem Vorwurf zu konfrontieren und zu einem Geständnis zu bewegen.

Pastor Blasius Kragge trug sein Amtsgewand, einen schwarzen Talar mit weißem Kragen, und er sah groß und majestätisch aus, als er aus dem überdachten Wagen stieg. Anders hatte noch nie einen überdachten Wagen gesehen, in der Gegend gab es ansonsten nur offene Karren. Die Mutter machte einen tiefen Knicks.

„Ehrwürdiger Herr Pastor!"

Der Pastor sah sie an, sein schweres Gesicht war wie in Stein gehauen.

„Ich muss mit dir sprechen, Frau."

„Im Haus ist nicht aufgeräumt ..."

Diese Ausflucht wischte er mit einer Geste beiseite. „Ich muss mit dir sprechen, habe ich gesagt."

Er ging vor ihr ins Haus und sie lief nervös hinterher. Anders schlüpfte ebenfalls hinein, der Pastor hatte ihn nicht einmal angesehen. Die Mutter bot dem Pastor einen Stuhl an, aber der blieb stehen und deshalb durfte auch sie sich nicht setzen. Sie rieb sich unruhig die Hände, ihr Blick irrte durch das Zimmer.

„Was hat der Pastor mir zu sagen?"

„Karna Bengtsdotter, du weißt, was mich hergeführt hat."

Sie biss sich auf die Lippe und starrte stumm den Boden an. Ihre Wangen röteten sich. Sie wollte nicht rot werden, konnte aber nicht dagegen an, seine Anwesenheit machte sie schrecklich nervös.

„Hexerei ist eine grauenhafte Seuche", polterte der Pastor. „Und angeblich hat sie jetzt auch meine Gemeinde erreicht."

„Das ist schlimm, ehrwürdiger Herr Pastor", murmelte die Mutter.

Der Pastor schlug die Arme übereinander und machte ein mürrisches Gesicht. Anders saß auf dem Schemel neben der Feuerstelle und blickte den Pastor gespannt an. Kragge wirkte in dem kleinen Haus wie ein Riese, sein Kopf stieß fast gegen die niedrige Decke.

„Frau, willst du mich zum Narren halten?"

„Nein, nein, ehrwürdiger Herr Pastor, ich dachte nur ...‟

„Du weißt, dass alle dich für die Hexe halten."

Rasch fuhr die Mutter sich mit den Fingern durch die Haare und schluckte mehrmals, ehe sie antworten konnte.

„Das ist nicht wahr! Ich habe niemals ...‟

„Du darfst nicht das abstreiten, was auf der Hand liegt, Karna. Magdalena Larsdotter ist als redliche Frau bekannt. Als Seelsorger ist es meine unabweisbare Pflicht, der Seuche den Garaus zu machen."

„Aber ich habe niemals Hexerei betrieben", sagte Karna leise, als schäme sie sich dem Pastor zu widersprechen.

Pastor Kragge presste die Lippen aufeinander und bohrte seinen düsteren Blick in ihren. Sie konnte diesem Blick nicht standhalten und das erschien ihm als Anzeichen ihrer Schuld, nicht ihrer Nervosität.

„Du weißt doch wohl, wie mit Hexen verfahren wird?"

„Ich verstehe die Frage nicht, ehrwürdiger Herr Pastor."

„Eine Anklage wegen Hexerei gilt als Schuldbeweis. Gott Vater selber erhebt durch sein menschliches Werkzeug diese Anklage."

„Aber ich bin unschuldig! Magdalena will mir nur übel mitspielen. Letzte Nacht hat sogar jemand meine Kuh umgebracht."

„So geht das eben bei Hexen. Das Böse fällt zurück auf die, von der es gekommen ist." Warum wollte der Pastor der Mutter nicht glauben? Anders wollte ihn anschreien, dass er ihr glauben müsse, aber das war natürlich unmöglich. Man schrie einen Diener Gottes nicht an. Das wurde bestraft. Plötzlich seufzte der Pastor, sein Blick schien zu bitten und seine Stimme klang milder.

„Karna, es ist für uns alle das Beste, wenn du mir hier und jetzt deine Schuld eingestehst. Sonst ..., ich will den Ereignissen nicht vorgreifen, aber ich kann dir erzählen, dass eine königliche Kommission in

Småland unterwegs ist, die Hexen ausfindig machen und verurteilen soll. Verstehst du?"

Aber weder die Mutter noch Anders verstanden, was er damit sagen wollte. Sie machte ein ängstliches Gesicht und Pastor Kragge fuhr fort: „Sie haben ihre Scharfrichter, der den Hexen ihr Geständnis abzwingen soll. Er ist schlimmer als unser eigener Scharfrichter, von dem du sicher gehört oder den du vielleicht sogar schon einmal gesehen hast."

Der Pastor legte ihr die Hand auf die Schulter.

„Gebe Gott, dass uns die vielen Qualen erspart bleiben, die eine Frau durchleiden muss, ehe sie zugibt, dass sie mit dem Teufel im Bunde steht. Aber diese Qualen können notwendig sein. Der Körper ist nichts gegen die Seele und die Seele muss gerettet werden, damit sie erlöst werden kann."

(S. 66-69)

Didaktische Bemerkungen:

Der Roman „Die Hexe von Aggunda" eignet sich für die Erstellung einer Lesekiste, weil anhand einiger Gegenstände die gesamte Handlung aufgerollt werden kann. Diese Gegenstände werden geradezu zu dinglichen Symbolen für die Handlung. Sie kommen in unterschiedlichen Zusammenhängen vor, verändern dabei ihre Bedeutung während der Handlung und zeigen, wie sich die Situation für die Romanfiguren immer weiter zuspitzt.

Wichtiger als diese gestalterischen Elemente des Romans sind für den Einsatz im Geschichtsunterricht jedoch thematische Aspekte: Die Handlung spielt im Jahr 1667 im schwedischen Småland und behandelt die Zeit der Hexenverfolgungen. Damit ist dieser Roman also zeitlich, räumlich und vor allem thematisch zunächst sehr weit entfernt vom Lebensumfeld der Schülerinnen und Schüler. Diese Methode macht aber gerade darauf aufmerksam, dass sich viele Dinge oder menschliche Verhaltensweisen nicht verändert haben. So kann am Ende die Erkenntnis stehen, dass auch heute die Menschen nicht davor gefeit sind, von einer Angst machenden Propaganda verführt zu werden oder dass ein solcher Wahn nicht nur in der „finsteren" Vergangenheit möglich war, sondern auch heute nicht ausgeschlossen ist.

Das Sammeln von Gegenständen aus dem eigenen Umfeld kann solche Gedanken anstoßen; selbstverständlich darf die Reflexion darüber nicht auf der Ebene der Sachzeugnisse stehen bleiben. Im letzten Schritt muss von diesen Gegenständen abstrahiert werden, um auf einer höheren Ebene über die Mechanismen der Verführung nachzudenken. Mögliche Gegenstände für die Lesekiste:

- einige getrocknete Pflanzen, die im Roman vorkommen: großer Wegericht, Nesseln, Löwenzahn, Wacholderbeeren; das Bild von einem Blutegel. Diese Gegenstände können für die Heilkunst der Mutter und die medizinischen Möglichkeiten der Zeit stehen;
- ein Paar Körner Saatgut, Miniatur-Holzschuhe, durchlöcherte Jacke und eine Spielzeugkuh zeigen die Lebensumstände vieler Menschen auf dem Land. Die Kuh ist außerdem für die Zuspitzung der Handlung wichtig: Sie ist der einzige „Reichtum", den Anders und seine Mutter besitzen, und sie sichert ihnen das Überleben; die Tötung der Kuh nimmt vorweg, was nach Ansicht der Dorfbevölkerung mit der Mutter passieren soll;
- etwas Stroh: Es diente den Menschen als Schlafstätte und als Material zum Hausdecken;
- die Abbildung eines Teufels mit Schwanz, Pferdefuß und Feuerhaken kann für den Teufels- und Hexenglauben der Masse der Bevölkerung stehen;
- Stock: Stöcke kommen an mehreren Stellen der Handlung vor. Anders wird mit einem Stock verprügelt. Man glaubt, Hexen legten ihren Männern Stöcke ins Bett, damit diese nicht merkten, dass sie sich auf dem Blocksberg vergnügten. Anders wird mit einem Stock verjagt, als er das versprochene Saatgut beim alten Gert abholen will;
- Strick/Seil: Die Mutter wird auf dem Wagen mit Stricken angebunden, als sie mitten in der Nacht abholt wird; an Händen und Füßen gefesselt werden die Hexen der Wasserprobe unterzogen; mit Stricken werden die Hexen am Kreuz auf dem Scheiterhaufen festgebunden;
- Steine: Anders versucht den Acker von Steinen zu befreien, um den Boden zu verbessern; die Dorfbewohner versuchen ihn zu steinigen, als er ins Dorf zurückkehren will; nach der Verurteilung einer Hexe war es erlaubt, sie mit Steinen zu bewerfen;
- Schuhe: Schuhe stehen für die Obrigkeit. Als Bauernjunge besitzt Anders keine Schuhe. Bei den Findeburschen wird er zunächst als Schuhputzer für die anderen gesehen; indem sein Ansehen wächst, wird er damit nicht mehr belästigt; Anders bekommt Schuhe für den Hexenprozess, denn nur mit Schuhen darf er als Findebursche dabei sein;
- Spielgeldmünzen: Geld, das die Frauen den Findeburschen zahlen, damit sie nicht auf sie zeigen. An dem Verhalten der Frauen wird deutlich, dass sie dem Ritual nicht trauen. Die Findeburschen zeigen damit, dass sie unglaubwürdig sind;
- Miniatur-Reisigbündel: Dieses gängige Brennmaterial verwendet

der Teerbrenner bei seiner Arbeit; die Dorfbewohner sammeln Reisig, um eine Hexe zu verbrennen;

◆ Kugeln: Sie stehen für die Gaukler und ihre Auffassung von Zauberei und Hexerei („Lass dich nie von Dingen täuschen, die wie Zauberei aussehen. Für alles gibt es eine Erklärung.");

◆ Taschentuch: Es steht mit Pastor Melin für diejenigen, die gewisse Skrupel haben, die angeblichen Hexen der Folter zu übergeben, sich aber aus Angst nicht gegen das Ritual auflehnen;

◆ eine leere Weinflasche oder Tannenzweige mit Mini-Decke: Sie zeigen die Lebensverhältnisse der Menschen und stehen für die Rettung der Mutter.

◆ Für Modellbauten eignen sich: Pranger, Brotschieber, mit Ruß gezeichnetes Hexendreieck auf einer Holzscheibe, Holzkreuz (einerseits als Symbol der Kirche, die eine wesentliche Rolle bei der Verbreitung des Hexenglaubens und bei der Hexenverfolgung spielt; andererseits werden daran die Hexen auf dem Scheiterhaufen gebunden).

◆ Für produktionsorientiertes Schreiben kommen beispielsweise folgende Aufgaben in Frage:

   o In Kapitel 8 besucht Anders seine Mutter im Kerker. Am Ende des Gesprächs berichtet die Mutter darüber, was der Pastor gesagt hat. Anders versteht seine Mutter hier nicht, überlegt sogar, ob sie den Verstand verloren haben könnte: Was könnte sie dort gesagt haben? Formuliere, was vom Erzähler nicht berichtet wird.

   o In Kapitel 12 wird der Hexenprozess gegen Britta Hakåkansdotter dargestellt. Mehrfach ist vom Protokoll des Hexenprozesses die Rede. Schreibe dieses Protokoll.

Viele dieser Gegenstände verdeutlichen die damaligen Lebensverhältnisse, sind aber auch heute noch in unserer Lebensumwelt zu finden. So können bei vielen Gegenständen Fragen nach Kontinuität und Wandel aufgeworfen bzw. Veränderungsprozesse angesprochen werden. Zum Beispiel kann anhand der Heilpflanzen gezeigt werden, wie beschränkt die medizinischen Möglichkeiten waren, denn diese Naturheilmittel sind auch heute noch bekannt, werden jedoch nur bei harm-losen Krankheiten oder zur Unterstützung anderer Therapien eingesetzt. Die Besitzer von Schuhen und Taschentüchern sind im Roman Vertreter der Obrigkeit. Heute sind das Gegenstände des Grundbedarfs, die jeder besitzt. Anhand des Strohs oder der Tannenzweige kann thematisiert werden, wie Menschen in der Vergangenheit ohne die heu-tigen Handwerks- und Industrieprodukte auskamen.

An solche Überlegungen zu Kontinuitäten und Veränderungen kann sich dann die abschließende Reflexionsfrage anschließen, ob etwas Ähnliches wie der damalige Hexenwahn in unserer modernen Gesellschaft wirklich nicht mehr auftreten kann.

9.5 Ein Lexikon zum Buch

Als Methode geeignet ab Klasse 6; mit der vorgeschlagenen Lektüre ab Kl. 8

9.5.1 Methodisches Konzept

Idee:
Die Harry-Potter-Welle hat gezeigt, dass genaues Lesen sowie Begriffs- und Definitionsarbeit sehr wohl mit unterhaltendem und genussvollem Lesen verbunden sein können. In vielen Internet-Homepages von Jugendlichen findet man lexikonartig aufgelistet detaillierte Informationen oder Quizfragen zu Einzelbegriffen aus den Harry-Potter-Bänden. Hier kann man sich auch praktische Anregungen für das Lesen von Jugendbüchern im Unterricht holen. Die Idee, ein kleines Lexikon zu einem Roman zu erstellen, resultiert aus diesen Beobachtungen: Das genaue Lesen ist mit produktivem Tun verbunden, was zu einem Lustgewinn führen kann.[128]

Vorgehen:

Die Begriffe, die als Stichwörter für das Lexikon (Lemmata) verwendet werden sollen, können je nach Intention der Unterrichtseinheit und nach Schwierigkeitsgrad des Romans gemeinsam gesucht, von den Schülern vorgeschlagen oder von der Lehrkraft festgelegt werden. Bei Büchern, die ein Nachschlagen von Fachwörtern erfordern, sind die Schülerinnen und Schüler meist gut in der Lage, geeignete Stichwörter selbst zu finden bzw. erfahren die Lexikonarbeit als notwendigen Bestandteil der Lektüre. Wenn sich das meiste aus dem Text erschließt, kann es dagegen hilfreich sein, wenn die Lehrkraft wenigstens einen Teil der Lemmata vorgibt.

Dann können die Schülerinnen und Schüler bereits lektürebegleitend Informationen sammeln. Die Stichwörter können beispielsweise die Kategorien Figuren oder historische Personen, Orte oder historische Schauplätze, historische Ereignisse, Gegenstände, typische Redensarten oder Sprichwörter umfassen. Die Stichwörter werden dann als Einzel-, Partner- oder Gruppenauftrag vergeben; eventuell kann es sinnvoll sein, bestimmte Gruppen von Begriffen zu bilden und diese gemeinsam zu vergeben. Die Beauftragten sammeln dann fortlaufend alle Informationen, die zum Stichwort gehören und ergänzen gegebenenfalls ihre Funde durch Nachschlagen. Dann werden zu den einzelnen Lemmata Lexikoneinträge verfasst, von anderen Schülern redigiert und schließlich für alle gesammelt und vervielfältigt.

Ergebnisse und Erweiterungen:

Die Lexikoneinträge sollten am Ende für alle Schüler in alphabetischer Reihenfolge oder nach Themen geordnet zugänglich sein. Dieses Lexikon kann zur Wiederholung des behandelten historischen Wissens eingesetzt werden; es kann die Grundlage für weitere Lexikonarbeit bilden oder als Grundlage für spielerische Quizübungen dienen. Natürlich kann ein gutes Lexikon auch der Schulbibliothek zur Verfügung gestellt werden, damit nachfolgende Klassen es wie ein Glossar als Lesehilfe nutzen können.

Geeignete Bücher:

◆ Es sollten Ereignisse oder Personen angesprochen werden, die über die Handlung hinaus historisch bedeutsam sind.
◆ Es sollten Fachtermini oder zeittypisches Vokabular vorkommen.
◆ Die meisten Fachtermini sollten sich mit ihrer Bedeutung aus dem Text selbst erschließen lassen.
◆ Über historische Gegenstände (Kleidung, Berufe, Werkzeuge usw.)

sollte so erzählt werden, dass ihre Unterschiede zu den heutigen Gegenständen deutlich werden.

◆ Zahlreiche historische Jugendbücher besitzen am Ende bereits ein Glossar. Ein solches Buch bietet dann natürlich nur noch wenig Anreiz, ein Lexikon zu erstellen.

◆ Wenn Sachbücher verwendet werden, sollten diese nicht selbst schon lexikonartig aufgebaut sein.

9.5.2 Anwendung:

Günther Bentele: Blutiges Pergament (Thienemann 2002) – ein Roman mit verschiedenen Zeitebenen

Zum Inhalt:
Günther Benteles Roman „Blutiges Pergament" spielt sowohl in der Gegenwart als auch im Mittelalter. Die beiden Zeitebenen wechseln sich kapitelweise ab.

Die Haupt- und Identifikationsfiguren der gegenwärtigen Handlung sind zwei Jugendliche: Jana und Jakob. Sie entdecken bei einem Besuch im Manesse-Raum der Universität Heidelberg in der großen Heidelberger Liederhandschrift einen Blutfleck. Natürlich sind sie zunächst nicht sicher, dass es Blut ist, doch Jakob bekommt am Abend einen anonymen Anruf: Er solle nicht mehr an das Blut auf dem Pergament denken. Als

dann auch noch Janas Vater, ein bekannter Heidelberger Mediävistik-Professor verschwindet, sind sie sich sicher, dass etwas nicht stimmt. Sie glauben im Gegensatz zur Polizei, dass Janas Vater entführt wurde. Jana und Jakob entdecken schließlich, dass alle Spuren bei Professor Volkard zusammenlaufen, der Jakobs Vermutung im Manesse-Raum mitbekommen hat.

Während Jana und Jakob die Hintergründe für die Entführung ermitteln, wird der Leser zwischendurch immer wieder in die mittelalterliche Welt des 14. Jahrhunderts entführt.

Für die mittelalterliche Handlungszeit erzählt der junge Knecht eines Ritters, Anselm, wie er im Auftrag des Bischofs von Passau mit seinem Herrn ein ganz bestimmtes Buch sucht: das Buch „Von der Kunst des Jagens mit Vögeln" von Friedrich II. Das Buch war 1248 aus dem Zelt des Kaisers geraubt worden und seitdem verschwunden. Zu Beginn des 14. Jahrhunderts wird dieses Buch nun von vielen gesucht: Die Kirche sucht es, weil sie es als ketzerisch verurteilt und verbrennen will; viele weltliche Herrn wollen es besitzen, da so der Hof des Besitzers zum geistigen Mittelpunkt Europas werden würde, denn das Buch stellt eine ganz neue Auffassung vom Wissenserwerb dar. Ein besonders großes Interesse hat König Albrecht I. daran, es als Zeichen seiner Macht zu erwerben. Zahlreiche Dienstmannen sind unterwegs, um es für die eine oder die andere Seite zu finden. Mittendrin sind Anselm und sein Herr und erleben so manches Abenteuer auf ihrer Reise. Als sie sich endlich am Ziel angekommen glauben, stellt sich heraus, dass es sich gar nicht um das Falkenbuch handelt, sondern um eine Liedersammlung. Dennoch bezahlt Anselms Herr den Fund mit seinem Leben.

Hier treffen die beiden Erzählstränge zusammen, denn hier erfährt der Leser etwas, was Jana und Jakob nie erfahren können: wie das Blut in die Heidelberger Liederhandschrift gekommen ist.

Bentele schreibt zwar am Ende seines Buches: „Das vorliegende Buch ist ein frei erfundener Roman. Soweit Personen oder Institutionen auftauchen, sind sie Teil eines fiktiven Geschehens." Dennoch sind die genannten historischen Personen und Institutionen bekannt und sind auch so dargestellt, dass sich ein historisch stimmiges Bild ergibt, das den historisch verbürgten Tatsachen nicht widerspricht. Deshalb können die Informationen aus dem Roman auch für ein geschichtlich fundiertes Lexikon verwendet werden.

Leseprobe:
Auf der mittelalterlichen Handlungsebene hat der Ritter von Munegur soeben vom Bischof von Passau den Auftrag bekommen, das Falkenbuch zu suchen.

Am Abend vor unserem Aufbruch sagte mein Herr: „Unsere Reise ist gefährlich."
„Gefährlich?"
„Ja, sehr! Wenn du willst, kannst du auch hier bleiben. Du könntest einen anderen Dienst für mich beim Bischof antreten, bis ich wieder zurückkehre."
„Nie und nimmer!", sagte ich mit starkem Herzklopfen und kam mir dabei sehr mutig vor.

„Erst hören, dann denken, dann reden!", sagte er bedächtig. „Was wir vorhaben, ist gefährlich. Ich muss es dir sagen. Erstens merkt man es daran, wie sie die Dienstmannen ausgesucht haben. Ich habe genau aufgepasst: Es sind nur die Tapfersten dabei, und die größten Dummköpfe hat er weggelassen." Bescheidenheit war nicht immer seine Stärke.

„Zweitens schickt man uns einzeln los. So werden größere Verluste vermieden."

„Ist es nicht auf jeden Fall besser so, dass man in verschiedene Richtungen geht, wenn man nicht weiß, wo das Buch ist?", versuchte ich einzuwenden.

„Das stimmt schon", sagte er und fügte nach einiger Zeit hinzu: „Für Bücher braucht man kein Heer, sondern Hirn!"

„Der dritte Grund, warum es gefährlich ist: Das Buch von der Jagd mit Vögeln ist das Werk eines Ketzers, eines Feindes des Papstes und der Kirche. Es müsste eigentlich verbrannt werden."

„Der Bischof will es doch verbrennen lassen, wenn es ketzerisch ist."

„Das glaubst du doch selbst nicht. Er würde sein Leben daransetzen, es zu bekommen. Niemals würde er es verbrennen! Du musst wissen, nichts verschafft einem Gelehrten, einem Kloster oder einem Bischof oder sonst einem Fürsten so großes Ansehen als der Besitz seltener und gelehrter Bücher. Aus aller Welt kommen die Gelehrten und wollen sie sehen. Bücher verschaffen oft mehr Ansehen und bringen dem Besitzer mehr als ein Splitter vom wahren Kreuz."

Davon hatte ich bis jetzt keine Ahnung gehabt: „Was kann schon drinstehen in einem solchen Buch?"

In einem Kloster in der Stadt Konstantinopel liegt ein unbezahlbar kostbares Buch, das vor über tausend Jahren ein griechischer Arzt namens Dioskorides geschrieben hat. Dort sind alle Kräuter gemalt und alle Krankheiten beschrieben, die es gibt. Und es ist dargestellt, wie man aus den Kräutern Heilmittel gewinnt, um die Krankheiten zu heilen. Du kannst dir vorstellen, wie jeder Arzt danach trachtet, dieses Buch abschreiben zu dürfen.

Ich konnte nur staunen.

„Dazu kommen solche Bücher, die militärische Macht verschaffen. So gibt es Bücher über den Bau von Festungen, die man nicht einnehmen kann und Bücher darüber, wie man solche Festungen am besten erobert."

Ich musste lachen.

„Du verstehst: Wer das bessere Buch hat, gewinnt den Krieg!"

Das Lachen verging mir.

„Es gibt in Paris ein Buch, in dem das griechische Feuer beschrieben wird: ein Stoff, der immer brennt, auch unter Wasser, und ungeheure Zerstörungskraft besitzen soll. Du kannst dir vorstellen, welche Macht der Fürst hat, der dieses Buch besitzt. Sollte etwas Derartiges in dem Buch DE ARTE VENANDI CUM AVIBUS stehen, was ich nicht weiß, dann hätten wir hier die vierte Gefahr."

Er sah mich prüfend an, und ich erinnerte mich, dass er eine Entscheidung von mir erwartete. Aber er sagte ruhig: „Lass dir Zeit, das heißt, ich lasse dir Zeit, sagen wir bis morgen früh, denn man muss solche Entscheidungen gut überlegen und nach allen Seiten überdenken."

Was sollte ich überlegen und überdenken? Was sollte ich allein in Passau?

Mein Herr war immer gut und gerecht zu mir, er besorgte mir Kleidung, er sorgte für mein Essen und Trinken und dafür, dass ich in der Nacht eine Herberge hatte.

Es gab nur eine Antwort: „Ich bleibe bei Euch."

Natürlich war ich auch auf Abenteuer aus, wer wäre das nicht?

(S. 25-28)

Didaktische Bemerkungen:

Dieser Roman bietet eine Fülle an historischem Wissen, das so geschickt in eine spannende Handlung eingebaut ist, dass beim Lesen gar nicht auffällt, wie viel es zu lernen gibt. Damit dieses Wissen sich bei den Schülern setzen kann, ist es sinnvoll, wenn über das reine Lesen hinaus, produktiv mit diesem Wissen umgegangen wird, damit es konserviert werden kann. Das Besondere an diesem Roman ist, dass er auf zwei unterschiedlichen Zeitebenen spielt und somit auch historisches Wissen für unterschiedliche Zeiten bereithält. Die Methode, ein Lexikon zum Buch zu erstellen, bietet sich also an, denn damit können diese verschiedenen Wissensbereiche berücksichtigt und für eine spätere Wiederverwendung aufbereitet werden.

Lexikonarbeit:

Den Schülerinnen und Schülern muss unbedingt der Unterschied zwischen den historischen Realitäten und der Fiktionalität des Romans deutlich werden. Dafür sollte abschließend über folgende Aspekte reflektiert werden: Was ist fiktional, was sind historische Tatsachen, was sind Wahrscheinlichkeiten? Was heißt authentisch? Ausgangspunkt dieser Reflexion kann die Frage sein, ob auch Anselm und sein Ritter von Munegur, Professor Mainz oder Professor Volkhart in das Lexikon aufgenommen werden sollten. Egal, wie diese Frage von den Schülerinnen und Schülern beantwortet wird, macht ein Blick in ein Konversationslexikon deutlich, dass diese Figuren nicht historisch, sondern fiktiv sind und deshalb auch im eigenen Lexikon anders behandelt werden müssen als die historischen Figuren.

Da sich viele Informationen dem Text entnehmen lassen, kann es gerade für diesen Roman sinnvoll sein, den Schülerinnen und Schülern vor der Lektüre Lemmata oder zumindest Themenkreise vorzugeben. Folgende Themenkreise und Lemmata sind denkbar:

Die Welt der Bücher
Von der Kunst des Jagens mit Vögeln/de arte venandi cum avibus/Falkenbuch
Große Heidelberger Liederhandschrift/Manessische Handschrift
Pergament
Buchdruckerkunst
Mediävistik
Altdeutsch/Mittelhochdeutsch
Nibelungenlied
Bibliothek/Klosterbibliothek

Die Welt der Herrscher
Heiliges Römisches Reich
Abendland
Kaiser Friedrich Barbarossa
Kaiser Friedrich II.
König Albrecht I.
König Rudolf
Johannes von Schwaben
Rudolf von Schwaben
Adolf von Nassau
König Konrad der Junge
Kaiser Heinrich VI.

Die feudale Welt
Ablösegeld
Ritter
Dienstmann
Kreuzzug
Falke/Falkner/Falkenjagd
Armbrust

Die Welt der Kirche
Kloster
Heiliger Augustinus
Splitter vom wahren Kreuz
Kloster Melk/Stift Melk

Bischof/Bischof von Passau
Kapuzinermönche
Barfüßer
Gottesurteil
Pilger
Ketzer
Spital

Die antike und die moderne Welt
Konstantinopel
Dioskorides/Dioskurides
Archimedes
Vogel Phönix
Promotion
Agatha Christi, Patricia Highsmith, Donna Leon
Doktor Semmelweiß, Doktor Robert Koch, Louis Pasteur, Wilhelm Röntgen
Zonengrenze zur DDR/ehemalige Friedensgrenze der DDR

Die mittelalterliche Alltagswelt
Kienspan
Schiefertafel
Kontore
Geldkatzen
Münzwaage
Henker
Steinkauz
Sprichwort: „Darauf kannst du Gift nehmen"
Flussüberquerung

Mögliche Arbeitsaufträge:
1. Sucht euch jeweils einen Themenkomplex aus und findet euch in Gruppen zusammen, die jeweils einen Themenkomplex behandeln wollen.
2. Sammelt während der Romanlektüre alle Informationen zu den einzelnen Stichwörtern. Ergänzt eventuell Stichwörter, die ihr für euren Themenkreis zusätzlich wichtig findet.
3. Formuliert in den Gruppen zu jedem Stichwort einen Lexikoneintrag.
4. Tauscht eure Lexikoneinträge mit einer anderen Gruppe aus und lasst sie dort sprachlich überarbeiten.
5. Erstellt eine endgültige Version, tippt diese ab, vervielfältigt und verteilt sie an alle.
6. Diskutiert gemeinsam, ob auch Anselm und sein Ritter von Munegur, Professor Mainz und Professor Volkhart in euer Lexikon aufgenommen werden sollen.

9.6 Vom fiktiven Zeitbild zum Interview: ein Roman als Einstieg in eine Zeitzeugenbefragung

Geeignet: Klassen 9-13; mit dieser Lektüre Klassen 9-11

9.6.1 Methodisches Konzept

Idee:

Zeitzeugeninterviews oder Oral-History-Projekte sind zwar eine sehr motivierende, aber keineswegs einfache Methode. Ihre Vorteile sind in der didaktischen Diskussion der letzten Jahre mehrfach dargestellt worden.[129] Die Rahmenrichtlinien der meisten Bundesländer führen die Oral-History als relevante Methode des Geschichtsunterrichts auf. Im Schulalltag wird sie jedoch immer noch wenig angewendet. Das liegt vor allem daran, dass zahlreiche Schwierigkeiten mit ihr verbunden sind.[130] Neben dem Zeit- und Arbeitsaufwand sind es vor allem Informations- und Verständnisprobleme, die eine Gewinn bringende Arbeit mit dieser Methode erschweren. Problematisch ist aber auch die Auswertungsphase, in der neben inhaltlichen Fragen auch Quellenkritik betrieben werden muss.

Eine vorbereitende Jugendbuchlektüre kann einige Schwierigkeiten dieser Methode mildern. Ein geeignetes Jugendbuch kann Grundwissen vermitteln, es kann zu Fragen an Zeitzeugen anregen, und der Vergleich zwischen Roman und Interview bietet zahlreiche Reflexionsmöglichkeiten über den Quellenwert und die Erkenntnismöglichkeiten von Oral History. Denn die Kernfrage der Oral-History ist immer auch die Frage nach dem Funktionieren des historischen Gedächtnisses, d.h. dem Verhältnis zwischen erzählter Erinnerung und erlebter Vergangenheit.[131] Der Frage nach diesem Verhältnis kann im Vergleich mit einer bewusst gestalteten – mehr oder weniger fiktionalen – Erzählung im Jugendbuch leichter nachgegangen werden als allein anhand der Interviews, die von den Jugendlichen zunächst als „wahre Geschichte" aufgenommen werden. Letztlich geht es bei dieser Methode also darum, die Zeitwahrnehmung von Zeitzeugen mit einer im Roman dargestellten Zeit zu vergleichen, um die Schülerinnen und Schüler zu der Erkenntnis zu führen, dass alles Erzählen von Geschichte immer Wahrnehmungs- und Verarbeitungsprozessen unterliegt.

Die wichtigste Voraussetzung für ein gelungenes Interview ist, dass die Interviewer über das Thema selbst gut informiert sind[132] und einen gut strukturierten Leitfaden für die Zeitzeugenbefragung entwickelt haben. Dieser Leitfaden gibt den Jugendlichen die Sicherheit, dass sie in der Interviewsituation keinen wichtigen Aspekt vergessen und dass ihre

Fragen angemessen und sinnvoll sind. Schon allein für die Erstellung eines solchen Leitfadens brauchen die Schülerinnen und Schüler Hintergrundwissen. Dieses ist dann beim Interview selbst wieder wichtig. Nur wenn es vorhanden ist, können die Schülerinnen und Schüler zu einer aktiven Kommunikation mit dem Zeitzeugen kommen und das Gespräch unaufdringlich lenken.

Die Lektüre eines thematisch passenden Jugendbuches kann solches Hintergrundwissen vermitteln, denn das benötigte Wissen bezieht sich stärker auf die Alltags- und Mentalitätsgeschichte als auf die politische Geschichte. Deshalb bietet die Lektüre eines Jugendbuches in vielen Fällen geeigneteres Wissen als die reine Schulbucharbeit. Ältere Schulbücher, die in den Ländern mit Lehrmittelfreiheit z.T. noch benutzt werden, blenden die Alltagsgeschichte oft weitgehend aus, die neueren Schulbücher zeigen Alltagsgeschichte meist nur für historische Extremsituationen. Aber nur für den Alltagsbereich können Interviews brauchbare Quellen liefern, denn nur hierfür sind Zeitzeugen wirklich Experten; nur hier können sie wirklich auf eigene Erfahrungen und persönlich Erlebtes zurückgreifen. Deshalb müssen die Schülerinnen und Schüler auch Fragen formulieren, die in diese Richtung zielen. Die Interviewer müssen Erinnerungen an Alltägliches anstoßen können. Dafür ist es oft notwendig, dass sie sehr konkret nachfragen, ob z.B. dieser oder jener Schlager gehört, eine bestimmte Mode getragen wurde, ein Spiel bekannt war oder bestimmte zeittypische Einrichtungsgegenstände vorhanden waren. Jugendbücher können zahlreiche Ideen für solche Anstöße liefern, die Zeitzeugen in eine Art selbstvergessenes Erzählen über den damaligen Alltag oder ein anekdotenhaftes Erzählen über besondere Erlebnisse bringen.

Eine weitere Schwierigkeit bei vielen Oral-History-Projekten sind grundlegende Verständnisschwierigkeiten zwischen den Zeitzeugen und den Interviewern aufgrund des unterschiedlichen Alters. Dabei handelt es sich um ein Verstehensproblem, das daraus resultiert, dass die Zeitzeugen von Lebensumständen berichten, die oftmals nicht mehr zum Lebens- und Erfahrungsraum der Jugendlichen gehören. Auch diese Schwierigkeit kann durch eine vorherige Romanlektüre gemildert werden, denn die Jugendlichen können während des Lesens mit dem Lebenskontext im Befragungszeitraum vertraut werden. Sie können sich somit bereits ein Bild von dieser Zeit machen: Sie kennen einen Grundstock an Werten und Normen, die die Gesellschaft und das Leben in dieser Zeit prägten; sie haben ein Gefühl dafür entwickelt, was für diese Zeit typisch ist. Damit bekommen sie ein Bewusstsein davon, dass das scheinbar Bekannte doch sehr unbekannt oder mentalitätsfremd sein kann. Das verhindert während des Interviews ein Aneinander-vorbei-Reden und erleichtert den Jugendlichen die Einordnung des Erzählten.

Die Behandlung eines zeitgeschichtlichen Romans als Einstieg kann neben diesen didaktischen Überlegungen auch organisatorische Vorteile haben. Da mit dem Roman bereits ein Stück verarbeitete Geschichte vorliegt, kann sie zum Vergleich mit den Interviewergebnissen herangezogen werden. Es muss also keine größere Menge an Interviews durchgeführt werden, um Vergleichsmaterial zu haben. Auch ein Gesprächskreis mit einem oder zwei Zeitzeugen und der ganzen Klasse innerhalb einer Unterrichtsdoppelstunde kann durchaus zu sinnvollen Ergebnissen führen, denn die Möglichkeit zum Vergleich unterschiedlicher Wahrnehmungen derselben Zeit ist gegeben.

In solchen Vergleichen kann relativ leicht deutlich werden, was sonst nur schwer zu vermitteln ist: Weder das Interview noch das Jugendbuch dürfen einfach als geschichtliche Realität aufgefasst werden. Sie stellen immer verarbeitete Geschichte dar und sind eine persönliche, subjektive und ausschnitthafte Sichtweise auf die Geschichte. Quellenkritische Fragestellungen ergeben sich automatisch. Aus dem Vergleich wird für beide Darstellungsarten deutlich, dass sie Wahrnehmungen, Interpretationen und Erfahrungsmuster spiegeln und nicht historische Wahrheit darstellen.

Geeignete Bücher:

◆ Ganz grundlegend muss das ausgewählte Buch Wissen über die Zeit vermitteln, es sollte zu Fragen über die zeittypischen Verhältnisse anregen und zu Vergleichen mit dem Erleben anderer sowie zu Reflexionen darüber anregen.

◆ Der dargestellte Zeitraum muss zeitlich so nah liegen, dass noch genügend Zeitzeugen zur Verfügung stehen. Erfahrungsgemäß bietet die Zeit des Nationalsozialismus viele Schwierigkeiten für Oral-History-Projekte, da hier unterschwellig immer die Schuldfrage an die ältere Generation mitschwingt. Inzwischen wird es zudem immer schwieriger, Zeitzeugen für diese Zeit zu finden. Besser geeignet sind deshalb Romane der Nachkriegszeit. Für Schülerinnen und Schüler sind immer gerade die Zeiten interessant, in denen ihre Eltern oder Großeltern Kinder bzw. Jugendliche waren. Damit dürfte die Zeit von den 1950er- bis zu den 1980er-Jahren zurzeit von besonderem Interesse sein. Für viele ist auch die Zeit der Wende in der DDR sehr reizvoll, denn die jetzige Schülergeneration wird mit diesem Thema oft konfrontiert, hat aber keine eigenen Erinnerungen daran.

◆ Der Roman muss die Zeitatmosphäre besonders dicht darstellen, denn dann stellt er viel alltags- und mentalitätsgeschichtliches Hintergrundwissen bereit und gibt den Schülerinnen und Schülern die Möglichkeit, sich ein Zeitbild zu erarbeiten.

◆ Die Hauptfigur sollte zeittypische Erfahrungen und Erlebnisse machen. Sie sollte eher ein durchschnittliches Leben führen als spektakuläre Einzelerfahrungen gemacht haben.[133]

◆ Der Roman sollte Anregungen für konkrete Fragestellungen zum Alltagsleben bieten, d.h. neben dem Innenleben der Figuren ihre Umgebung anschaulich und konkret schildern.

◆ Er sollte für die Schülerinnen und Schüler Vertrautes und Fremdes in einer solchen Mischung enthalten, dass das Fremde auch als solches empfunden werden kann.

◆ Der Roman sollte authentisch wirken; autobiographische Werke bieten sich deshalb für diese Methode besonders an.

◆ Interessant als Aufhänger für ein Oral-History-Projekt können auch solche Romane sein, in der die Hauptfigur selbst etwas über eine frühere Zeit herausfinden will und deshalb beginnt, ältere Menschen zu fragen oder Material über eine bestimmte Zeit zu sammeln.[134]

Vorgehensweise:

Der Roman wird von allen Schülerinnen und Schülern vorbereitend gelesen. Anschließend wird eine Art Zeitbild erarbeitet, das die Lebensumstände der Romanfiguren zeigt. Folgende Aspekte können dabei untersucht werden, soweit die Lektüre dazu Informationen liefert: Wohnsituation, Mode, Ernährungsgewohnheiten, Musik, Literatur, Kultur, Freizeitaktivitäten, Geschlechterrollen und -verhalten, Schule und Erziehung, gesellschaftliche Konventionen. Weiter muss gefragt werden, welche Themen und Fragen die Menschen bewegten und welcher „Zeitgeist" herrschte.[135]

Aus diesen Ergebnissen kann dann arbeitsteilig ein Interviewleitfaden entwickelt werden. Dazu sollten einige übergeordnete Fragen ausformuliert werden, um sicher zu gehen, dass nichts Wichtiges vergessen wird. Diese übergeordneten Fragen sollten möglichst offen formuliert werden, um die Zeitzeugen ins Reden zu bringen. Grammatisch gesehen sind dafür Ergänzungsfragen sehr viel besser geeignet als Entscheidungsfragen. Dennoch sollten zu den einzelnen Themenkomplexen zusätzlich viele Stichworte gesammelt werden, die flexibel in die Interviewsituation eingebracht werden können.

Wichtig ist dabei, den Schülerinnen und Schülern schon bei der Vorbereitung klar zu machen, dass ein solcher Leitfaden immer mehr

Fragen oder Stichwörter enthalten muss, als im Interview eine Rolle spielen können. Das gibt Sicherheit und ermöglicht Flexibilität.

Die ausgewählten Zeitzeugen sollten über die spezielle Vorbereitung ihrer Interviewer durch die Romanlektüre informiert sein. Es ist aber keineswegs notwendig, dass sie dieses Buch ebenfalls gelesen haben, denn nicht das Buch soll Thema der Interviews sein, sondern die behandelte Zeit. Um später den Quellenwert der Interviews kritisch hinterfragen zu können, ist es meist nicht so günstig, auf Verwandte der Schülerinnen und Schüler zurückzugreifen.

Für die Auswertung sollten die Interviewer ihre Ergebnisse schriftlich zusammenfassen (auch dann, wenn eine Tonband- oder Videoaufzeichnung vorliegt), um eine Arbeitsgrundlage zu haben. Die Ergebnisse sollten der gesamten Klasse vorgestellt werden, um zwischen den Erlebnissen, Erfahrungen und Gedanken der realen Zeitzeugen und der fiktiven Figuren vergleichen zu können. Über Erklärungsansätze für die Unterschiede kann die Aufmerksamkeit auf Wahrnehmungs-, Erinnerungs- und Verarbeitungsprozesse gelenkt werden, sodass am Ende deutlich wird, dass die Lebensberichte keine historische Wahrheit darstellen, sondern persönliche Erinnerungen, Sichtweisen und Deutungen von Geschichte.

Dabei ist zwischen den bewusst gestalteten literarischen Texten mit seinen spezifischen Mitteln und den eher unbewussten Faktoren bei Zeitzeugenaussagen zu unterscheiden. Diese Faktoren – z.B. das schlichte Verdrehen, Verwechseln oder Vergessen; das Bedürfnis, unangenehme Dinge zu verdrängen, zu beschönigen oder zu rechtfertigen; Freude an einer eindrucksvollen Selbstdarstellung, das Einfließen von Lebenserfahrungen, Einsichten und veränderten Wertvorstellungen, also insgesamt die selektive Wahrnehmung des historischen Geschehens – müssen bei der abschließenden Bewertung des Quellenwertes der Interviewergebnisse ebenso mitbedacht werden wie die Fiktionalität und literarische Ausgestaltung des Romans.

Ergebnisse:
Am Ende eines solchen Unterrichtsprojektes haben die Schülerinnen und Schüler einen umfangreichen Eindruck von dem Alltagsleben in der untersuchten Zeit bekommen. Sie sind zu Gesprächen mit einer anderen Generation angeregt worden und haben selbst historische Quellen hervorgebracht. Vor allem aber haben sie Einsichten in die Relativität des geschichtlichen Wissens und in die selektive Wahrnehmung von Zeitumständen bekommen; eine Erkenntnis, die enorm wichtig, aber schwer zu vermitteln ist.

9.6.2 Anwendung:

Kirsten Boie: Monis Jahr (Oettinger 2003) – Vom zeitgeschichtlichen Roman zum Zeitzeugeninterview über die 50er Jahre

Zum Inhalt:

„Monis Jahr" ist das Jahr 1955. Der Leser begleitet die zehnjährige Moni von Sylvester 1954 bis Sylvester 1955; ein ereignisreiches Jahr für Moni, aber auch ein typisches Jahr für die 1950er-Jahre.

Moni lebt mit ihrer Mutter in einer kleinen Wohnung in Hamburg, die eigentlich der Oma gehört. Ihr Vater ist seit 1944 vermisst; sein Foto steht auf dem Küchenschrank. Die Mutter lässt ihn nicht für tot erklären, um die Oma nicht zu kränken.

Moni lebt im typischen Milieu der unteren Mittelschicht. Sie spielt mit den Kindern aus ihrer Straße: mit Harald, der in einer Nissenhütte lebt, ein Flüchtlingskind ist und im Verlauf des Jahres mit seiner Familie nach Australien auswandert; und mit Hilli, der Tochter einer Kommunistin, deren Vater an den Spätfolgen der KZ-Haft gestorben ist und deren Mutter wegen ihrer politischen Agitation Gefängnishaft droht. Moni selbst wächst dagegen völlig unpolitisch auf; ihre Oma schaut auf Kommunisten und Flüchtlinge herab und setzt allein auf die Tugenden Sauberkeit und Sittlichkeit.

Zu Ostern wechselt Moni – nach bestandener Prüfung – auf die höhere Schule. Sie ist die erste in ihrer Familie, die ein Gymnasium besucht. Dennoch hat sie mit dem Unterrichtsstoff nur wenig Schwierigkeiten, dafür aber im Umgang mit ihren neuen Klassenkameradinnen. Sie stammen aus solchen Gesellschaftsschichten, die Moni bislang gar nicht kannte und in der sie sich nicht zurecht findet.

Gleichzeitig gerät auch ihr Familienleben in Unordnung: Die Mutter hat Helmut kennen gelernt, geht öfter mit ihm aus und will ihn schließlich sogar heiraten. Das gibt natürlich Probleme mit der Oma, die doch immer noch auf die Rückkehr ihres Sohnes hofft. Aber auch

Moni ist sich nicht sicher, was ihre Mutter darf. Dabei ist ihr Denken weniger von persönlichen Gefühlen geprägt als von gesellschaftlichen Konventionen.

Als Adenauer in der Sowjetunion die Auslieferung aller Kriegsgefangenen erreicht, wird die Hochzeit noch einmal abgesagt. Doch Monis Vater ist bei den Rückkehrern nicht dabei, und niemand weiß etwas von ihm. Nun ist auch die Großmutter mit der Hochzeit einverstanden, die für das nächste Jahr geplant wird. Dann wird Moni mit ihrer Mutter und Helmut als „echte Familie" in eine eigene Neubauwohnung mit Garten ziehen, wo sie ihr eigenes Zimmer haben wird. Mit diesen Aussichten kann Sylvester wieder ausgelassen in Omas Küche gefeiert werden.

Dieser Roman wirkt durch seine autobiographischen Bezüge sehr authentisch. Er fängt das Zeitklima und den Zeitgeist der 1950er-Jahre – das Bedrückende der gesellschaftlichen Konventionen ebenso wie die ersten Anzeichen eines Aufbruchs in die Wirtschaftswunderzeit – aus der Sicht eines Kindes hervorragend ein, denn viele Ereignisse und Erlebnisse werden von Moni ausführlich reflektiert. Mit einer nahezu personalen Erzählweise lässt der Autor der Innensicht Monis zwar viel Platz, daneben wird aber auch ihr Umfeld sehr konkret geschildert: von der Lektüre des Nesthäkchen-Romans über die Mädchenschule bis zur Naivität in allen sexuellen Fragen; von den Sammeltassen über die Haferflocken mit Kakao bis zur Sylvesterbowle; von den Flüchtlingsfamilien über die suspekten Kommunistenfamilien zu den Familien ohne Vater.

Leseprobe:
Moni kommt vom Geburtstag ihrer Freundin Hilli zurück, deren Mutter Kommunistin ist. Das ist Anlass für eines der ganz wenigen Gespräche über Politik in Monis Familie.

„Bitte!" sagt Moni und stellt den Teller auf den Küchentisch. Vier Stück Igel hat Hillis Mutter ihr noch mitgegeben, für Mutti und Oma. „Den Teller sollen wir bitte wieder zurückgeben."
„Muss die das extra sagen?", fragt Oma böse und poliert die Herdstange mit dem Rücken zur Küche. „Haben wir schon mal was behalten von ihr?"
Moni guckt erschrocken. Auf dem Sofa sitzt Mutti und näht einen Knopf an ihrer Wolljacke an. Mutti guckt nicht auf.
„Nee", sagt Moni schnell. „So meint sie das doch nicht, Oma."
„Nein?", sagt Oma, und jetzt dreht sie sich blitzschnell zu Moni um.

„Und was hat sie erzählt?"

„Von dem Teller?", fragt Moni überrascht.

Oma schlägt mit der flachen Hand auf den Herd. Sie heizen schon lange nicht mehr ein, nicht jetzt im Mai. Nur noch zum Kochen.

„Von gestern!", sagt Oma. „Hett se doch bestümmt! Darum hat sie dich doch rübergeholt!"

„Also, Mutter!", sagt Mutti und rollt mit den Augen. Moni hat sie gefragt. Wer der Mann war, neulich abends. Und Mutti hat gesagt, ein Freund von Jenny. Der hat sie abgeholt, weil er doch das Moped hat. Aber Oma muss das nicht wissen.

Moni weiß, dass Mütter nicht lügen. Mütter lügen nicht. Trotzdem fällt ihr der Mann auf dem Moped zwischendurch immer wieder ein.

„Hilli hat doch Geburtstag!", sagt sie. „Weißt du doch! Ich hab ihr doch auch das Buch geschenkt!"

Oma lacht. „Geburtstag hat die doch noch nie gehindert zu schnakken!", sagt sie, aber jetzt mischt Mutti sich ein.

„Habt ihr da in der Schule nicht drüber gesprochen, Moni?", fragt sie.

„Dass Deutschland seit gestern wieder volle Souveränität hat?"

„Volle Souveränität, oha!", ruft Oma. „Na, nun werden wir vornehm! Volle Souveränität!"

„Was heißt das denn?", fragt Moni.

Mutti seufzt. „Nach dem Krieg, da haben ja die Besatzungsmächte noch über Deutschland bestimmt", sagt sie. „Die Engländer bei uns und woanders die Amerikaner und die Franzosen. Um aufzupassen, dass die Hitlerleute nicht wieder ihre Sachen machen, weißt du. Aber seit gestern sind wir wieder genauso ein Land wie alle anderen Länder auch. Jetzt bestimmen wir wieder selber über uns."

Moni überlegt, warum Oma nicht will, dass Hillis Mutter ihr so was erzählt. Da kann doch eigentlich niemand was dagegen haben. Außer, weil es langweilig ist.

„Warum soll Hillis Mutter mir das denn nicht erzählen?", fragt sie, aber Oma antwortet nicht. Sie poliert und poliert, und dabei kann die Stange bestimmt nicht mehr glänzender werden.

„Weil die dagegen waren", sagt Mutti. „Und Oma will nicht, dass sie dich mit ihrer komischen Meinung indoktriniert."

Moni fragt nicht, was „indoktriniert" heißt. Das ist ja sowieso klar.

„Warum ist sie dagegen?", fragt sie.

Mutti seufzt. „Na, weil es nicht das ganze Deutschland ist", sagt sie. „In der Ostzone, da sind die Russen, und das gehört jetzt nicht mehr zu uns."

„Warum wollen wir denn nicht, dass das zu uns gehört?", fragt sie.

Wenn Hilli das nächste Mal wieder irgendwas sagt, versteht sie sie jetzt vielleicht.

„Doch, das wollen wir, doch, doch", sagt Mutti. „Unbedingt! Aber anders, als die Kommunisten das wollen, weißt du."

„Ach so", sagt Moni. Sie versteht nicht, warum es nicht dasselbe ist, wenn Mutti will, dass die Ostzone auch zu Deutschland gehört, und wenn Hillis Mutter es will. Aber jetzt haben sie wirklich lange genug darüber geredet. „Ja, klar." Sie nimmt sich den Stapel mit den Zeitschriftenseiten, der in der Ecke zwischen Sofa und Wand auf einem Tischchen liegt.
(S. 112-114)

Didaktische Bemerkungen:

Dieser Roman stellt das Zeittypische der 50er-Jahre sehr anschaulich anhand von Monis Familie, Freunden und ihres sozialen Umfelds dar. Er bietet viel Konkretes, was zu Fragen über die Zeit und die Zeitumstände anregen kann. Dabei stehen weniger die großen politischen Ereignisse wie z.B. die Verhandlungen Adenauers um die Rückkehr der letzten Kriegsgefangenen oder die Erlangung der Souveränität im Mittelpunkt als vielmehr das Alltägliche: Ernährung, Kleidung, Wohnverhältnisse, Schule und Freizeit.

Dabei werden die politischen Einstellungen der verschiedenen gesellschaftlichen Gruppen ebenso verdeutlicht wie ihre jeweiligen Werte, die sie für die Erziehung vertreten. Daraus ergeben sich nicht nur Fragen und Vergleichsmöglichkeiten für die Interviews, entscheidender für die Vorbereitung der Schülerinnen und Schüler ist, dass sie sich vor den Interviews in die ihnen heute doch sehr fremde Mentalität dieser Zeit einleben können. Damit kann Verstehensproblemen zwischen den Generationen vorgebeugt werden.

Mögliche Arbeitsaufträge:

1. Sucht aus dem Roman Begriffe, Gegenstände, Ereignisse oder Redewendungen heraus, die zeittypisch für die 1950er-Jahre sein könnten. Achtet besonders darauf, was euch heute fremd erscheint. Bildet dafür thematische Gruppen. Mögliche wären z.B.:

◆ Normen und Werte;
◆ Geschlechterverhalten und Sexualität;
◆ Schule und Erziehung;
◆ Kleidung, Wohnen, Ernährung, Spielen;
◆ Musik, Kino, Fernsehen, Zeitschriften;
◆ Politik.

2. Informiert euch im Schulbuch über die geschichtlichen Ereignisse Mitte der 1950er-Jahre.

- Adenauer als Kanzler,
- die deutsche Frage,
- Wirtschaftswunder,
- Wiederaufrüstung,
- WEU und EWG,
- Antikommunismus.

3. Diskutiert über folgende Fragen:

- Welche Rolle spielt Politik in Monis Leben?
- Über welche Ereignisse/Themen weiß sie etwas, welche Ereignisse spielen für sie keine Rolle?
- Warum sind es gerade diese Ereignisse, bei denen die „große Geschichte" in Monis kleine Welt eindringt?

4. Erarbeitet auf der Grundlage eurer Arbeitsergebnisse einen Interviewleitfaden mit übergeordneten Fragen zu einzelnen Themenaspekten und vielen thematischen Stichworten, die ihr bei Bedarf in der Interviewsituation nutzen könnt.

5. Führt die Interviews durch und fasst sie schriftlich zusammen! Diese Zusammenfassung sollte einen knappen Lebenslauf des Zeitzeugen enthalten und folgende Fragen beantworten:

- Welche Erlebnisse und Erfahrungen hat der Zeitzeuge gemacht?
- An welche Ereignisse erinnert sich der Zeitzeuge?
- Welche Auswirkungen hatten sie auf sein späteres Leben?

6. Welche Gemeinsamkeiten und Unterschiede gibt es in der Zeitwahrnehmung Monis und des Zeitzeugens. Diskutiert mögliche Erklärungen der Gemeinsamkeiten und Unterschiede.

Weiterführung:

Wenn die Interview- und Unterrichtsergebnisse dies nahe legen, können sich Aufgaben zum kreativen Schreiben anschließen. Dazu einige Vorschläge:

- Schreibe ein anderes Ende der Geschichte, in der Monis Vater aus der sowjetischen Gefangenschaft zurückkehrt.
- Lass die erwachsene Moni mit einem der interviewten Zeitzeugen zusammentreffen und über ihre Erfahrungen der 1950er-Jahre sprechen.
- Füge einen der Zeitzeugen in eine ausgewählte Romansituation ein und schreibe die Szene neu.
- Schreibe ein Zeitzeugeninterview mit der erwachsenen Moni, in dem sie über ihr Leben in der Mitte der 1950er-Jahre befragt wird.

9.7 Die Zeitleiste – fiktives und historisches Geschehen im Überblick

Geeignet ab Klasse 9

9.7.1 Methodisches Konzept

Idee:

In den fünfziger und sechziger Jahren war es üblich, im Geschichtsunterricht Zeitleisten anzufertigen. Als in den siebziger Jahren die ereignisgeschichtlich-chronologische Behandlung von Geschichte stärker durch exemplarische und problemorientierte Beschäftigung mit Schwerpunktthemen ersetzt wurde, verschwand dieses Medium weitgehend aus dem Geschichtsunterricht.

Die Zeitleiste ist jedoch eine hervorragende Möglichkeit, den abstrakten historischen Zeitverlauf räumlich-anschaulich umzusetzen und darzustellen. Sie ermöglicht auch in einem Geschichtsunterricht mit thematischen Schwerpunktsetzungen und Inselbildung, den Schülerinnen und Schülern einen orientierenden Überblick zu verschaffen. Erst wenn dieser vorhanden ist, lassen sich Einordnungen vornehmen und Bezüge herstellen. Deshalb erfährt die Zeitleistenarbeit – vor allem dank der Veröffentlichungen von Michael Sauer[136] – in den letzten Jahren eine Renaissance.

Es gibt mittlerweile eine Reihe vorgefertigter Zeitleisten, die gekauft werden können. Ertragreicher ist natürlich die Erarbeitung einer eigenen Zeitleiste in der Klasse parallel zum Unterrichtsstoff oder als Orientierungsraster vor oder am Ende einer Unterrichtseinheit.

Die Erarbeitung einer Zeitleiste mit der Lektüre eines Jugendbuches zu verbinden, ist in einigen Fällen gut möglich. Zunächst denkt man dabei vor allem an die Überblicksdarstellungen, die in den letzten Jahren vermehrt auf den Jugendbuchmarkt gekommen sind. Hiermit können Zeitleisten erstellt werden, die eine globale Orientierung liefern; gleichzeitig wird die Fülle an Wissen, das in diesen Büchern enthalten ist und beim einfachen Lesen die Schülerinnen und Schüler schnell überfordert, genutzt und anschaulich aufbereitet. Dieses handlungs- und produktionsorientierte Verfahren kann die Arbeit mit solchen Überblickswerken sinnvoll und ergiebig machen. Daraus entstehen in der Regel Zeitleisten, die einen großen Zeitraum erfassen.

Sehr viel spannender und didaktisch Erfolg versprechender, nicht nur weil ein kleinerer Abschnitt der Geschichte betrachtet wird, kann es aber sein, einen historischen Roman als Grundlage für eine Zeitleisten-

arbeit zu nehmen. Das historische Wissen wird dabei neben der Ausgestaltung der Zeitleiste mit Bildern, Karten, Grafiken oder Diagrammen
zusätzlich mit den Erlebnissen der Romanfiguren veranschaulicht.
Dabei kann untersucht werden, wie das fiktive Geschehen in das
historische Geschehen eingepasst ist und in welcher Beziehung Fiktion
und Realität im Roman stehen. Darüber wird augenfällig, wie stark das
historische Geschehen das fiktive beeinflusst. Somit kann für die
Schülerinnen und Schüler begreifbar werden, wie bestimmte historische
Ereignisse sich auf einzelne Menschen, Familien oder Gruppen auswirken bzw. auswirken können – nicht nur in der Fiktion, sondern auch in
der historischen und gegenwärtigen Realität.

Die Zeitleiste zeigt, wie historische Ereignisse den Alltag der Menschen ganz konkret beeinflussen. Es wird deutlich, dass Geschichte
nichts Abstraktes, sondern immer mit dem Leben von Menschen verbunden ist. Zudem kann für die Schülerinnen und Schüler anhand der
Entwicklung der Romanfiguren deutlich werden, wie Zeit vergeht. So
kann etwa vermittelt werden, dass die Zeit des Nationalsozialismus
nicht eine Einheit im Leben der damaligen Menschen war, sondern dass
sie sich in dieser Zeit weiter entwickelten: Zum Beispiel erlebten
diejenigen, die 1933 Kinder waren, das Kriegsende 1945 schon als junge
Erwachsene, die eine bestimmte Entwicklung durchgemacht haben.

Eine solche Erkenntnis kann entscheidend zur Entwicklung eines linearen Zeitbewusstseins beitragen.

Geeignete Bücher:

◆ Geeignete Überblicksdarstellungen wären etwa:

Manfred Mai: Weltgeschichte. Erzählt von Manfred Mai. München u. Wien Hanser Verlag 2002.

Manfred Mai: Deutsche Geschichte. Erzählt von Manfred Mai. Weinheim und Basel, Beltz & Gelberg erweiterte Neuausgabe 2003.

Wiebke v. Thadden: Eine Tochter ist kein Sohn. Wiebke v. Thadden erzählt die Geschichte der Mädchen. Weinheim und Basel, Beltz & Gelberg 2000.

◆ Für thematische Zeitleisten eignen sich auch Überblicksdarstellungen zu einzelnen Themen wie beispielsweise für die Geschichte des Christentums:

Josef Quadflieg: Die Geschichte des Christentums. Düsseldorf, Patmos, 2002.

◆ Auch Romane, die Überblickswissen in mehr oder weniger spannender Verpackung vermitteln wollen, lassen sich für die Arbeit mit Zeitleisten einsetzen:

Max Kruse: Im weiten Land der Zeit. Eine Wanderung durch Zeit und Raum, vom Urknall bis Galilei. München, Bertelsmann 1997.

Max Kruse: Im weiten Land der neuen Zeit. Roman über die Entwicklung der Menschheit im Abendland. Von Galilei bis heute. München, Bertelsmann 2. Aufl. 1998.

Jostein Gaarder: Sofies Welt. Roman über die Geschichte der Philosophie. München u. Wien, Hanser 1993 u.ö.

◆ Historische Romane eignen sich, wenn sie einen bestimmten, in sich geschlossenen Zeitraum umfassen, wenn sie das für die Handlung wichtige historische Geschehen genau datieren oder eine genaue Datierung ermöglichen und wenn die fiktive Handlung vor allem von historischen Ereignissen vorangetrieben wird. Auch autobiographische Werke oder Biographien lassen sich für diese Methode gut einsetzen. Romane, die eine Familiengeschichte über mehrere Generationen verfolgen, können sogar über mehrere Unterrichtseinheiten hinweg eine Zeitleistenarbeit ermöglichen und begleiten. Das geht zum Beispiel mit der „Trilogie der Wendepunkte" von Klaus Kordon der Fall: Die roten Matrosen oder ein vergessener Winter. Weinheim und Basel, Beltz & Gelberg 2003. Mit dem Rücken zur Wand, Weinheim und Basel, Beltz & Gelberg 2005 und Der erste Frühling, Weinheim und Basel, Beltz & Gelberg 2003.

Vorgehen:

Der Grundstock jeder Zeitleiste ist die Zeitskala. Je nach Maßstab und nach der behandelten Zeit können einzelne Monate, Jahre, Zehnjahresabstände oder noch größere Zeiträume markiert werden. Historische Romane haben meist eine recht begrenzte Handlungszeit: Sie erstrecken sich bei Familienromanen eventuell über mehrere Generationen, sind sonst aber meist auf das Leben einer Person oder auf einen besonderen Abschnitt aus dem Leben des Protagonisten begrenzt. Die Handlungszeit, die eventuell durch die Vorgeschichte ergänzt werden muss, ist das Grundgerüst für die Zeitleiste. Diese Zeit sollte gleichmäßig auf der Horizontalen abgetragen werden. Maßstabsveränderungen müssen innerhalb einer Zeitleiste vermieden werden, weil es sonst zu einer falschen Anschauung des Zeitablaufs führen würde. Es ist allerdings möglich, die Überblickszeitleiste mit Ausschnittszeitleisten zu kombinieren. So ergibt sich für besonders ereignisreiche Zeiten eine Art „Lupeneffekt".

Die Zeitleiste kann lektürebegleitend oder im Anschluss an die Lektüre erstellt werden. Im ersten Fall ist sie so etwas wie ein Protokoll der Lektüre, im anderen Fall dient sie der Rekapitulation und der Zusammenfassung. Beide Möglichkeiten haben ihre Berechtigung, und die Entscheidung kann nur in Abhängigkeit anderer methodischdidaktischer Überlegungen zum Unterrichtsaufbau und zur Lektüre erfolgen.

In jedem Fall sollten während der Lektüre bereits alle Zeitangaben mit den dazugehörigen Ereignissen angestrichen oder stichwortartig herausgeschrieben werden. Anschließend müssen diese nach historischen und fiktiven Zeitangaben unterschieden werden. Ein besonderes Problem ist dann die Auswahl und die Verknüpfung der einzelnen Einträge. Einerseits hat es keinen Sinn, die Zeitleiste mit Einträgen zu überfrachten, weil sie damit unübersichtlich und unleserlich würde. Andererseits würde eine zu knapp gehaltene Zeitleiste die fiktive Handlung nicht erkennbar werden lassen und zu wenige Verknüpfungspunkte zwischen der fiktiven und der historischen Ebene ermöglichen. Deshalb sollten so viele Ereignisse aufgenommen werden, dass der Handlungsverlauf des Romans deutlich wird. Darüber hinaus sollten alle die fiktiven Handlungen einen Platz auf der Zeitleiste finden, die direkt aus historischen Ereignissen resultieren, um die Verknüpfung der großen geschichtlichen Ereignisse mit der Geschichte der einfachen Leute zu verdeutlichen.

Vom gestalterischen Gesichtspunkt aus muss nicht nur über den Maßstab nachgedacht werden, das Material muss auch auf Format und Maßstab abgestimmt werden, es müssen Schrifttypen und -größen festgelegt werden und es muss über weiteres Anschauungsmaterial beraten werden. Ganz speziell bei der Zeitleistenarbeit mit historischen Romanen ist die Entscheidung wichtig, wie die fiktive Ebene und die historische Ebene auf der Zeitleiste dargestellt, unterschieden und Bezüge zwischen beiden hergestellt werden können.

Elementar ist dabei zunächst, dass beide Ebenen durch deutlich unterschiedliche grafische Darstellungsweisen gekennzeichnet werden: z.B. unterschiedliche Farben, unterschiedliche Schrifttypen oder verschiedene horizontale Ebenen. Die Beziehungen zwischen den Ebenen werden einerseits durch die Zeiteinteilung deutlich, können aber durch Pfeile oder Berührungspunkte hervorgehoben werden.

Ergebnis:

„Eine gelungene Zeitleiste ist zugleich ein Wandschmuck, der zur individuellen Ausgestaltung und Verschönerung des Klassenraumes beiträgt."[137] Wichtiger dürften aber die Einsichten sein, welche die Schülerinnen und Schüler erworben haben, über den Verlauf von Zeit und vor allem über die Verquickung von Ereignisgeschichte und der die Menschen umgebenden Alltagswelt.

9.7.2 Anwendung:

**Günther Bentele: Die zwei Leben der Isolde G. (2004) –
die Auswirkungen der nationalsozialistischen Judengesetze**

Zum Inhalt:

Der Roman beginnt im Herbst 1938 in Wien. Die zwölfjährige Jüdin Isolde Grünzweig soll mit ihrer Mutter und deren Lebensgefährten in die USA emigrieren, denn Österreich ist ihnen nicht mehr sicher genug. Sie alle haben gefälschte Pässe in den Taschen, mit denen sie von Le Havre aus nach Amerika reisen sollen. Doch Isolde steigt aus dem schon angefahrenen Zug wieder aus. Sie will zurück zu ihrem Vater, der seine Heimatstadt Nürnberg schon 1933 nicht verlassen wollte, als sie mit der Mutter nach Wien gezogen war.

Mit ihrem gefälschten Pass kommt sie nach Nürnberg, doch es ist der Wunsch des Vaters, dass sie nicht bei ihm, sondern bei einer Cousine des Vaters wohnt, die selbst unter falschem Namen und mit gefälschten Papieren in Nürnberg lebt. Isolde nimmt eine neue Identität an und lebt bei ihrer Tante Veronika Lenz als Isolde Bauer. Ihren Vater kann sie nur hin und wieder sehen, damit ihre wahre Identität nicht erkannt wird. Sie leidet zwar unter diesen Lügen, ist sich aber bewusst, dass sie nur als

Isolde Bauer die Schule besuchen darf und ein halbwegs unbeschwertes Leben führen kann. Doch als Isolde sich in den Flakhelfer Walter verliebt und diese Liebe nicht auf einen Betrug gründen will, wird für sie ihre falsche Identität unerträglich.

Als angebliche „Arierin" erlebt sie die Schikanen, die Gesetze gegen die Juden und letztlich sogar deren Deportation aus einem ganz besonderen Blickwinkel: Einerseits ist sie selbst zwar einigermaßen in Sicherheit, dennoch leidet sie darunter, dass sie ihre wahre Identität immer wieder verleugnen muss; andererseits muss sie miterleben, was ihrem Vater alles passiert: vom Berufsverbot über die Hausenteignung bis zum Abtransport in den Osten. Mit ihr erlebt der Leser also sowohl eine Innen- als auch eine Außensicht auf die antisemitische Politik der Nationalsozialisten.

Die Außensicht wird noch zusätzlich dadurch verstärkt, dass der Erzähler zwischendurch immer wieder seine Aufmerksamkeit einem anderen Mädchen zuwendet und hier eine Art Parallelgeschichte entwickelt. Es ist die Geschichte der gleichaltrigen Hildegard, die mit Isolde schon zur Grundschule gegangen ist, die sie jetzt wieder erkennt, ihr Doppelleben ausspioniert und sie denunzieren will. Sie ist die Tochter eines hohen SS-Offiziers und selbst voll und ganz der Nazi-Ideologie verfallen. Zweifel an der Richtigkeit dieses Denkens kommen ihr erst, als sie Isolde schon denunziert hat, als ihr Bruder im Krieg gefallen ist, ihre Mutter sich aus Kummer umgebracht hat und sie erfährt, dass ihr Vater „entartete Kunst" versteckt, um sie zu Geld machen zu können. Neben der Opfersicht wird mit dieser Parallelgeschichte der Leser auch mit der Tätersicht vertraut gemacht.

Die Luftangriffe auf Nürnberg und die Besetzung der Stadt durch die Alliierten retten Isolde letztlich das Leben, weil die Denunziation Hildegards dabei verloren geht. Der Roman endet mit den Nürnberger Kriegsverbrecherprozessen, in denen Isolde erfährt, dass Hildegards Vater für die Deportation ihres Vaters verantwortlich war, obwohl dieser doch Träger des Eisernen Kreuzes war. Aber Hildegards Vater wollte die Kunstsammlung des Juden und hat sich deshalb über geltendes Recht hinweggesetzt. Gerechtigkeit erfährt Isolde bzw. ihr Vater allerdings nicht, denn der Angeklagte – Hildegards Vater – wird aus Mangel an Beweisen letztlich freigesprochen.

Dieser Roman besticht vor allem durch seinen doppelten Blickwinkel auf die Zeit des Nationalsozialismus und die Rassenideologie: durch die Sicht der Opfer aus dem Blickwinkel Isoldes und ihrer Familie sowie durch die Sicht der Täter aus dem Blickwinkel Hildegards und ihrer Familie. Das macht den Roman interessant für eine Zeitleistenarbeit, denn die fiktive Handlung kann auch auf der Zeitleiste nach Opfer- und Täterhandlung unterschieden werden, wobei es ebenfalls interessante Berührungspunkte gibt.

Leseprobe:
Isolde ist aus dem Zug ausgestiegen, der sie und ihre Mutter von Wien nach Le Havre bringen sollte. Sie fährt stattdessen nach Nürnberg, wo sie wieder mit ihrem Vater zusammen leben will.

Aber in Nürnberg war alles anders.
Zwar holte ihr Papa sie am Zug ab und schloss sie fast wortlos in die Arme. Er sah auch sehr, sehr glücklich aus dabei.
Aber er war älter geworden, viel älter –
Und dann gingen sie gar nicht zu ihrem Haus im Sebalder Viertel der Altstadt von Nürnberg. Sie gingen in den Stadtteil Gostenhof zu Tante Sarah, seltsam scheu, als wären sie auf der Flucht.
Denn Isolde durfte gar nicht bei ihrem Vater wohnen!
Er sagte es ihr sehr leise noch auf dem Bahnsteig und streichelte sie dabei. „Weißt du, ich habe gleich mit deiner Tante geredet, als du aus Wien angerufen hast – so ein schöner Anruf! Ich war darüber sehr glücklich. Und ich war dann sehr traurig. Wir haben alles besprochen, denn ich wusste schon von deiner Mutter, dass du einen neuen Pass erhalten würdest. Ich hätte auch einen haben können – "
Er stellte nur wenige Fragen. Er jammerte nicht, dass ihn seine Frau verlassen hatte und mit einem Freund nach Amerika gegangen war: „Vielleicht hat sie Recht und ich Unrecht. Ich darf sie nicht zu meinem Leben zwingen in diesen unsicheren Zeiten. Sie ist jetzt in der Sicherheit, die sie sich ausgesucht hat. Es ist gut so, wie es ist!"
Sie hatten es nicht weit nach Gostenhof. Aber Isolde war nach der Aufregung und der langen Fahrt todmüde.
Sarah Goldstein war eine Cousine ihres Vaters, die erst vor zwei Jahren

von Hindenburg in Schlesien nach Nürnberg gezogen war, was Vater damals nach Wien geschrieben hatte. Isolde kannte sie kaum. Sie war vor 1933 ein paarmal aus Paderborn – damals lebte und arbeitete sie noch in Paderborn – zu Besuch nach Nürnberg gekommen. Später hatte sie sich nach Hindenburg in Oberschlesien versetzen lassen, weil es dort für Juden noch eine ganze Zeit sehr viel besser war als sonst im Reich.

Die Tante war sehr sympathisch – gleich auf den ersten Blick. Sie war Anfang fünfzig und etwas rundlich, gar nicht wie ihr Vater, der dünn war, hager, mit schmalem Kopf. Sie hatte ein gutmütiges rundes Gesicht, umrahmt von vielen kleinen rotblonden Löckchen, in die sich überall Grau mischte. Man sah ihr an, dass sie gerne lachte.

Isolde saß am Tisch und war müde, so müde und hörte so schreckliche Dinge –

„Auf keinen Fall kannst du bei deinem Vater wohnen! Du darfst ihn nicht einmal kennen", sagte Tante Sarah energisch und strich ihr dabei über das Haar.

„Weshalb darf ich denn nicht mehr bei dir wohnen, Papa? Ich bin doch hier zu Hause!" Ihr Herz schlug schwer. In den Augen standen Tränen, ihre Lider waren wie Blei. Ihr war, als höre sie immer nur Wörter und Sätze ohne jeden Zusammenhang.

„Wir sind Juden, Isolde", seufzte Sarah.

„Es ist schlimm, mein Kind, sehr schlimm, auch für mich", sagte ihr Vater, legte den Arm um sie und zog sie an sich. „Du darfst für andere Menschen nicht mehr meine Tochter sein, vielleicht lange Zeit nicht: Meine Tochter Isolde Grünzweig ist mit ihrer Mutter erst nach Wien und dann in die USA gegangen. Dort leben sie jetzt. Du aber bist Isolde Bauer und kennst weder meine Tochter noch mich, verstehst du das?"

Isolde saß da und starrte ratlos den Vater und die Tante an. Waren diese traurigen Augen wirklich die ihres Vaters? Gehörte dieses Gesicht, das jetzt plötzlich so ernst war, tatsächlich ihrer Tante Sarah? Die Tante sagte furchtbare Dinge: „Unsere Freiheit liegt nun allein in unseren neuen Namen, dein Vater hat Recht: Du bist jetzt nicht mehr Isolde Grünzweig, sondern du bist Isolde Bauer. Verstehst du, du heißt nicht nur Isolde Bauer – du musst auch Isolde Bauer sein!"

Ihr Vater streichelte ihre Hand.

„So wie du jetzt Isolde Bauer bist – dein neuer Pass sagt es jedem -, so bin ich nicht mehr Sarah Goldstein", sagte die Tante behutsam, „ich bin nun Veronika Lenz. Auch ich habe einen Pass, der das ausweist."

Tante Sarah war jetzt – ?

„Ihr müsst diese Möglichkeit ergreifen, und das heißt, dass ihr andere sein müsst. Andere, die mich nicht kennen, die nichts mit mir zu tun haben."

„Aber das geht doch nicht –", sie sah hilflos in die Gesichter vor ihr.

„Kein Aber", sagte der Vater bestimmt.

„Deshalb wirst du ab jetzt bei mir wohnen, Isolde. Es geht nicht anders, leider", sagte Sarah leise.

„Mich darfst du nur besuchen, wenn es niemand sieht. Den ehemaligen Kulturredakteur Dr. Sebastian Grünzweig kennt in Nürnberg fast jeder, auch wenn er nicht mehr Redakteur sein darf. Und wenn ich die Sicherheit suchen wollte, die ihr jetzt habt, müsste ich nach Amerika gehen wie deine Mutter. Und das will ich nicht. Es ist meine eigene Entscheidung. Isolde, ich weiß, dass ich mich bei dir eigentlich dafür entschuldigen müsste, denn ich tu dir damit sehr weh – es wäre alles viel einfacher, wenn wir Mama in die USA folgen würden. Aber es geht nicht – ich kann nicht!"

Isoldes Stimme zitterte: „Und ich darf nicht mehr bei dir in meinem alten Zimmer wohnen? Ich soll bei dir nur zu Besuch – und nicht einmal das – "

„Wir wissen nicht, was noch alles kommt, Isolde, dein Vater hat mir erzählt, wie es dir in der Schule ergangen ist, bevor ihr nach Wien seid. Es wäre nicht gut, wenn du wieder als Jüdin zurückkommen würdest – es wird täglich schlimmer. Unsere falschen Passe sind eine einmalige Chance, und wir müssen dankbar dafür sein."

„Und die dürft ihr auf keinen Fall verpassen. Es wird auch so schwer genug für euch", sagte Vater.

„Und selbst Besuche bei deinem Vater", fuhr die Tante fort, „sind gefährlich: Welchen Grund hat diese neu zugezogene Isolde Bauer, die bei einer Bekannten lebt, weil der Vater gestorben und die Mutter verschwunden ist – welchen Grund hat diese Arierin Isolde Bauer, einen Juden in der Nürnberger Altstadt zu besuchen? Kannst du mir das vielleicht sagen?"

Isolde blieb stumm.

(S. 16-19)

Didaktische Bemerkungen:

Schon rein äußerlich bietet sich dieser Roman bestens für die Methode der Zeitleistenarbeit an, denn jede Kapitelüberschrift ist hier eine Zeitangabe. Somit kann die fiktive Handlung des Romans immer recht genau datiert werden. Außerdem werden zahlreiche historische Ereignisse genannt, die ebenfalls gut zu datieren sind. So kann allein schon

aus dem Romantext heraus eine Zeitleiste erstellt werden. Das Hinzu-
ziehen von Handbüchern oder Schulbuchtexten ist möglich, aber nicht
notwendig.

Insgesamt kann mit diesem Vorgehen nicht nur der Unterschied
zwischen fiktivem und historischem Geschehen verdeutlicht werden. Es
wird vor allem auch deutlich, wie sich die Politik der Nationalsozialisten
auf den Alltag von Isolde als Vertreterin einer untergetauchten Jüdin,
auf ihren Vater als Juden und auf Hilde und ihre Familie als typische
Nazis auswirkte. Die historischen Ereignisse werden damit an-schaulich
mit dem Alltag der damaligen Menschen verbunden.

*Daten und Ereignisse, aus denen für die Gestaltung der Zeitleiste ausgewählt
werden kann:*
Vorgeschichte der Isolde-Handlung:
◆ 1933 geht die siebenjährige Isolde mit ihrer Mutter nach Wien,
  nachdem sie in ihrer Klasse verspottet worden ist.
◆ Dezember 1936, nach der Olympiade verliert der Vater seine Stellung als Kulturredakteur beim Nürnberger Tageblatt.

Vorgeschichte der Hildegard-Handlung:
◆ 9. November 1923: Hildegards Vater ist beim Marsch auf die Feld-
  herrnhalle dabei.
◆ 1926 Hildegard wird geboren, Arbeitslosigkeit und Elend.
◆ 1930 zieht die Familie nach Nürnberg.
◆ Seit der Machtergreifung 1933 geht es der Familie besser; der Vater
  ist in der SA, später in der SS, so dass er beim „Röhmputsch" un-
  behelligt bleibt.
◆ 1935 kann die Familie billig eine Villa samt Garten kaufen; der
  jüdische Vorbesitzer ist wegen der Verfolgungen ausgewandert.

Daten	Historische Ereignisse	Isolde/Hildegard-Handlung
Frühjahr 1938	Anschluss Österreichs	Für Isolde und ihre Mutter ist Wien nicht mehr sicher. Sie wollen in die USA emigrieren.
4.-6. Sept. 1938	Reichsparteitag in Nürnberg	Hildegard darf dem Führer einen Blumenstrauß überreichen.
9. Nov. 1938	Reichspogromnacht	Isolde sieht die SA-Truppen und hört in Wien deren Parole „Juden raus!" Ihr Vater in Nürnberg wird gezwungen, sein Haus zu verkaufen.

		Isolde steigt aus dem Zug, mit dem ihre Mutter nach Le Havre fährt, reist nach Nürnberg, wohnt bei Veronika und geht mit gefälschten Zeugnissen wieder zur Schule. Der Schulunterricht konfrontiert sie beständig mit der Rassenideologie der Nazis.
November 1938	In einem Film über den Reichsparteitag von Nürnberg verspricht Hitler, dass der Reichsparteitag 1939 „Reichsparteitag des Friedens" heißen werde.	Isolde sieht mit Veronika im Kino den Film über den Reichsparteitag als Vorfilm. Beide sind eigentlich ins Kino gegangen, weil sie sich ablenken wollten.
1. Sept. 1939	Kriegsbeginn durch den Überfall auf Polen.	Mit Kriegsbeginn bleiben Briefe von Isoldes Mutter aus den USA aus.
Herbst 1940	Die Blitzkriegstrategie scheitert.	Hildegard macht begeistert bei der antisemitischen Propaganda im BDM mit.
Frühjahr 1941	Beginn der Deportationen.	
Zweite Novemberwoche 1941	Viele jüdische Familien werden aufgefordert, sich bei der Gestapo zu melden und ihre Evakuierungsunterlagen abzuholen. Zahlreiche jüdische Bürger begehen Selbstmord.	Auch Isoldes Vater soll in den Osten „umgesiedelt" werden.
27. Nov. 1941		Isoldes Vater wird in der Nacht von der Gestapo abgeholt. Nach drei Tagen im Lager werden die Gefangenen zum Bahnhof gebracht; Isoldes Vater muss nicht in den Zug einsteigen, weil er Träger des Eisernen Kreuzes ist und kann nach Hause zurückkehren.
Sommer 1942	Die 6. Armee marschiert nach Stalingrad.	Isolde muss sich neben der Schule einen Arbeitsplatz suchen. Weil sie nicht in einem Rüstungsbetrieb arbeiten will, geht sie in eine Gärtnerei, die wegen der Gemüseversorgung als kriegswichtig gilt.
1. Juli 1942	Alle jüdischen Schulen, die seit 1935 für jüdische Kinder Pflicht waren,	

	schließen. Allerdings sind die meisten jüdischen Kinder bereits deportiert. „Arische" Kinder werden durch die Kinderlandverschickung vor den Luftangriffen in Sicherheit gebracht.	
	Juden werden die Haustiere verboten.	Isolde trifft ein weinendes jüdisches Kind mit einer Katze auf dem Arm.
1. Oktober 1942/ Herbst 1942	Juden werden die Lebensmittelkarten für Fleisch, Fisch, Geflügel, Obst, Eier, Milch und Konserven entzogen. In Russland beginnt die Schlacht um Stalingrad.	Nachbarn helfen, Isoldes Vater mit dem Wichtigsten zu versorgen. Walters Vater fällt in Stalingrad.
Ende Januar	Untergang der 6. Armee bei Stalingrad.	Isolde versorgt ihren Vater über eine Nachbarin mit gestohlenem Gemüse aus der Gärtnerei.
Mai 1943		In der Gärtnerei müssen viele Grabkränze und Totenbuketts für die Stalingradopfer gemacht werden; Isoldes Gemüsediebstahl fliegt beinahe auf; Walter rettet sie, und ihre Freundschaft beginnt.
1943	Luftangriffe	Die Schule fällt immer öfter aus.
18. Juni 1943	Die Alliierten sind an allen Fronten auf dem Vormarsch. Es gibt erste Spekulationen über eine mögliche Invasion von der Atlantikküste her.	Isoldes Vater wird abgeholt und in einem Viehwaggon abtransportiert, obwohl er im Weltkrieg das Eiserne Kreuz verliehen bekommen hat und sich als Kunstsammler um Nürnberg verdient gemacht hat. Hildegard vermutet, dass ihr Vater und die Kunstsammlung des Juden etwas mit seiner Deportation zu tun haben.
Juli 1943	Die meisten Stadtkinder waren mit der „Kinderlandverschickung" vor den Luftangriffen in Sicherheit gebracht worden.	Hildegard erkennt Isolde im Bunker als das jüdische Mädchen, das in der Grundschule von allen gehänselt worden war.
August 1943	Bei einem Luftangriff auf Hamburg wird der Ostteil der Stadt vernichtet.	Hildegards Vater erklärt, dass die Luftangriffe Terror der Demokraten und der Juden sei. Dadurch

		rechtfertigt er den Krieg aus deutscher Sicht als gerecht. Veronika erklärt Isolde, dass diese Luftangriffe der Kampf für die Freiheit seien.
März 1944	Luftangriff auf Nürnberg	Isoldes Schule wird zerstört. Regulärer Unterricht findet nicht mehr statt.
April 1944		Der Bruder von Hildegard wird als großer Kriegsheld zu Hause empfangen; lässt sich aber nicht so feiern, wie es der Vater wünscht und muss sofort wieder an die Front. Kurze Zeit später wird er als vermisst gemeldet.
Mai 1944		Hildegard fragt in der Gärtnerei nach Isolde Grünzweig. Walter deckt Isolde, drängt sie aber, ihm ihre Identität offenzulegen.
6. Juni 1944	Invasion der Alliierten an der Atlantikküste.	Hildegard trifft sich heimlich mit ihrem Freund Ferdl und erzählt von ihrer Entdeckung.
20. Juli 1944	Bombenanschlag auf das „Führerhauptquartier".	Walter ist zu einer Flakeinheit vor der Stadt versetzt und kommt nicht mehr in die Gärtnerei. Dort lernt ihn Ferdl kennen, der ihn als „Wehrkraftzersetzer" denunzieren will.
August 1944		Isolde leidet immer mehr unter ihrer falschen Identität. Sie macht sich auf die Suche nach der Kunstsammlung ihres Vaters, die bei den Nazis als „entartete Kunst" galt.
September 1944		Die Nachbarin von Isoldes Vater erzählt Hildegard von Isolde Bauer und der Kunstsammlung.
Dezember 1944	Der Krieg ist total geworden, so wie Goebbels es im Sportpalast am 18.2.1943 propagiert hatte. Sogar Jugendliche zwischen vierzehn und sechzehn Jahren müssen an die Front (Volkssturm).	Selbst bei Hildegard kommen Zweifel am Endsieg auf. Ferdl und Hildegard denunzieren Isolde und Veronika. Die Gestapo kann zu Isoldes Glück der Sache zunächst nicht mit vollem Eifer nachgehen, weil ihre Büros durch die Bombenangriffe schwer beschädigt sind.

Jahresende 1944		Isolde erfährt von Walter, was den Juden im Osten geschieht.
Anfang Januar 1945	Die Stadt Nürnberg wird von den Nazis aufgegeben und durch über 2000 Bomben zerstört.	Isolde beschließt, Walter endlich die Wahrheit über ihre wahre Identität zu sagen, aber sie sieht ihn nie wieder, weil er bei einem Bombenangriff stirbt. Bei der Gestapo werden durch den Luftangriff alle aktuellen Akten vernichtet.
Mitte Januar		Hildegards Familie erfährt, dass der Bruder gefallen ist. Die Mutter bringt sich daraufhin um. Hildegards Vater säuft mit anderen SS-Leuten. Während eines solchen Besäufnisses beschließen sie, Nürnberg durch einen Volkssturm zu verteidigen.
20. April 1945	Hitlers Geburtstag. Die Amerikaner halten in der Stadt der Reichsparteitage eine Siegesparade ab. Für Nürnberg ist der Krieg beendet.	Hildegards Vater hat sich mit einigen Nazi-Größen aus der Stadt abgesetzt. Isolde und Veronika nehmen ihre richtigen Namen wieder an.
Nach Kriegsende	Die Bevölkerung bedauert, was den Juden geschehen ist, aber niemand will etwas damit zu tun gehabt haben. Die Amerikaner beginnen mit der Entnazifizierung.	Isolde und Veronika werden darauf angesprochen, anderen Bürgern „Persilscheine" auszustellen.
November 1945	Kriegsverbrecherprozesse in Nürnberg	Isolde wird als Zeugin vor Gericht geladen, und es stellt sich heraus, dass Hildegards Vater persönlich für die Deportation ihres Vaters gesorgt hat, um an dessen Kunstsammlung zu kommen. Dennoch wird Hildegards Vater aus Mangel an Beweisen freigesprochen.

Die historischen Daten sollten als erstes räumlich und farblich getrennt von den fiktiven auf der Zeitleiste festgehalten werden. Die fiktiven Daten können noch einmal nach der Isolde- und der Hildegard-Handlung farblich unterschieden werden. Durch Pfeile oder durch räumliche Nähe kann deutlich gemacht werden, wo das historische

Geschehen direkten Einfluss auf die fiktive Handlung hat bzw. wo die Isolde- und die Hildegard-Handlung Berührungspunkte haben.

Für die Gestaltung der Zeitleiste können außerdem Bilder, Zeitungsberichte oder Statistiken zu den historischen Ereignissen herangezogen werden. Einige Fotos von Gemälden, die bei den Nazis als entartet galten, bringen nicht nur Farbe in die Zeitleiste, sondern zeigen auch, wie eingeschränkt die Kunstauffassung der Nationalsozialisten war.

Bei der Ausgestaltung der Zeitleiste sollte nicht vergessen werden, dass die Schülerinnen und Schüler auch das fiktive Geschehen illustrieren können, z.B. durch Zeichnungen oder Bastelarbeiten. Auch kreative Schreibaufgaben können dadurch in eine solche Zeitleiste integriert werden, dass z.B. ein Briefumschlag aufgeklebt wird, in dem sich ein Brief der Mutter aus den USA befindet, oder der Brief, mit dem Isolde denunziert wurde. Der Phantasie der Schülerinnen und Schüler sind bei der Ausgestaltung der Zeitleiste keine Grenzen gesetzt.

9.8 Das Tagebuch zum Buch: ein produktionsorientiertes Verfahren

Als Methode geeignet ab Klasse 7; mit der vorgeschlagenen Lektüre ab Kl. 9

9.8.1 Methodisches Konzept

Idee:

Fast die Hälfte aller Jugendlichen schreibt Tagebuch, viele schreiben regelmäßig, andere nur gelegentlich oder haben es schon einmal gemacht. Aus dieser Beobachtung heraus ist die Idee entstanden, diese Textform auch für einen produktiven Umgang mit Literatur zu nutzen. Die Textsorte ist bekannt, sie ist altersgerecht und sie eignet sich hervorragend dazu, Gefühle und Gedanken sichtbar zu machen. Dadurch ist es möglich, mit dieser Arbeitsform mentalitätsgeschichtliche Aspekte aufzugreifen. Denn es geht nicht um das einfache Nacherzählen von historischen oder fiktiven Ereignissen, sondern um die persönlichen Auswirkungen von historischen Ereignissen, Strukturen oder Zeitumständen auf einen einzelnen Menschen.

Durch das eigene Schreiben von Tagebucheinträgen aus der Sicht einer Romanfigur werden die Identifikation mit dieser und das Einleben in die Zeit – also die Imagination – gefördert. Gleichzeitig werden aber auch die irritierenden Momente verstärkt, denn die Schülerinnen und Schüler müssen oft über ihren eigenen Horizont hinaus denken, sich aus der Distanz heraus das Handeln der Figur verständlich machen und dies dann aus ihrer Sicht darstellen und begründen. Wenn das gelingt, entwickeln die Schülerinnen und Schüler ein Fremdverstehen und ein moralisches Bewusstsein, das maßgeblich zur Ausbildung eines kritischen Geschichtsbewusstseins beitragen kann.

Methode:
Lesebegleitend bekommen die Schülerinnen und Schüler die Aufgabe, ein Tagebuch aus der Sicht einer Romanfigur – in der Regel der Identifikationsfigur – zu schreiben. In leistungsstarken

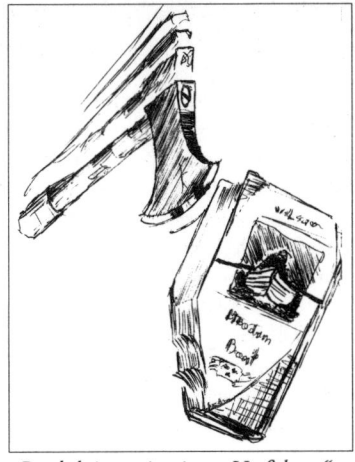

„Produktionsorientiertes Verfahren"

Klassen oder bei einer fächerübergreifenden Zusammenarbeit mit dem Deutschunterricht kann dieser Arbeitsauftrag schon ausreichen. Oft ist es aber sinnvoll, bestimmte Abschnitte, Einschnitte oder Arbeitsaufträge vorzugeben, an denen Tagebucheintragungen gemacht werden. Dadurch können gezielt Schwerpunkte gesetzt und die Aufmerksamkeit der Leser gelenkt werden.

Ergebnisse:
Als materielles Ergebnis haben die Schüler ein Heft oder kleines Buch, das die Gedanken und Gefühle der Romanfigur zusammenstellt, die Entwicklung des Protagonisten in der dargestellten Zeit nachzeichnet und aus dem deutlich wird, welche Zeitumstände oder historischen Ereignisse welche Auswirkungen auf ihn hatten. Wichtiger sind aber sicherlich die mentalen Ergebnisse. Die Schülerinnen und Schüler haben sich über das Schreiben sehr stark in die Figur und damit auch in die Zeit eingelebt. Geschichte ist für sie lebendig und vielleicht nachvollziehbar geworden.

Das Tagebuch ist eine sehr persönliche Textform, selbst wenn es fiktiv ist. Das macht eine Korrektur schwierig; sollten Korrekturen notwendig sein, müssen sie behutsam vorgenommen werden. Maßstab dafür dürfen allein der Roman als Vorlage und die Rahmenbedingungen der historischen Zeit sein. Sprachlich und stilistisch sollten keine Vorgaben gemacht werden. Die Arbeitsergebnisse werden aber weitgehend für sich sprechen und sollten so gewürdigt werden.

Geeignete Bücher:

◆ Der Roman sollte eine Figur in den Mittelpunkt stellen, die zwar zur Identifikation einlädt, die aber auch irritierende Momente zeigt: eine Figur, die nicht immer genau weiß, was zu tun ist, die Fehler macht, die von Zweifeln geplagt ist, die sich Gedanken macht.

◆ Die Zeitumstände oder historischen Ereignisse müssen Auswirkungen auf das Innenleben der Figur haben, damit Ansätze für reflektierende Tagebucheinträge gefunden werden können. Ansonsten besteht die Gefahr, dass im Tagebuch lediglich das äußere Geschehen nacherzählt wird, Mentalitätsgeschichtliches nicht zur Sprache kommt und keine Reflexion stattfindet.

◆ Die Romanfigur muss von ihrem Charakter her ein glaubhafter Tagebuchschreiber sein.

◆ Das ausgewählte Buch sollte nicht aus der Sicht eines Ich-Erzählers geschrieben sein, denn damit wäre die Tagebuchform zu nah an der Vorlage und würde den Schülerinnen und Schülern zu wenig Spielraum für eigene Reflexionen lassen. Selbst eine personale Erzählsituation schränkt noch zu stark ein. Am besten geeignet ist eine auktoriale Erzählweise. Sie bietet Freiräume, trotzdem reicht das Wissen des auktorialen Erzählers über die Innenwelt der Figur in der Regel aus, um sich als Leser ein ausreichendes Bild von der Romanfigur zu machen.

9.8.2 Anwendung:

Rainer M. Schröder: Die lange Reise des Jakob Stern (Bertelsmann 2003) – eine ganz persönliche Sicht auf ein vergessenes Kapitel des Holocaust

Zum Inhalt:

Ein auktorialer Erzähler beschreibt in diesem Roman sehr eindrucksvoll das Leben des jüdischen Jungen Jakob Stern in der Zeit von März 1935 bis zum September 1940.

Jakob ist zwar eine fiktive Figur, aber seine dargestellte Lebensgeschichte resultiert aus gut recherchierten Erlebnissen jüdischer Kinder, die in der Zeit von 1938 bis zum Beginn des Krieges von Deutschland nach England gebracht wurden. Damit widmet sich Rainer M. Schröder einem wenig beachteten Aspekt des Holocaust: den Kindertransporten, die etwa zehntausend jüdischen Kindern aus Deutschland, Österreich, Polen und der Tschechoslowakei das Leben retteten. Initiiert wurden diese Transporte von der holländischen Bankiersfrau Gertrud Weysmuller-Meijer. Viele Länder verwehrten Juden ohne Vermögen und ohne Rang und Namen die Einwanderung. Holland war eines der wenigen Länder, die gegenüber allen Juden eine liberale Einwanderungspolitik betrieben. Doch Gertrud Weysmuller-Meijer befürchtete, dass die Niederlande für jüdische Kinder nicht sicher genug waren und verfolgte den Plan, sie über den Kanal nach England zu bringen. Überraschenderweise bekam sie dafür die Genehmigung von Adolf Eichmann. Engagierte Hilfsorganisationen übernahmen die Organisation dieser Transporte.

Diese Transporte bilden den historischen Hintergrund für den Roman „Die lange Reise des Jakob Stern". Jakobs Familie erfährt im Februar 1939 von diesen Transporten und versucht, ihren fünfzehnjährigen Sohn auf diesem Weg in Sicherheit zu bringen. Bis dahin hatten die Sterns schon einige Repressalien hinnehmen müssen: Jakob erfährt die täglichen Diskriminierungen in der Schule und es wird ihm schwer gemacht, Freundschaften zu halten; Jakobs Onkel darf als Anwalt nicht mehr arbeiten, wird von Nazis durch die Stadt geprügelt, kann seine Wohnung nicht behalten und bringt sich schließlich um; Jakobs Eltern erleben in ihrem Tabakwarengeschäft randalierende Nazis und die Auswirkungen der Boykottaufrufe; Jakobs Vater wird in der Reichskristallnacht in ein Konzentrationslager verschleppt, kommt zwar nach einiger Zeit zurück, ist aber merklich verändert und spricht kaum noch.

Jakob hat sehr zwiespältige Empfindungen bei dem Gedanken an seine Ausreise: Einerseits wünscht er sich nichts mehr, als der Angst und der Hoffnungslosigkeit in Deutschland zu entfliehen; andererseits will er verständlicherweise nicht ohne seine Eltern in ein fremdes Land gebracht werden. Da die Eltern ihm aber so zureden, lässt er sich schließlich darauf ein.

Bereits am Beginn der Reise während der Zugfahrt lernt Jakob seine späteren Freunde Erika, Viktor und Lukas kennen. Zu Erika fühlt sich Jakob besonders hingezogen. Viktor ist ein großer Organisierer, der immer auf die Füße fällt, der immer weiß, wie man auch aus der schlechtesten Situation noch etwas Gutes machen kann. Auch wenn Jakob diese Fähigkeiten Victors nicht sehr schätzt, ist ihnen beiden ihre Freundschaft sehr viel wert. Lukas ist deutlich jünger als die anderen, aber zwischen Jakob und ihm entwickelt sich eine Art Geschwisterverhältnis.

Nachdem die Kinder über den Kanal gebracht wurden, werden sie in England in einem Camp untergebracht. Dieses Camp war ursprünglich für englische Kinder gedacht, die an der Küste ihre Sommerferien verbringen sollten. Die jüdischen Kinder treffen dort auf Verhältnisse, die so nicht gedacht waren. Das Camp ist überbelegt, statt fünfhundert Kindern drängen sich ungefähr tausend zusammen, und es gibt keine Möglichkeit, die Unterkünfte zu heizen. Einige Kinder werden von Pflegeeltern aufgenommen. Erika, Victor, Lukas und Jakob bleiben aber, bis das Camp geschlossen wird. Erika wird daraufhin doch noch in eine Familie vermittelt, während Jakob und Lukas mit einigen anderen in ein privates Heim in Kent gebracht werden. Hier finden sie eine freundliche Atmosphäre vor, die über zugige Schlafsäle und schlechte Ausstattung hinweg sehen lässt. Jakob erkennt durch die Trennung von Erika, was diese ihm bedeutet, beginnt einen Briefwechsel mit ihr und sieht sie als seine Freundin.

Mit Kriegsbeginn ändert sich jedoch die Lage für die deutschen Flüchtlingskinder ganz entscheidend. Sie gelten jetzt nicht mehr als Verfolgte des Nazi-Regimes, sondern als potenzielle Spione. Deshalb werden sie wie Gefangene in bewachten Camps untergebracht, in denen auch deutsche Kriegsgefangene interniert werden. Dort treffen Jakob und Lucas Victor wieder, und eines Tages kommt auch Erika in dieses Camp. Jakob und Erika verbringen hier trotz der widrigen Umgebung eine glückliche Zeit der Zweisamkeit.

Doch schon bald heißt es, dass Victor, Lukas und Jakob in ein anderes Camp verlegt werden sollen – in ein Camp in Übersee. Von Liverpool aus treten die drei die Fahrt über den Atlantik an. Nach wenigen Tagen Fahrt wird jedoch das völlig überfüllte Schiff von einem U-Boot versenkt. Die drei Freunde werden gerettet, doch schon bald befinden sich die drei erneut an Bord eines Schiffes. Auf der „Dunera" sind die Zustände weitaus schlimmer. Sie werden dort wie Tiere gehalten, wobei die Behandlung der jüdischen Kinder viel schlechter ist als die der deutschen Kriegsgefangenen. Und die grausame Fahrt dauert lange, sie geht um die halbe Welt und endet erst in Australien.

Damit endet auch der Roman. Ein Epilog gibt noch einen Ausblick darauf, was aus Jakob und seinen Freunden wurde.

Leseprobe:

Die Repressalien gegen die Juden sind bis zum Januar 1939 so stark geworden, dass Jakobs Vater den Gedanken an einen gemeinsamen Selbstmord der ganzen Familie äußert. Da erfährt die Mutter von der Möglichkeit, Jakob nach England zu schicken. Damit beginnt der zweite Teil des Romans:

„Der Junge muss hier raus!"

Es war in der ersten Februarwoche, als die Mutter dies sagte. Wieder einmal hatten sie am Volksempfänger eine der endlosen Reden des Führers mit all der Hetze über sich ergehen lassen. Jetzt saßen sie im Dämmerlicht der kalten Wohnung. Es fehlte ihnen an Kohlen, Lebensmitteln und Hoffnung.

„Raus? ... Wohin denn?", fragte Jakob verständnislos.

Auch der Vater sah sie verwundert an. „Wie stellst du dir das vor?"

„Seit Dezember gibt es doch diese Flüchtlingsorganisationen, die Kinder bis zum siebzehnten Lebensjahr aus dem Land und nach England in Sicherheit bringen", sagte die Mutter. „Jede Woche gehen von Holland aus zwei Schiffe mit jüdischen Kindern über den Kanal. Ich weiß es von Ruth. Ihre Schwägerin gehört einem dieser jüdischen Komitees an, die mit Hilfsgruppen in England zusammenarbeiten. Wir müssen zusehen, dass auch Jakob so schnell wie möglich auf die Liste eines solchen Transports kommt! Dort drüben ist der Junge sicher."

„Ich soll allein nach England?", wiederholte Jakob ungläubig. „Ja, und ihr?"

„Das ist im Augenblick nicht so wichtig", wehrte die Mutter ab, um dann aber hastig hinzuzufügen: „Mach dir um uns keine Gedanken. Wir werden schon Mittel und Wege finden, um nachzukommen."

„Ich weiß nicht", sagte Vater unschlüssig. „Wir sollten nichts überstürzen, sondern ..."

„Aber *ich* weiß, dass wir es tun müssen!", fiel die Mutter ihm ins Wort. Sie war entschlossen, sich nicht auf lange Diskussionen einzulassen und kostbare Zeit mit neuerlichem Abwarten und der vagen Hoffnung zu vergeuden, irgendwann könnte sich die Lage der Juden im Großdeutschen Reich vielleicht doch noch verbessern. Sie glaubte nicht mehr daran und wollte Jakob vor der Willkür der Nazis in Sicherheit wissen. „Und das werden wir auch tun! Wir *müssen* Jakob nach England schicken, bevor er zu alt für diese Transporte ist!"

Der Vater gab seinen Widerstand sofort auf. „Also gut, wenn du meinst, dass wir das tun sollen ..."

Die Mutter verlor nicht eine Minute Zeit, sondern nahm die Sache umgehend in die Hand. Sie machte sich auf den Weg zu ihrer Freundin Ruth Silberstein und begab sich mit ihr zum örtlichen Komitee, das die Listen für die nächsten Kindertransporte zusammenstellte.

Als sie Stunden später zurückkehrte, sah sie sichtlich erschöpft, in ihrer völligen Ermattung gleichzeitig aber auch irgendwie erlöst aus. Und sie lächelte sogar, als sie verkündete: „Es war kein leichtes Stück Arbeit, denn es gibt natürlich viel weniger Plätze als Kinder, die nach England sollen. Aber ich habe es geschafft, dank Ruth und ihrer Schwägerin: Der Junge steht auf der Liste für den nächsten Transport!"

„Und wann ist der?", fragte Jakob beklommen, der in diesem Moment noch gar nicht richtig begriff, was das für ihn und die Eltern bedeutete.

„Übermorgen um Mitternacht, vom Hauptbahnhof. Du wirst mit gut zweihundert anderen Kindern im Sonderzug sein." Ihre Augen schimmerten plötzlich feucht, doch sogleich bekam sie ihre innere Regung wieder unter Kontrolle und klatschte in die Hände und sagte, als ginge es nur darum, einen fröhlichen Ausflug in ein Jugendlager zu planen: „So lass uns jetzt darüber nachdenken, was du alles mitnehmen musst! Du darfst nämlich nur einen Koffer und ein Stück Handgepäck mitnehmen, das du auch selbst tragen kannst. Da muss also jedes Teil gut überlegt sein! Und ich muss in jedes Kleidungsstück deinen Namen sticken, damit später auch nichts durcheinander kommt."

In diesen letzten Tagen, die ihm noch mit seinen Eltern blieben, quälten Jakob zwiespältige Empfindungen. Und sie wurden bedrängender, je näher die Stunde der Abreise rückte. Zwar wünschte er sich nichts mehr, als endlich der Hoffnungslosigkeit und ständigen Angst entfliehen zu können, auch wenn es bedeutete, dass er in ein fremdes Land wie England gehen musste. Aber ohne Eltern? Was würde aus ihnen? Er durfte sie doch nicht im Stich lassen und nur an sich denken! Die Mutter redete ihm jedoch immer wieder gut zu und versuchte, seine Bedenken zu zerstreuen. „Wir kommen bestimmt nach!", versicherte sie. „Bei uns dauert es einfach nur länger, um die Ausreisepapiere und die Visa für England zu beschaffen. Du weißt doch, wie bürokratisch hier alles zugeht. Aber du musst dir wirklich keine Sorgen machen, Junge. Wir kommen schon raus. Die Nazis sind doch froh, wenn sie uns loswerden!"

Sogar der Vater überraschte ihn damit, dass er sich plötzlich nicht nur aus seiner Wortkargheit und Teilnahmslosigkeit zu befreien vermochte und mit ihm redete, sondern sich nun auf einmal auch zuversichtlich gab, mit der Mutter bald nachkommen zu können. Es schien, als hätte er über Nacht neuen Mut gefasst. Und er bestand darauf, dass Jakob seine gute Armbanduhr nahm. „Du kannst drüben besser auf sie aufpassen als ich hier!"

Manchmal jedoch, wenn die Eltern sich unbeobachtet fühlten und der fröhlich aufmunternde Ausdruck wie eine viel zu schwere Maske vom Gesicht der Mutter glitt und darunter erschöpfte, kummervolle Züge zum Vorschein kamen und der Vater mit leerem Blick ins Nirgendwo starrte, beschlich Jakob ein beklemmender Gedanke. Konnte es sein, dass sie ihm das alles nur vorspielten und sich an heimlich vereinbarte Rollen hielten?

Aber auch wenn es so wäre, wollte er das wirklich wissen? Nein, zu sehr fürchtete er sich vor der Wahrheit.

(S. 61-64)

Didaktische Bemerkungen:

Zur Erschließung dieses Romans eignet sich die produktionsorientierte Methode des Tagebuchschreibens gut. Einerseits bietet sich der Roman von seiner Anlage her zur Transformation in ein Tagebuch an, die Handlung steigert sich allmählich und bleibt trotz aller Leiden, die Jakob durchmacht, immer noch in einem Zustand, über den gesprochen und geschrieben werden kann. Die Hauptfigur ist als Tagebuchschreiber gut vorstellbar, denn sie kann über viele ihrer Gedanken mit niemandem sprechen und sehnt sich oft nach solchen Gesprächen. Damit ist das Tagebuch eine geeignete und für die Jugendlichen auch glaubhafte Form, das auszusprechen, was sich in der Innenwelt dieser Figur abspielt.

Die Schülerinnen und Schüler können beim Schreiben den Auswirkungen nachspüren, die alltägliche Diskriminierungen gegen Juden haben konnten. Der Roman liefert dabei keine vordergründigen, einfachen Zuschreibungen, sondern stellt sehr differenziert dar, was die nationalsozialistische Rassenlehre bewirkte. So findet Jakob, die jugendliche Hauptfigur dieses Romans, die Schikanen gegen die Juden zwar ungerecht und falsch, denkt aber auch darüber nach, ob sie berechtigt seien. Durch die ständigen Wiederholungen nimmt er sogar etwas davon in sein Selbstbild auf und bekommt Minderwertigkeitsgefühle. Die Bedeutung etwa folgender Textstelle kann durch das Schreiben eines Tagebucheintrags aus der Sicht Jakobs sehr gut deutlich werden: „(...) Er hasste sich dafür, Jude und damit ausgestoßen und von allem Glück ausgeschlossen zu sein. Und mehr als einmal spürte er im Badezimmer vor dem Spiegel das unbändige Verlangen, die Faust zu ballen und in dieses Abbild zu schlagen, damit es in tausend Stücke zersprang" (S. 37).

Ebenso interessant ist eine Reflexion im fiktiven Tagebuch über Jakobs Einstellung zur Hitlerjugend. Er hasste sie nicht einfach nur, sondern „(…) sah mit neidvoller Sehnsucht auf die vorbeimarschierenden und singenden Jungen seines Alters hinunter. Was hätte er nicht für das Gefühl der Gemeinschaft, der Kameradschaft gegeben, das für jene dort unten so selbstverständlich war! Alles hätte er dafür gegeben! Alles!" (S. 38)

Darüber hinaus kann etwas deutlich werden, was für die Generation der Nachgeborenen nur schwer zu erfassen ist: dass der Genozid für viele Menschen damals nicht denkbar war.

Dass dieses Buch ein relativ kleines Teilthema des Holocaust beleuchtet, macht es gerade für solche Schülerinnen und Schüler attraktiv, die dieses Thema in anderen Zusammenhängen schon behandelt haben oder glauben, sehr viel darüber zu wissen. Außerdem zeigt es, dass Holocaust keineswegs nur die Deportation und Vernichtung der Juden in den Konzentrationslagern bedeutete, sondern dass unter diesem Begriff viele Aspekte zusammengefasst werden, hinter denen sich jeweils Einzelschicksale verbergen.

Vorbemerkungen zu den Arbeitsaufträgen:

Die Vorschläge zu Tagebucheinträgen sind nicht kontinuierlich nach einer bestimmten Seiten- oder Kapitelzahl angesetzt, sondern inhaltlich und thematisch ausgewählt. Zu Beginn werden deutlich mehr Einträge geschrieben als später. Das hat mehrere Gründe: Zum einen müssen die Schülerinnen und Schüler sich einlesen, „einschreiben" und damit in die Figur einleben; zum anderen ist auch die Zeitgestaltung des Romans so, dass zu Beginn die erzählte Zeit sehr viel schneller vergeht als später. Hinzu kommt, dass – um die Aufgabe realistisch erscheinen zu lassen – mitbedacht werden muss, dass Jakob nicht in allen Situationen in der Lage ist, Tagebuch zu schreiben. So ist nach dem Schiffsuntergang nicht davon auszugehen, dass Jakob sein Tagebuch retten konnte. Er kann sich erst später wieder Papier und Bleistift besorgen (S. 250). Besonders spannende Passagen werden nur dann für neue Tagebucheinträge unterbrochen, wenn auch für die Identifikationsfigur eine Ruhepause eintritt. Letztlich ist dann noch Ausschlag gebend, welche inhaltlichen Aspekte sich für die Verarbeitung in einem Tagebuchartikel eignen. Hier steht die innere Verarbeitung des äußeren Geschehens im Vordergrund. Es geht nicht um das Nacherzählen der Stationen der Reise, sondern um die persönlichen Auswirkungen der historischen Umstände auf Jakob: seine Gefühle, seine Gedanken und Reaktionen sowie die Reaktionen seiner Freunde.

Mögliche Arbeitsaufträge:

Begleitend zur Lektüre des Romans „Die lange Reise des Jakob Stern" sollst du ein Tagebuch anfertigen, das aus der Sicht Jakobs geschrieben ist. Bastele dir dafür eine Mappe oder nimm dir ein Heft, auf dem „Tagebuch von Jakob Stern – ab März 1935" stehen soll. Beginne dann mit dem Lesen und schreibe parallel zu deiner Buchlektüre dieses Tagebuch aus der Sicht von Jakob. An folgenden Aufgaben kannst du dich orientieren. Wenn du magst, kannst du dem Tagebuch einen Namen geben und die Einträge wie Briefe gestalten.

1. Nach Kap. 2/I (S. 17): Stell dir Folgendes vor: Jakob macht schließlich ein bisschen Licht. Er muss mit jemandem reden, doch das geht nicht. Da hat er eine Idee: Er hat noch ein leeres Heft; das soll in Zukunft sein Freund sein; diesem Tagebuch will er alles anvertrauen, was ihn bewegt. Er beginnt sein Tagebuch mit dem, was er auf der Straße beobachtet und was er im Flur belauscht hat. Er schreibt seine Gedanken dazu auf und überlegt, ob er eher dem Vater oder eher der Mutter glauben soll oder glauben will.

2. Nach Kap. 3/I (S. 22): Jakob beginnt seinen nächsten Tagebucheintrag mit: „Erich, ausgerechnet der ist jetzt mein neuer Banknachbar, und mein Zimmer habe ich auch nicht mehr ...."

3. Nach Kap. 5/I (S. 30): Jakob vertraut seinem Tagebuch seine Enttäuschung über Max an.

4. Nach Kap. 7/I (S. 41): Jakob schreibt sich alles das von der Seele, worüber er mit sonst keinem spricht.

5. Nach Kap. 11/I (S. 55): Jakob schreibt erst nach der Rückkehr seines Vaters wieder etwas in sein Tagebuch. Die Ereignisse der Pogromnacht ruft er sich immer noch nicht gern in Erinnerung. Aber über sein Verhältnis zum Judentum denkt er immer häufiger nach.

6. Nach Kap. 2/II (S. 64): Jakob schreibt am letzten Tag vor der Abreise über seine Hoffnungen und seine Ängste.

7. Nach Kap. 3/III (S. 100): Jakob erinnert sich daran, dass ihm sein Tagebuch schon oft Trost gebracht hat. Jetzt hat er wieder Zeit zum Schreiben, und er hat viel zu erzählen über die Reise, die neuen Freunde und das Camp. Den ersten Brief, den er seinen Eltern geschrieben hat, schreibt er in seinem Tagebuch vor.

8. Nach Kap. 4/III (S. 112): An diesem Abend beginnt Jakob seinen Tagebucheintrag mit dem Satz: „Endlich habe ich Erika gefunden!"

9. Nach Kap. 7/III (S. 120): Am Ende dieses Tages schreibt Jakob zum ersten Mal über den „Viehmarkt" und natürlich auch über Erikas Entscheidung im Camp zu bleiben.

10. Nach Kap. 8/III (S. 127): Nachdem Jakob den Brief seiner Mutter

mehrmals gelesen hat, vertraut er seinem Tagebuch die Gedanken über diesen Brief an.

11. Nach Kap. 10/III (S. 139): Seinen ersten Tagebucheintrag in Crombie House beginnt Jakob mit dem euphorischen Satz: *„Ich habe eine richtige Freundin!"*

12. Nach Kap. 11/III (S. 142): Am 1. September 1939 hat mit dem Überfall der Deutschen auf Polen der Krieg angefangen. Jakob denkt in seinem Tagebuch über die Konsequenzen des Kriegsbeginns für ihn persönlich nach und schreibt über seine Ängste und Befürchtungen.

13. Nach Kap. 14/III (S. 166): Jakob wehrt sich dagegen, Trost in der Religion zu suchen. Stattdessen nimmt er sein Tagebuch und schreibt über alles, was ihn beschäftigt.

14. Nach Kap. 15/III (S. 171): Als Lukas an diesem Abend endlich schlief, vertraut Jakob dem Tagebuch seine Sorgen um Lukas, Erika und seine Eltern an.

15. Nach Kap. 17/III (S. 183): Mit diesem Gedanken beginnt Jakob seinen Tagebucheintrag: „Sogar mitten im Krieg gibt es Liebe und Glück!"

16. Nach Kap. 19/III (S. 193): Jakob begreift erst langsam die Bedeutung dieser Überfahrt für ihn und schreibt darüber in sein Tagebuch.

17. Nach Kap 2/IV (S. 206): Diese Träume vertraut er am nächsten Tag zusammen mit einer Beschreibung der neuen Situation seinem Tagebuch an.

18. Nach Kap. 2/V (S. 258): Stell dir vor, wie Jakob nach dem Papier und dem Bleistift tastet, das ihm die Krankenschwester gegeben hat und wie er einen Teil davon zu einem kleinen Heft faltet. Es ist so viel passiert. Im Dunkeln versucht er wenigstens einige Gedanken zu Papier zu bringen.

19. Nach Kap. 4/V (S. 274): Auf den losen Blättern, die jetzt sein Tagebuch sind, macht er seinem Ärger über Victor Luft.

20. Nach Kap. 9/V (S. 303): Das Gespräch mit Lukas beschäftigt Jakob so, dass er mal wieder seine Tagebuchblätter hervorholt, um seine Gedanken über Victor, seine Einstellung zum jüdischen Glauben und seine Zukunft zu ordnen.

21. Nach Kap. 2/VI (S. 321): Jakob beginnt seinen neuen Eintrag mit den Worten: „Mit dem bin ich ein für alle Mal fertig!"

22. Nach Kap. 5/VI (S. 330): Doch kurz vorher beschließt er, zunächst seine Gedanken im Tagebuch zu ordnen. Er diskutiert für sich, ob er Victor verzeihen kann und was die nächsten Schritte für sein neues Leben in der neuen Welt sein müssen.

9.9 Ein Jugendbuch als Quelle

Geeignet ab Klasse 9

9.9.1 Methodisches Konzept

Idee:

Dieser Vorschlag begreift anders als alle anderen Methodenvorschläge Jugendbücher selbst als zu Quellen gewordene Texte. Jugendbücher sind mit der Zeit, in der sie geschrieben wurden, eng verknüpft. Die jeweilige Zeit ist häufig recht stark berücksichtigt und bestimmt die literarische Gestaltung, die Wahl des Themas und vor allem die Urteile und Wertungen.

Der Quellenwert von Jugendbüchern wird von Historikern bisher nur wenig beachtet, und auch für den Unterricht werden diese interessanten Quellen höchst selten herangezogen.[138] Das liegt sicherlich vor allem daran, dass es kaum Materialsammlungen gibt, die solche Quellen aufgenommen haben, und dass die Originaltexte oft nur schwer zu beschaffen sind.

Ein weiterer Grund dürfte darin zu sehen sein, dass der Gegenstand trivial erscheint. Das ist er aber keineswegs, wenn mit perspektivisch-ideologiekritischen Verfahren an diese Texte herangegangen wird. Wichtig ist dafür, dass die historische Realität dieser Quellen nicht in den dargestellten Personen, Szenarien und Ereignissen gesucht wird, denn sie sind ja fiktiv. Für den Geschichtsunterricht ist interessant, dass diese Bücher zur Realität der Kinder und Jugendlichen in der jeweiligen Zeit gehörten, dass sie Mentalitäten spiegeln und dass diese Bücher die Jugend der Zeit mit geprägt haben.[139] Denn Jugendbücher sind nicht nur Spiegel der jeweiligen Weltanschauung, sondern wurden oft ganz bewusst in den Dienst der Wertevermittlung der Zeit gestellt. Wie sehr das auf historische Jugendbücher zutrifft, ist bereits dargestellt worden[140], es gilt aber auch für alle anderen Bereiche des Jugendbuchmarktes. Gerade unter dem Aspekt der Alltagsgeschichte, der Geschlechter- und Generationenbeziehungen, der Themen Jugend und Arbeit oder Jugend und Sexualität sind Jugendbücher aus vergangenen Epochen ein zuverlässiger Indikator für die Wertvorstellungen, die der Jugend vermittelt werden sollten.[141]

Geeignete Bücher:

Viele Kinder- und Jugendbücher vergangener Zeiten erscheinen für eine Analyse im Geschichtsunterricht ergiebig. Die Frage ist oft eher, wie man an diese Quellen herankommen kann.

Generationen von Mädchen haben sie gelesen – Jugendbücher aus vergangenen Jahrzehnten

Jugendliteratur der frühen Nachkriegszeit ist häufig noch in den Bücherschränken von Eltern und Großeltern der Schülerinnen und Schüler vorhanden, kann auf Flohmärkten oder bei Internetauktionshäusern günstig erworben werden. Selbst Literatur der NS-Zeit ist häufig auf Flohmärkten zu finden, und scheinbar unpolitische Bücher können ebenso eindrücklich die Indoktrination der Jugendlichen zeigen wie z.B. die Tatsache, dass diese Zeit von vielen als ungeheuer fortschrittlich empfunden und begeistert aufgenommen wurde.

Nicht zu vergessen ist, dass viele Kinder- und Jugendbücher immer wieder aufgelegt wurden, sodass sie auch heute noch über den Buchhandel zugänglich oder sogar im Regal einiger Schülerinnen und Schüler vorhanden sind: etwa die Bilderbücher von „Mecki“, der ein typisches Produkt der Wirtschaftswunderzeit ist; „Pippi Langstrumpf“, die als Kultlektüre der antiautoritären Bewegung gesehen werden kann; Rudyard Kiplings „Dschungelbuch“, das im Originaltext zahlreiche Repliken aus dem Gedankengut der Kolonialzeit enthält, oder Johanna Spyris „Heidi“, die den Gegensatz zwischen dem Leben von Kindern auf dem Land oder in der Stadt im 19. Jahrhundert zeigt.[142] Bei solchen Klassikern der Kinder- und Jugendliteratur verbinden sich mit den Geschichten intensive Rezeptionserfahrungen mehrerer Generationen. Das kann zu Gesprächen zwischen Menschen verschiedener Lebensalter anregen und den Wandel von Kindheit mit ihren unterschiedlichen medienvermittelten Erfahrungen thematisieren. In all diesen Kinder- und Jugendbüchern zeigen sich die Spuren der Kindheitsbilder früherer Epochen. Damit sind sie kulturhistorische Zeugnisse. [143]

Vorgehensweise:

Im Unterricht können Jugendbücher, die als Quellen benutzt werden sollen, als Ganzschriften besprochen werden, es können aber auch besonders charakteristische oder aussagekräftige Ausschnitte Unter- richtsmaterial werden. Die Arbeit mit Ausschnitten fügt sich in die normale Quellenarbeit des Unterrichtsalltags ein, so kann die Arbeit mit diesem reizvollen Quellenmaterial problemlos in den Unterricht inte- griert werden. Es gibt aber auch gute Gründe für die Behandlung einer Ganzschrift: Der wirkliche Reiz, der von diesen Büchern ausgegangen ist und die Wirkung auf den damaligen Leser lassen sich sehr viel besser analysieren. Der Umgang mit einer sehr umfangreichen Quelle wird geübt, wobei die Schülerinnen und Schüler – anders als bei der Arbeit mit Quellenschnipseln – selbst Schwerpunkte setzen müssen, Fragen entwickeln können oder Arbeit aufteilen müssen. Die Länge der Quelle wird von den Schülerinnen und Schülern weniger als Zumutung denn als Herausforderung gesehen, zumal diese Jugendbücher wesentlich besser lesbar sind als die meisten Quellen, die sie sonst im Unterricht bearbeiten müssen.

Es kann auch interessant sein, verschiedene Auflagen eines Jugend- buches zu vergleichen, wenn es zeittypische Veränderungen gegeben haben sollte. Ebenso interessant kann es sein, thematisch ähnliche Jugendbücher aus verschiedenen Zeiten zu vergleichen, um zu sehen, wie sich der Blick auf das Thema verändert hat.

Mögliche Ergebnisse:

Als Ergebnisse eines solchen Unterrichtsprojektes sollten vor allem die Unterschiede festgehalten werden, die zwischen dem untersuchten Jugendbuch und heutiger Jugendliteratur bestehen. Dabei sollten auf keinen Fall nur formale Aspekte angesprochen, sondern konkrete Inhalte bearbeitet werden. Damit werden die Mentalität, die Wertvor- stellungen und die Erfahrungshorizonte der Entstehungszeit in der Regel sehr deutlich. Über Erklärungsversuche zu diesen Unterschieden muss zwangsläufig auch über Wandel und Kontinuität in der Ge- schichte gesprochen werden, wobei der Blick nicht nur auf die Vergan- genheit und Gegenwart gelenkt wird, sondern besonders auf Umbrü- che, die im weiteren Unterrichtsverlauf thematisiert werden können.

9.9.2 Anwendung

Else Ury: Nesthäkchens erstes Schuljahr (1915) –
Generationen von Mädchen haben es gelesen

Zum Inhalt:

„Nesthäkchens erstes Schuljahr" ist der zweite Band von Else Urys Nesthäkchen-Reihe. Der erste Band „Nesthäkchen und ihre Puppen" endet
damit, dass Nesthäkchen, wie Annemarie als jüngstes Kind der Berliner
Arztfamilie Braun von allen genannt wird, ihre Lieblingspuppe Gerda
mit ihrem Puppenleutnant verheiratet hat, damit diese versorgt sei,
wenn die Puppenmama, die nun ein Schulmädchen ist, nicht mehr so
viel Zeit für sie hat. Der zweite Band „Nesthäkchens erstes Schuljahr"
beginnt mit dem ersten Schultag Nesthäkchens: Annemarie, das „Nesthäkchen", mag zunächst gar nicht aufstehen, aber allein die Andeu-
tung, dass sie dann wohl dumm bleiben würde, reicht aus, um Annemarie in ihr Schulkleid mit Schottenmuster und in die schwarze Schul-
schürze mit roter Stickerei springen zu lassen. Mit zahlreichen Ermah-
nungen macht sie sich mit ihrem Kinderfräulein auf den Weg zur
Schule. Dort lernt sie ihre Lehrerin Fräulein Hering und die fünfzig
Klassenkameradinnen kennen.

Mit den Regeln der Schule hat Nesthäkchen zunächst seine Schwierigkeiten, es ist nicht schüchtern und sagt und macht, was ihm gerade
einfällt. Doch um die Zuneigung von Fräulein Hering nicht aufs Spiel
zu setzen, muss sich Annemarie immer wieder bemühen, die an sie

gestellten Anforderungen zu erfüllen. Dabei gelangt sie immer
wieder zu Einsichten, die zu einem tugendhaften Leben gehören, aber für eine Siebenjährige
doch erstaunlich anmuten. Beispielsweise erkennt sie, als sie ihrer
Lehrerin eine Unachtsamkeit mit
ihrem Rechenheft beichten muss:
„Ach, wieviel besser war es doch,
offen die Wahrheit einzugestehen,
als etwas zu verheimlichen. An-
nemie nahm sich vor, es von nun
an stets so zu machen, da ersparte
sie sich manche böse Stunde" (S.
197).[144]

In dem Nachbarskind Margot findet Nesthäkchen eine Freundin, aber auch für diese Freundschaft muss sie viel lernen: Einfühlsamkeit, Uneigennützigkeit und Akzeptanz der Stärken und Schwächen anderer.

Wie sehr Annemarie sich mit den Konventionen abmüht, zeigt ein Traum. Darin träumt sie, dass sie in einem Zeppelin eine Reise ins Wolkenland macht. Dabei werden ihr von einem Herrn Zippel Kinder gezeigt, die genau solche Fehler haben, wie auch Annemarie sie hat: Kinder, die nicht auf ihre Sachen aufpassen und unachtsam sind, die Angst vor einem Gewitter haben, die ihre Milch nicht austrinken oder die Unüberlegtes sagen.

Der Schulalltag wird unterbrochen durch einen Besuch im zoologischen Garten, durch einen Schulausflug mit einem Spreedampfer und durch einen Sommerurlaub im Riesengebirge. Auch bei all diesen Ereignissen bewegt sich Annemarie zwischen ihrer Spontaneität, die ihr meist als Ungehorsam ausgelegt wird, und einem antrainierten Verhalten, das die Erwachsenenwelt von ihr als Mädchen erwartet. Dass für Bruder Klaus ganz andere Regeln gelten, wird dabei immer wieder deutlich.

Mit dem Herbstzeugnis erlebt Annemarie eine herbe Enttäuschung, sie ist nicht mehr Erste der Klasse, sondern nur noch Vierte, weil es ihr an Ruhe, Ordnung und Sauberkeit fehle. Erste wird die artige, bescheidene, fleißige und ordentliche Margot. Dass Annemaries Zeugnis in fast allen Sachfächern ein „Sehr gut" aufweist, stimmt selbst die Mutter nicht versöhnlich. Sie hält Annemarie vor: „Die Hauptsache bei einem kleinen Mädchen sind Ordnung und Sauberkeit, das ist mehr wert als alle Sehr gut!" (S. 290). Natürlich verspricht Annemarie, sich zu bessern, doch der Vorsatz hält nicht lange an. Als jedoch eines Tages Annemaries Vogel tot in seinem Bauer liegt, weil sie vergessen hat, ihn zu füttern, hat das einen bleibenden Effekt auf ihr Verhalten. Der Erzähler urteilt: „Annemarie aber hatte der Schmerz um das arme Vögelchen verwandelt. Sie wurde von nun an ein gewissenhaftes kleines Mädchen, das seine Aufgaben achtsam und gern erfüllte. Diesmal war Nesthäkchens Ordnungssinn auch von Dauer." (S. 295)

So wird Annemarie am Ende des Schuljahres doch Erste, und ihre Eltern erlauben ihr als Belohnung, eine Kindergesellschaft zu geben.

Leseprobe:
Annemarie, das Nesthäkchen, hat ihr erstes Zeugnis bekommen. Ihr ist versprochen worden, dass sie für ein gutes Zeugnis eine Kindergesellschaft geben dürfe und eine Zeugnismappe bekomme. Aber nun hat sie das Gefühl, dass sie nicht so gut ist, wie ihre Eltern es erwarten. Ihr Kinderfräulein Lena holt

sie normalerweise von der Schule ab. Doch Lena verspätet sich. Annemarie
selbst kann ihr Zeugnis noch nicht entziffern und deshalb fragt sie einen
Schutzmann, ob er ihr das Zeugnis vorlesen könne.

„Ach, Herr Schutzmann", bat die Kleine schüchtern und macht einen Knicks, „Wollen Sie nicht so gut sein und mir mein Zeugnis mal vorlesen?"

Der Schutzmann schmunzelte. Mancherlei war ihm schon in seinem schweren Amt zugemutet worden, aber das doch noch nicht. Belustigt sah er auf den reizenden, kleinen Blondkopf, der noch nicht einmal sein Zeugnis selbst lesen konnte.

„Gern, Kleine", sagt er so freundlich, dass bei Nesthäkchen jede Furcht schwand. Dann las er ihr das Zeugnis vor.

„So viele Sehr gut!", rief Annemarie dazwischen und hopste vor Begeisterung um den Schutzmann herum. Freilich, im Schreiben stand nur genügend. Als aber der Schutzmann las „Handarbeiten: Mangelhaft, zuletzt besser", rief das kleine Mädchen eifrig: „Jetzt kann ich schon stricken, ich hab's bei meiner Großmutter gelernt. Und weil Sie so nett zu mir waren, Herr Schutzmann, werde ich Ihnen ein Paar Strümpfe stricken."

Da lachte der Schutzmann trotz seiner Würde ganz laut und die Vorübergehenden, die sich um die beiden allmählich gesammelt hatten, lachten alle mit. Der Polizist gab Annemarie ihr Zeugnis zurück. „Na, du hast ja ein sehr schönes Zeugnis!", sagte er dabei.

„Wirklich?" Vor Nesthäkchens Augen stiegen plötzlich die schon verloren gegebene Kindergesellschaft und die rote Zeugnismappe mit Silberschrift wieder verheißungsvoll auf. In diesem Augenblick stand Fräulein Lena erschreckt hinter der Kleinen. Sie hatte Nesthäkchen im Vorübergehen mitten in dem Menschenhaufen entdeckt und glaubte, der Schutzmann hätte die Kleine wegen irgendeines Vergehens in Gewahrsam genommen.

„Annemarie, Kind, was hast du denn bloß angestellt?", stieß sie aufgeregt hervor.

„Ich habe mir doch bloß von dem Schutzmann mein Zeugnis vorlesen lassen", beruhigte sie Annemarie, als ob dies das natürlichste Ding auf der Welt sei und ein Schutzmann zu nichts anderem da wäre.

Fräulein Lena fiel ein Stein vom Herzen. Sie entschuldigte sich bei dem Polizisten und machte, dass sie mit Annemarie aus der Menge herauskam.

„Der Schutzmann hat gesagt, mein Zeugnis wäre sehr schön, Fräulein Lena, und ein Schutzmann muss das doch wissen, nicht?", begann die Kleine das heikle Thema.

„Ja, ist es denn nicht gut?"; fragte das Fräulein und griff nach dem Blatt. „Aber Annemarie, Vierte bist du geworden, drei Plätze herunter? Und was steht denn hier unten bei Haltung der Hefte und Bücher?" ‚Annemarie muss sich größerer Sauberkeit befleißigen.' Schämst du dich nicht, dass man dir so was ins Zeugnis schreibt?"

„Das hat der Herr Schutzmann gar nicht vorgelesen und er hat doch gesagt, meine Zensuren seien sehr gut", verteidigt sich die Kleine.

Eine Weile gingen die beiden schweigend nebeneinander her. Fräulein Lena war ärgerlich, dass sich die Kleine, die sie zu Hause nur zu oft wegen ihrer Unachtsamkeit tadeln musste, auch in der Schule nicht mehr zusammennahm.

„Fräulein Lena, glaubst du, dass man als Vierte auch noch eine Kindergesellschaft geben kann?", erkundigte sich Nesthäkchen, nachdem es selbst schon eine ganze Weile über diesen Punkt nachgedacht hatte. „Das schlage dir nur aus dem Kopf", lautete die wenig tröstliche Antwort. „Mutti wird nicht gerade erbaut von deinem Zeugnis sein."

Mutti war in der Tat nicht sehr erbaut von den Zensuren ihres Nesthäkchens.

„Ich habe doch aber so oft Sehr gut", wandte die Kleine mit zuckenden Lippen auf Muttis Vorhaltungen ein.

„Die Hauptsache bei einem kleinen Mädchen sind Ordnung und Sauberkeit, das ist mehr wert als alle Sehr gut!", sagte Mutti ernst.

„Und der Schutzmann hat doch gesagt, mein Zeugnis sei sehr schön, dann muss ich doch auch zur Belohnung eine Kindergesellschaft geben dürfen." Nesthäkchen verzog den Mund weinerlich.

„Nein, mein Kind, für diesmal hast du keine Belohnung verdient. Aber wenn ich sehe, dass du bis Weihnachten bemüht bist deine Fehler abzulegen und achtsam mit deinen Sachen umzugehen, erlaube ich es dir vielleicht in den Weihnachtsferien." Gegen diesen bestimmten Ton Muttis nützte alles Bitten nichts, das wusste Annemarie.

Die Brüder, die aus der Schule kamen, sahen gleich, was die Uhr geschlagen hatte. Hans streichelte mitleidig Nesthäkchens gesenkten Kopf. Klaus aber begann zu foppen. „Schmierfink – Schmierfink!", rief er. Dabei hatte Klaus ganz und gar keinen Grund auf die kleine Schwester herabzusehen. Denn das Zeugnis, das er selbst mit heimgebracht hatte, war so jämmerlich, dass Mutti ihm ernstlich drohte: „Sind deine Zensuren das nächste Mal nicht besser, Klaus, geben wir dich in ein Internat."

Das machte Eindruck auf den Schlingel, denn fort von daheim, von Vater und Mutter und den Geschwistern, das mochte er trotz all seiner wilden Streiche nicht sein.

Nur Hans hatte den Eltern Freude bereitet. Vater allerdings war auch mit dem Zeugnis von seiner Lotte ganz zufrieden. Sie war doch noch so ein kleines Ding und musste sich erst an die Anforderungen der Schule gewöhnen. Aber er stimmte der Mutter bei, dass Nesthäkchen lernen musste, mit ihren Sachen ordentlich umzugehen.

„Bessere dich doch, werde ein ordentliches kleines Mädchen, dann bekommst du auch keine Schelte mehr!" Ohne dass Puppe Gerda einen Ton sprach, wusste die Kleine wieder ganz genau, was sie dachte. „Ja, ich will – ich will mich ganz bestimmt bessern!", flüsterte sie ihrer Puppe ins Ohr.

Als Großmama am Nachmittag kam und ihrem kleinen Liebling die versprochene Zeugnismappe mit Silberschrift mitbrachte, sagte Annemarie, so schwer es ihr auch fiel: „Ich – ich – Mutti meint, ich hätte keine Belohnung für mein Zeugnis verdient. Aber sei doch so gut, Großmama, und hebe sie mir bis Weihnachten auf, bis dahin bin ich bestimmt ganz schrecklich ordentlich geworden!"

Ob Nesthäkchen Wort gehalten hat?

(S. 288-292)

Didaktische Bemerkungen:

„Was Harry-Potter-Autorin Joanne K. Rowling heute ist, war Else Ury im Deutschland der Zwanziger Jahre: Eine Bestsellerautorin, der die Verlage gierig jedes Buch aus der Hand rissen, weil sie damit einen sicheren Verkaufsschlager landen konnten."[145] Sie hat 38 Mädchenbücher geschrieben, von denen die zehn Nesthäkchen-Bände die erfolgreichsten waren. Sie wurden von Generationen junger Mädchen und Frauen verschlungen, gelten als Klassiker in der Kinder- und Jugendliteratur und sind in den 1990er-Jahren als Neuauflage erschienen.

Else Urys Nesthäkchen-Serie, die von 1913 bis 1925 in zehn Bänden erschien, bietet sich nicht nur deshalb an, weil sie sich lange Zeit großer Beliebtheit bei den Mädchen erfreut hat[146], sondern weil sie – neu aufgelegt – im Buchhandel zu haben ist.[147] Das hat nicht nur organisatorische Vorteile, sondern damit wird vielleicht sogar ein Buch zum Gegenstand des Unterrichts, das für einzelne Schülerinnen schon Freizeitlektüre war,[148] oder das Mütter, Verwandte oder Großmütter gerade wieder für sich entdeckt haben. Es kann besonders erkenntnisreich sein, ein Buch, das zunächst einmal nur inhaltlich rezipiert wurde, dann als Quelle für seine Entstehungszeit zu sehen, die Gründe für die Beliebtheit zu erforschen und vor allem die Wertvorstellungen und das Geschlechterverhältnis zu analysieren, die in diesen Büchern vertreten sind und damit tradiert werden. Zudem kennen viele Eltern oder

Großeltern diese Buchreihe, sodass auch Gespräche in den Familien in Gang kommen können. Eine Analyse zu Leseerfahrungen verschiedener Generationen ist möglich, wodurch die Aufmerksamkeit besonders auf den Wertewandel seit der 1968er-Zeit oder das veränderte Geschlechterverhältnis seit den 1970er-Jahren gelenkt werden kann.

Besonders interessant könnte es dabei sein, die Erinnerung an die beliebten Backfischbücher mit der heutigen Begegnung mit dem Text zu vergleichen. Während sich die Erinnerung vor allem auf die „heile Welt" des Nesthäkchens bezieht, wirkt heute die Eingeengtheit des Kindes in Konventionen und die emotionalen Erpressungen als moderates Erziehungsmittel auf sensible Leserinnen und Leser geradezu schockierend.

Oft sind es die Eltern oder Großeltern gewesen, die diese Bände für die Mädchen kauften. Die Wertvorstellungen der Erwachsenen sind deshalb besonders stark in diese Bücher eingegangen, und so werden gerade die Tugenden herausgestellt, die sich die Eltern für ihre Töchter wünschten. Diese lassen sich gut herausarbeiten, weil der auktoriale Erzähler Nesthäkchens Verhalten sehr deutlich wertet.

Interessanterweise wurde Nesthäkchen nur in Deutschland gelesen. Eine holländische Ausgabe des ersten Bandes hatte so wenig Erfolg, dass die späteren Bände nicht mehr übersetzt wurden. Für die englische Übersetzung durch die Autorin selbst zeigte kein Verlag Interesse. Vielleicht mag das daran liegen, dass in den Nesthäkchen-Romanen eine so typisch deutsche Welt vorgestellt wird, dass sich junge Mädchen anderer Nationen damit nicht identifizieren konnten. Auch dieser Aspekt macht die Romane für eine Analyse im Geschichtsunterricht interessant.

Die ersten drei Bände spielen in der Kaiserzeit, sie spiegeln die gesellschaftlichen Verhältnisse und die Wertvorstellungen des deutschen Bürgertums dieser Zeit, ohne an irgendeiner Stelle auf Politisches zu sprechen zu kommen.[149] Der vierte Band „Nesthäkchen im Weltkrieg" bricht mit dieser Tradition und nimmt ganz bewusst politisch für den Krieg Stellung, weshalb er nach dem Zweiten Weltkrieg nicht wieder aufgelegt wurde. Die späteren Bände folgen in der fiktiven Biographie nicht mehr der Zeitgeschichte, denn Nesthäkchen überholt mit ihrem Älterwerden die Geschichte und lebt in den dreißiger, vierziger, fünfziger Jahren. Naturgemäß kann Ury sich hier also nicht mehr an der realen Geschichte orientieren; sie friert in diesen Bänden den Zustand der 1920er-Jahre ein, versucht aber mit einer Betonung neuer Techniken, wie z.B. Fliegen, Automobil, Radio oder Telefon, Authentizität zu signalisieren. Die Bände sechs bis zehn spielen also in einer Art zeitloser

Zukunft, so dass sich deren Entstehungszeit nur für den aufmerksamen Leser erschließen läßt. Damit sind die letzten Bände als Quelle nur in sehr leistungsstarken Oberstufenkursen einsetzbar.

Für eine Besprechung im Unterricht anderer Schülergruppen ist der zweite Band „Nesthäkchens erstes Schuljahr" geeigneter, denn hier spiegelt sich nicht nur die Welt der Kaiserzeit, die Handlung spielt auch in dieser Zeit. Außerdem bieten sich zahlreiche Situationen zum Vergleich mit der Lebenswelt heutiger Kinder an: der Schulalltag, die Erziehung in Schule und Elternhaus, der Umgang mit Freundinnen, das Freizeitverhalten und vieles mehr. Die Schülerinnen und Schüler sind dem Grundschulalter bereits so weit entwachsen, dass sie analysierend darauf zurückblicken können, gleichzeitig ist ihnen die Thematik noch gegenwärtig.

Problematisch könnte zunächst erscheinen, dass es sich bei diesem Buch um ein typisches Mädchenbuch handelt. Andererseits bietet gerade das auch didaktische Vorteile: Alle Rahmenpläne sehen vor, dass die Geschlechtergeschichte zum festen Bestandteil des Geschichtsunterrichts gehören soll. Doch in der Realität stehen – bei allem Bemühen, den Blick auch auf Frauen in der Geschichte zu lenken – meist Männer bzw. Jungen im Mittelpunkt des Unterrichts, denn sie haben nun einmal über Jahrhunderte die Politik und die großen Ereignisse geprägt.

Es ist deshalb durchaus legitim, für diese Unterrichtseinheit ein Mädchenbuch in den Mittelpunkt der Betrachtungen zu stellen. Damit wird der Blick einmal konzentriert auf das historische Lebensumfeld der Mädchen geworfen, und es kann deutlich werden, wie weit die Erfahrungen von Mädchen und Jungen in dieser Zeit auseinander lagen und wie sehr sich das verändert hat. Außerdem war es in der Kinder- und Jugendliteratur lange Zeit üblich, den Lesestoff geschlechtsspezifisch aufzubereiten. Der Nesthäkchen-Roman stellt also keine Ausnahme dar, sondern ist ein typisches Beispiel für die Mädchenliteratur bis in die fünfziger und sechziger Jahre hinein.

Vorbemerkungen zu den Arbeitsaufträgen:
Die Arbeitsaufträge nehmen zunächst die historische Situation in den Blick (1-3). Dabei soll zunächst die Kindheit im Kaiserreich den Schwerpunkt bilden, wobei zwangsläufig die Frage nach der geschlechtsspezifischen Sozialisation der Hauptfigur mitbedacht werden muss. Das bildet den zweiten Schwerpunkt (4-6) und sollte die meiste Arbeitszeit beanspruchen, denn hierzu ist nicht nur die textimmanente Arbeit wichtig, sondern auch die Analyse von Leseerfahrungen. Dabei wird

deutlich, dass das Bild eines deutschen Mädchens aus dem gehobenen Bürgertum der Kaiserzeit, das Else Ury in diesem Roman einfängt, bis weit in die siebziger Jahre des zwanzigsten Jahrhunderts hinein als Identifikationsfigur akzeptiert wurde und durchaus auch heute noch als Wunschvorstellung angenommen wird. Wichtig ist dabei, dass es nicht um eine Verurteilung dieses Frauenbildes geht, sondern um dessen Beschreibung und um die Erkenntnis von möglichen Veränderungen. Denn natürlich erscheinen heute noch zahlreiche im Roman gelobte Tugenden erstrebenswert. Im Blick sollten allerdings eher die Vermittlung und die Gewichtung dieser Werte sowie die Geschlechtsspezifik stehen.

Interessant ist dabei, dass Else Ury keineswegs antiemanzipatorische Absichten hatte. Im Gegenteil wird das Thema Emanzipation von ihr immer wieder angesprochen. Am engagiertesten in „Wie einst im Mai" (1928), in dem die Protagonistin eine Verfechterin der Frauenemanzipation ist und auf eine Heirat verzichtet, um Ärztin zu werden. Auch das Nesthäkchen Annemarie Braun erweist sich an vielen Stellen als aufgeschlossen gegenüber unkonventionellen Lebensplänen, die von anderen gelegentlich sogar ihrem Charme zuliebe akzeptiert werden. Gerade das aber macht deutlich, wie schwer es in der historischen Realität war, die vorgegebenen Bahnen der Geschlechtererziehung zu verlassen, und erklärt auch, warum die literaturwissenschaftliche Forschung der 1970er- und 1980er-Jahre die geschlechtsspezifische Rollenfixierung in diesen Romanen so stark kritisiert hat.[150]

Der letzte Arbeitsauftrag ist eine Ergänzung, die über den Text als Quelle hinausgeht, aber einen interessanten Aspekt beleuchtet, der zu einer der möglicherweise folgenden Unterrichtseinheiten überleiten kann, zum Thema Nationalsozialismus und Holocaust. Else Ury wurde 1877 als Kind einer wohlhabenden jüdischen Fabrikantenfamilie geboren. Um 1900 begann sie mit dem Schreiben von Büchern für Kinder und Jugendliche. Nicht nur in den Nesthäkchen-Bänden, sondern in allen ihren 39 Romanen beschreibt sie das bürgerliche Ideal, wobei ihre jüdische Herkunft nie zu spüren ist. Im Gegenteil vertrat sie Werte und Einstellungen, die auch von den Nationalsozialisten propagiert wurden. Insbesondere im Band „Nesthäkchen im Weltkrieg" kommen ausgeprägt patriotische Züge hinzu. Dennoch wurde sie 1935 aufgrund ihrer jüdischen Herkunft aus der Reichsschrifttumskammer ausgeschlossen und erhielt damit Schreibverbot. 1943 wurde sie ins Konzentrationslager Auschwitz deportiert. Sie starb entweder auf dem Weg dorthin oder wurde sofort vergast, denn in den Auschwitzakten taucht ihr Name nicht mehr auf.[151]

Mögliche Arbeitsaufträge:

1. Lest den Roman und achtet dabei vor allem darauf, was ihr aus eurer eigenen Kindheit wieder erkennt und was anders ist.

2. Sammelt eure Beobachtungen und sortiert sie unter folgenden Bereichen:
   ◆ Schule
   ◆ Freizeit
   ◆ häusliche Erziehung.

3. Wie erklärt ihr euch die Unterschiede zu heute?

4. Diskutiert, ob die Hauptfigur dieses Romans auch ein Junge sein könnte. Welche Veränderungen würde es nach sich ziehen, wenn Annemaries Bruder Klaus Hauptfigur dieses Jugendbuches wäre?

5. Entwerft das Idealbild eines Mädchens in der Kaiserzeit und überlegt, warum die Nesthäkchen-Bücher so verbreitet waren. Welche Tugenden werden heute noch angestrebt, welche haben sich offensichtlich überlebt?

6. Fragt eure Mütter, Großmütter, Verwandte oder andere Erwachsene, ob sie die Bücher in ihrer Kindheit gelesen haben und an was sie sich erinnern. Fragt auch danach, was Jungen in dieser Zeit gelesen haben. Sucht im Internet nach Leserrezensionen zu den Nesthäkchen-Bänden. Vergleicht das alles mit euren Leseerfahrungen. Wie erklärt ihr euch Unterschiede oder Gemeinsamkeiten?

7. Informiert euch über Else Ury, die Autorin der Nesthäkchen-Reihe.[152] Welche Aspekte in ihrer Biographie findet ihr bemerkenswert?

9.10 Historisch-literarischer Spaziergang – auf den Spuren fiktiver Figuren und vergangener Zeiten

Geeignet ab Klasse 7, mit dieser Lektüre ab Klasse 10

9.10.1 Didaktische Intention

Idee:[153]

Im Fach Geschichte ist es für die Schülerinnen und Schüler kaum möglich, Primärerfahrungen zu machen. Auch Exkursionen zu historischen Orten bieten in der Regel nur einen mittelbaren Zugang zur Vergangenheit, weil keine Deutungen vorgegeben werden.[154] Trotz aller sinnlichen Reize und des hohen Grades an historischer Authentizität bleibt die Distanz zwischen der Vergangenheit und der Gegenwart auch vor Ort.

Suche historisch-literarischer Orte im Stadtplan

Die Lektüre von passenden Ausschnitten aus Jugendbüchern an historischen Orten kann dazu beitragen, diese Distanz zu überwinden. Wie stark Jugendbücher ein historisches Milieu vergegenwärtigen können, ist bereits mehrfach ausgeführt worden. Verstärkt werden kann das durch eine Lektüre vor Ort, die diese Differenz von Historizität, Fiktionalität und Realität nahezu aufheben kann, ohne ein distanzloses Hineinfallen in die Fiktionalität zu bewirken, da der aktuelle Bezug immer deutlich bleibt. Dieses Verfahren bildet somit einen mehrfachen Brückenschlag zwischen dem historischen Geschehen, der literarischen Aufarbeitung und dem, was die Jugendlichen heute am historischen Ort erkennen, beobachten und erleben.

Das Verfahren verbindet die Methode des literarischen Spaziergangs, wie sie die Literaturdidaktik kennt, mit Stadterkundungen oder historischen Lehrpfaden, wie sie zu den verschiedenen Themen in den letzten Jahren entstanden sind. Die Schülerinnen und Schüler wandeln auf den Spuren einer Romanfigur (idealerweise der Identifikationsfigur) und befinden sich gleichzeitig mitten im aktuellen Zeitgeschehen. Sie haben damit zwei Zugänge zur Geschichte: den Roman und den Ort, an dem das Geschehen Spuren hinterlassen hat oder möglicherweise auch nicht.

Das historische Geschehen und der gegenwärtige Ort werden mit der literarischen Umsetzung in einen Zusammenhang gebracht, der äußerst reizvoll sein kann. Besonders wenn die Spaziergänge so angelegt sind, dass Wege der Romanfigur nachgegangen werden, „erläuft" man sich die Geschichte. Die Atmosphäre des Ortes wird mit allen Sinnen erlebt, was eine viel stärkere Wirkung hat als das „Nur-Erlesen" oder auch die bloße Exkursion: Die Geschichte wird im sich verändernden historischen Raum wahrgenommen, womit sehr eindrücklich das Prinzip der Historizität erkannt werden kann.

Über die Suche nach Spuren literarischer Schauplätze an realen Orten wird auch die Fiktionalität deutlich, denn es lässt sich schnell feststellen, dass nicht alles so ist bzw. so war, wie es im Roman dargestellt ist: Zum einen heißen nur die Straßen anders, zum anderen sind Örtlichkeiten aufgrund der literarischen Überarbeitung anders dargestellt. Letztlich macht den Reiz eines solchen Spazierganges vor allem das Spannungsverhältnis zwischen der Authentizität des Ortes und der fiktionalen literarischen Umsetzung aus.[155] Ein großer Vorteil der Verbindung einer Exkursion mit der Lektüre eines Jugendbuches ist, dass die Exkursion durch die Lektüre gut vorbereitet ist, thematisches Vorwissen vorhanden ist und Neugierde besteht, zwischen den eigenen Vorstellungsbildern und den heutigen Örtlichkeiten zu vergleichen.

Vorgehensweise:

Ein literarischer Spaziergang kann prinzipiell einleitend, lektürebegleitend oder abschließend stattfinden. Im Geschichtsunterricht, wo es ja nicht nur darum geht, Leseanreize zu schaffen, sondern vor allem auch einer historischen Situation nachzuspüren, wird sich meist die abschließende Behandlung anbieten. So ist gesichert, dass genug historisches Wissen über die Zeit vorhanden ist.

Beim Lesen des Buches werden dann bereits alle Ortsbezeichnungen angestrichen und anschließend gesammelt. Danach muss in einem Gespräch über das Verhältnis von Realität und Fiktion geklärt werden, welche Orte real sind und sich für eine Exkursion eignen. Besonders schön ist es natürlich, wenn sich Orte von Schlüsselszenen des Romans oder historisch wichtige Orte aufsuchen lassen.

Für die Vorbereitung eines historisch-literarischen Spaziergangs in größeren Städten bietet es sich an, auf einem Stadtplan die Orte und Wege zu kennzeichnen, die im Roman vorkommen. Anhand des Stadtplans kann dann ein Spaziergang oder der Besuch einzelner Orte geplant werden. Dazu sollten die entsprechenden Textpassagen so aufbereitet werden, dass sie vor Ort gelesen werden können, gegebenenfalls können von Schülergruppen auch Spielszenen vorbereitet werden. Wenn historische Stadtpläne oder alte Stadtansichten vorhanden sind, können diese natürlich einbezogen werden. Ein fächerübergreifendes Arbeiten mit dem Erdkunde-Unterricht zum Thema Stadtentwicklung ist hier selbstverständlich auch denkbar.

Häufig ist es gar nicht einfach, literarische Orte aufzuspüren, denn Straßennamen können sich verändert haben, Gebäude abgerissen oder Orte völlig umstrukturiert worden sein. Dann gehört schon etwas Detektivarbeit dazu, das literarische Geschehen zu verorten oder Spuren des historischen Geschehens zu finden. Gerade diese Detektivarbeit ist aber erkenntnisreich, denn bei einem solchen Spaziergang ist es das Ziel, die heutige Situation mit der literarisch-historischen zu vergleichen, um Kontinuität und Wandel in der Zeit zu beobachten und wenigstens ansatzweise zu erklären. Darüber können an noch so kleinen Relikten vergangener Wirklichkeit „elementare Einsichten in das Wesen historischer Erkenntnisse"[156] gewonnen werden.

Ergebnisse:
Ein historisch-literarischer Spaziergang hinterlässt sicherlich bleibende Erinnerungen bei den Teilnehmern, führt zu einem vertieften Textverständnis, macht die historische Situation anschaulich und lässt vor allem den historischen Wandel spürbar werden. Schüler können bei einem literarischen Spaziergang ein Gefühl für verschiedene Perspektiven entwickeln, atmosphärische Übereinstimmungen feststellen und den erkundeten Ort als historisch gewordenen Ort kennen lernen. Die Suche in der Stadt ist dabei notwendig und erwünscht, denn darüber erfahren die Schülerinnen und Schüler, was historischer Wandel bedeutet. Da die Spaziergänge in der Regel zu Fuß gemacht werden, werden die räumlichen Dimensionen genauso erlebt, wie sie auch in vergangener Zeit erlebt wurden, was die Distanz zu der literarischen Figur bzw. zu den Menschen der Vergangenheit verkleinert. Das allein sind schon Ergebnisse, die ausreichen, um so einen Spaziergang zu einem lohnenden Unterrichtsprojekt zu machen.

Dennoch kommt der Lernprozess erst dann zu seinem sinnvollen Ende, wenn die Schülerinnen und Schüler das Erkundete für sich selbst und für andere darstellen können. Deshalb kann es sinnvoll sein, einen Spaziergang von Anfang an produktionsorientiert anzulegen, um die Erfahrungen zu dokumentieren. Dafür einige Vorschläge:

- ◆ Fotos können vor Ort gemacht werden, die später an Wandtafeln oder in einer bebilderten Textausgabe mit dem Romantext zusammengestellt werden.
- ◆ Lagepläne oder Karten zum literarischen und historischen Geschehen können entworfen werden.

◆ Der Weg zwischen zwei Orten kann aus heutiger Sicht beschrieben werden, um sie der literarisch-historischen Beschreibungen des Romans gegenüberzustellen.

◆ Ein heutiger Ort kann aus der Sichtweise einer literarischen Figur beobachtet und beschrieben werden, um ihn mit der literarisch-historischen Perspektive zu vergleichen.

◆ In einer kurzen Film- oder Tonbandsequenz kann eine Spielszene festgehalten werden. Dafür kann entweder ein Teil des Romans nachgespielt werden, oder aus der Sicht einer Romanfigur wird darüber berichtet, woran sie der Ort erinnert.

◆ Ein Bericht über die Erkundung kann für die Schülerzeitung oder die lokale Presse angefertigt werden.

◆ Ein ausgearbeiteter literarisch-historischer Spaziergang kann dem örtlichen Tourismusbüro übergeben oder im Internet präsentiert werden.

Geeignete Bücher:

◆ Die Methode funktioniert nur bei Büchern mit originalen Schauplätzen, die sich identifizieren lassen: Der Autor verwendet reale Ort und nutzt diese als Kulisse für seinen Roman. Zum Beispiel kann der Roman „Das Jahr der Verschwörer" von Ulrike Schweikert" Grundlage sein für einen historisch-literarischen Spaziergang durch das mittelalterliche Schwäbisch Hall, um dabei Spuren der Salzsiederei aufzudecken, die der Stadt ihren Reichtum sicherte.[157]

◆ Die Bücher müssen neben der zeitlichen auch eine örtliche Atmosphäre einfangen. Das ist z.B. möglich mit dem Jugendbuch „Der plötzliche Reichtum der armen Leute von Kombach" von Ulrike Haß,[158] der von einem Überfall auf einen Geldtransport im 19. Jahrhundert handelt. Dieser findet in dem Hohlweg Subach statt, der sich bei Gladenbach im Kreis Marburg-Biedenkopf genau lokalisieren lässt. Bei einem nächtlichen Besuch dieses Ortes lässt sich die historische Situation in der unveränderten Natur mit all ihren Geräuschen und Gerüchen nachspüren.[159]

◆ Die Orte müssen historisch von Bedeutung sein oder als exemplarisch für die behandelte Zeit angesehen werden können, wie z.B. das Kloster Himmerod in der Eifel als Handlungsort im Roman „Das Geheimnis der weißen Mönche". Darin werden auch die typischen Merkmale eines mittelalterlichen Klosters in die spannende Handlung eingefügt. Gleichzeitig kann das Kloster heute noch besucht werden, es kann dort sogar eine Übernachtung gebucht werden.[160]

◆ In Ausnahmefällen kann auch ein Schauplatztransfer stattfinden, allerdings nur, wenn es um generelle Aspekte einer Örtlichkeit geht. Dann kann es ein thematischer Zusammenhang ermöglichen, den historisch-literarischen Spaziergang auch an einem anderen Ort stattfinden zu lassen oder fiktive Orte an realen Plätzen aufzuspüren. Dazu sollten die Schauplätze des Romans und die realen Orte jedoch typisch und sehr ähnlich strukturiert sein.

9.10.2 Anwendung

Klaus Kordon: Krokodil im Nacken (2002) – das geteilte Berlin der Nachkriegszeit

Zum Inhalt:
Handlungsort des Romans ist das Stasi-Untersuchungsgefängnis Berlin-Hohenschönhausen. Dort sitzt Manfred Lenz wegen versuchter Republikflucht in Untersuchungshaft. Seine Frau Hannah ist ebenfalls in Haft, so dass ihre Kinder Silke und Michael in Kinderheimen untergebracht sind. Viele Monate Isolationshaft, Schikanen, endlose Verhöre durch die Stasi sowie letztlich der reguläre Strafvollzug quälen den Familienvater, bis er schließlich durch Mitgefangene von den Freikaufmöglichkeiten durch die Bundesrepublik hört, die über die Rechtsanwaltskanzlei Vogel abgewickelt werden. Diese ist bereits durch die westdeutsche Verwandtschaft mit seinem Fall betraut.

Die Zeit in den DDR-Gefängnissen übersteht Lenz vor allem durch Tagträumereien und Erinnerungen. Er rekapituliert in dieser Zeit sein Leben, sodass damit für den Leser ein zweiter Spannungsbogen entsteht, der den ersten immer wieder unterbricht, zwar in ihn verwoben ist, aber auch für den Leser den gleichförmigen Gefängnisalltag unterbricht. So sind die Fragen, wie lange seine Haft dauern wird und ob es ihm gelingt, in die Bundesrepublik auszureisen, immer wie-

dtv

Klaus Kordon
Krokodil im Nacken
Roman

»Hier öffnet sich für den Leser eine Innenansicht der DDR, die spärliche Mauerreste nicht mehr vermitteln.«
Die Zeit

»Kaum einer erzählt deutsche Geschichte so gut wie Klaus Kordon.«
Brigitte

der von seiner Lebensgeschichte unterbrochen, die verdeutlicht, was Lenz dazu gebracht hat, mit seiner Familie den Fluchtversuch zu unternehmen.

Lenz ist ein Kriegskind, sein Vater ist im Zweiten Weltkrieg gefallen. Seine Erinnerungen beginnen in der Nachkriegszeit, als er in der Eckkneipe seiner Mutter am Prenzlauer Berg aufwächst. Der Tod seiner Mutter beendet seine Kindheit. Die Jugendzeit verbringt Lenz in verschiedenen Jugendheimen in Königsweide und an der Spree, wo er zu einem jungen Sozialisten erzogen werden soll. Nachdem Lenz seine erste eigene Wohnung – wieder am Prenzlauer Berg – bezogen hat, lernt er Hannah kennen, die er bald heiratet. Beide ziehen zusammen in eine Wohnung, die ebenfalls nicht weit von der ehemaligen Eckkneipe der Mutter entfernt liegt. Auch beruflich will Lenz sich nun verändern. Seit seiner Schulzeit hat er als Hilfsarbeiter an verschiedenen Stellen gearbeitet, aber nirgends war er seinen intellektuellen Fähigkeiten entsprechend eingesetzt. Frisch verheiratet bewirbt er sich an der Schauspielschule, doch als sich seine Tochter ankündigt, verzichtet er auf das weitere Auswahlverfahren und nimmt eine Außendienststelle bei einem Versorgungsdepot für Pharmazie an. Mit dieser Position will er seine kleine Familie versorgen und gleichzeitig ein Studium absolvieren. Doch zuvor wird er zum Wehrdienst eingezogen. Für Lenz, Hannah und die gemeinsame Tochter Silke heißt das eineinhalb Jahre Trennung. Gegen Ende dieser Zeit wird der Sohn Micha geboren und die Familie zieht ins Friedrichsfelder Neubauviertel. Ganz nach Plan studiert Lenz anschließend und kann als Außendienstler sogar Reisen nach Asien unternehmen.

Dennoch empfindet er die DDR und den Sozialismus zunehmend als einengend. Seit dem Prager Frühling 1968 spürt er das „Krokodil im Nacken", so dass die Familie letztlich mit Unterstützung der westdeutschen Schwägerin Fränze den Fluchtplan schmiedet.

Der Leser begleitet Manne Lenz vor dem Bau der Mauer bei seinen Streifzügen zwischen Ost und West, bei seinen Einkäufen und Kinobesuchen, in die Schule, zu den Demonstrationen am 17. Juni 1953, dann als Beobachter des Mauerbaus, zu unterschiedlichen Arbeitsstellen sowie bei seinen Erinnerungsspaziergängen am Prenzlauer Berg. Dadurch bekommt der Leser tiefe Einblicke in das Leben in der geteilten Stadt, in den sozialistischen Alltag, in die Stimmungen im Volk und sogar in historische Großereignisse wie die Unruhen am 17. Juni 1953. Dazu bekommt der Leser auch einen Eindruck von der Situation in den Gefängnissen für politische Gefangene in der DDR und in die Verhörmethoden der Stasi.

Leseprobe:
Der im Stasi-Untersuchungsgefängnis inhaftierte Lenz erinnert sich an den Bau der Berliner Mauer.

An jenem Sonntag, dem 13., an dem es passierte, war Lenz nicht in der Stadt gewesen. Es war Ferienzeit, die Jungen von der Insel zelteten am Greifswalder Bodden. Tagsüber lagen sie in ihren Sandburgen oder tummelten sich in der Ostsee, abends gingen sie tanzen. Sie lernten Mädchen kennen und erlebten Liebschaften, alles, wie es sich gehörte. Hanne Gottlieb war es dann, der ihnen die Ferienstimmung verdarb, als er an jenem sonnenstrahlenden Sonntagvormittag an seinem kleinen Transistorradio drehte und plötzlich wie von der Tarantel gestochen hochfuhr: „Diese Misthunde! Sie haben die Grenze abgeriegelt. Jetzt kann ich meinen Vater nicht mehr besuchen." Sie lagen in ihrer Sandburg, blinzelten in die grelle Sonne und wussten überhaupt nicht, worum es ging. Und als Hanne ihnen alles erklärt hatte, rissen sie nur blöde Witze: Eine Stadt war keine Torte, die konnte man doch nicht einfach in der Mitte durchteilen. Und meinte Hanne denn wirklich, sein Vater würde ihn irgendwann nach Amerika holen? Der hatte dort doch längst drei neue Kinder fabriziert. Eine Woche später standen sie an der Schlesischen Brücke, beobachteten die Mannschaftswagen der „bewaffneten Organe" – Volksarmisten und die in Blaumänner gekleideten, meist schon recht dickbäuchigen Kampfgruppler mit ihren Kalaschnikows auf den Rücken, die immer neuen Stacheldraht ausrollten – und spotteten weiter: Dieser mickrige Zaun sollte 'ne „Mauer" sein? Damit sollten Kriegstreiber aufgehalten werden? Ein einziger amerikanischer Panzer und der ganze antifaschistische Schutzwall war platt wie 'ne Flunder. Nein, noch hatten sie keine Angst! So blöd konnte doch niemand sein, einen Krieg zu beginnen, nur weil die OstBerliner nicht mehr in den Westen und die WestBerliner nicht mehr in den Osten durften. Allein Ete Kern hatte Bedenken. „Aber da gab's noch keine Atombomben." Ein Atomkrieg war unvorstellbar. Den konnte keiner gewinnen, der würde den Untergang der Welt bedeuten, also würde es ihn nicht geben. Und ein Krieg der Supermächte würde doch in jedem Fall ein Atomkrieg werden, oder etwa nicht? Doch dann krochen sie immer öfter in ihre Koffer- und Transistorradios und bekamen mit, wie in Ost und West gegeneinander polemisiert und gehetzt wurde, und wurden immer unsicherer. Was, wenn es nun doch bald losging? War dann alles zu Ende? Gute Nacht, Marie, außer Spesen nichts gewesen? Kein Tag, an dem es sie nicht zur Schlesischen Brücke oder zu anderen Grenzübergängen zog.

Sie beobachteten, wie die Stacheldrahtverhaue mit Betonpfeilern abgestützt wurden, wie Spanische Reiter aufgestellt und Betonschwellen ausgelegt wurden und erörterten immer wieder dieselbe Frage: Wann sie wohl, wenn es keinen Krieg gab, in ihre zweite Heimat, die Kinos und Läden rund ums Schlesische Tor, zurückdurften. Noch vor Weihnachten, in einem Jahr, in zwei Jahren? Sie spürten, dass sie Geschichte miterlebten, und fanden die Aufregung um sie herum trotz aller Besorgnis auch irgendwie spannend. Andererseits begriffen sie von Tag zu Tag deutlicher, gegen wen diese Mauer sich tatsächlich richtete und dass in der Hauptsache sie es waren, denen etwas genommen wurde. Ja, und dann kam für Manne Lenz zu dem allgemeinen Verlust bald noch ein sehr privater hinzu. Es war während einer ihrer heimlichen Pausen im Oberdeck eines zur Reparatur bereitstehenden Doppelstockbusses, als Ete ihm verriet, dass er nicht länger bleiben wolle. Nur den Gesellenbrief würde er noch in Empfang nehmen, dann sei er weg, in den Westen hinüber. Ob er, Manne, sein bester Freund, nicht mitkommen wolle? „Und wie willste rüberkommen?", fragte er erst mal nur ganz überrascht. Es wurden ja inzwischen sogar schon die Einstiegsschächte ins Kanalisationssystem durch Polizeistreifen überwacht. Ete grinste nur und deutete mit dem Kopf auf das Dach des Betriebsgebäudes, das direkt an den Flutgraben grenzte, der schon zu WestBerlin gehörte. „Ganz einfach, abends einschließen lassen, Seil um den Schornstein und ab in die Brühe!" Auf ähnliche Weise waren schon viele abgehauen. Allein in der ersten Woche nach der Grenzabriegelung etwa zwanzig Leute, wurde gemunkelt. Sie waren aus den nur notdürftig mit Brettern vernagelten Fenstern in den Flutgraben hinuntergesprungen und die paar Meter in den Westen hinübergeschwommen. Manche sollten von drüben sogar noch gewinkt haben. Jetzt aber wurden diese Fenster zugemauert; sie konnten die Maurer von ihrem Bus aus beobachten. Sie pfiffen vor sich hin, die Männer in den hellen Arbeitsjacken, machten viele Zigarettenpausen und schienen auch sonst ganz vergnügt zu sein, obwohl sie doch von Grenzern bewacht wurden. Manne: „Wenn sie die Fenster zumauern, werden sie auch die Aufgänge zum Dach verschließen." Ete: „Na und? Solange sie die Regenrinnen nicht abreißen, kommen wir auf jeden Fall da hoch. Oder biste etwa nicht mehr in Übung?" Der Freund rechnete damit, dass sie das Unternehmen zu zweit in Angriff nahmen; zwar hatte er gefragt, doch glaubte er zu wissen, welche Antwort er bekommen würde. Manne zögerte. Ging er in den Westen, nahm er Partei gegen den Osten; blieb er, nahm er für nichts und niemanden Partei. Er gehörte ja hierher, war hier aufgewachsen. *(S. 309-312)*

160

Didaktische Bemerkungen:

Der Roman von Klaus Kordon „Krokodil im Nacken" bietet sich in zweifacher Hinsicht für einen literarisch-historischen Spaziergang an: einmal vom Handlungsort Berlin her gesehen und einmal von der Gestaltung des Romans her.

„Krokodil im Nacken" ist ein autobiographischer Roman, in dem Klaus Kordon seine eigene Kindheit, seine Zeit im Kinder- und Jugendheim, die Militärzeit und seine Zeit als Arbeiter, Student und als Vertreter im Außenhandel ebenso darstellt wie die missglückte Flucht in den Westen und die Situation im Gefängnis.[161] Bereits dieser autobiografische Bezug deutet darauf hin, dass auch die im Roman gewählten Örtlichkeiten sich an der Realität orientieren.

Dieser Eindruck trügt nicht. „Krokodil im Nacken" ist ein echter Berlin-Roman. Alle Handlungsorte lassen sich aufspüren: Klaus Kordon verwendet die originalen Straßennamen und hält sich penibel an die Örtlichkeiten, die sich im heutigen Stadtbild zum Großteil noch identifizieren lassen.

In der Nachbemerkung zu der Trilogie „Frank", in der Kordon ebenfalls seine Kindheit verarbeitet hat und die starke Parallelen zu Teilen aus „Krokodil im Nacken" aufweist, schreibt der Autor: „In den drei Romanen (...) erzähle ich keine erfundene Geschichte. Der siebenjährige, der zehnjährige und der dreizehnjährige Frank durchlebt meine Kindheit, wächst in meiner Zeit auf und in meiner Umwelt. Er denkt, fühlt und handelt manchmal, wie ich dachte, fühlte und handelte, oft aber auch ganz anders. Frank und alle anderen in diesen drei Romanen dargestellten Personen sind literarische Figuren. Seit der erste Band meiner „Frank-Trilogie" 1978 zum ersten Mal erschien, sind über zwanzig Jahre vergangen. Seither ziehen immer wieder Leser auf Spurensuche durch den Prenzlauer Berg. Sie wandern durch die Straßen, die in diesen Geschichten eine Rolle spielen und fragen ältere Leute nach der ,Gemütlichen Ecke'. Ihnen sei gesagt, dass der Nordmarkplatz heute Fröbelplatz heißt und die ,Gemütliche Ecke' in Wahrheit ,Zum ersten Ehestandsschoppen' hieß, weil gleich neben dem Bezirksamt auch damals schon das Standesamt lag. Wo sich einst die Gaststätte befand, betreibt heute eine Bankfiliale ihre Geschäfte; die Teppichklopfstange auf dem Hof allerdings ist noch immer dieselbe."[162] Vielleicht haben diese Erfahrungen dazu beigetragen, dass Kordon in seinem neueren Roman die Örtlichkeiten noch genauer der Realität entsprechend dargestellt hat. So heißt die Eckkneipe der Mutter von Manne Lenz in „Krokodil im Nacken" wie die Kneipe seiner eigenen Mutter „Zum ersten Ehestandsschoppen".

Dieses Zitat zeigt weiterhin dass sich einiges noch so finden lässt, wie es im Roman beschrieben ist bzw. wie Kordon es vielleicht sogar selbst erlebt hat, sich anderes aber auch stark verändert hat: Das Berlin der fünfziger Jahre, in dem die Hauptfigur aufwächst, ist geprägt von Ruinen. Diese lassen sich heute nicht mehr finden. Die sechziger und siebziger Jahre erlebt der Protagonist nur im Ostteil der Stadt, der vom Aus- und Aufbau des Sozialismus geprägt ist. Nach der Wende hat sich vieles in Berlin verändert: Es ist nicht nur die Mauer, die es nicht mehr gibt. Zahlreiche Gebäude haben eine andere Funktion bekommen, Straßennamen wurden verändert,[163] vieles ist saniert oder umstrukturiert worden. Diese Veränderungen bieten zugleich die Möglichkeit, einiges von Berlins Geschichte zu thematisieren. Der historisch-literarische Spaziergang holt die Geschichte der DDR-Zeit in das heutige Berlin hinein. Gerade beim ehemaligen Untersuchungsgefängnis Berlin-Hohenschönhausen, das inzwischen eine Gedenkstätte ist, wird deutlich, wie historische Ereignisse eine Stadt verändern; ebenso in den Bereichen an der Mauer: hier ist im Rahmen der Erkundungen ein dreifacher Wechsel wichtig: vor dem Mauerbau, das Berlin mit der Mauer, die Stadt nach der Wende.

Aber wie bereits angedeutet eignet sich dieser Roman für einen historisch-literarischen Spaziergang nicht nur, weil er ein autobiographischer Roman ist; er eignet sich auch deshalb, weil mit Berlin eine besondere Stadt im Zentrum der Handlung steht. Keine andere deutsche Stadt hat während der Nachkriegszeit so viel erlebt. An ihr lassen sich nicht nur die Stationen des Kalten Krieges bis zur Wende aufzeigen, sondern auch das Leben in den zwei deutschen Staaten. Berlin kann somit exemplarisch vieles zeigen, was für das geteilte und zusammenwachsende Deutschland insgesamt gilt.

Klaus Kordon selbst hat einmal bemerkt: „Wenn man in Berlin aufwächst, kommt man eben öfter mit historischen Ereignissen in Berührung." Und das zeigt er auch in seinem Roman, in dem die Hauptfigur den Arbeiteraufstand des 17. Juni 1953 oder den Mauerbau 1961 miterlebt. Auch dabei greift der Autor auf eigene Erfahrungen zurück: „1953, am 17. Juni, war ich als Zehnjähriger mit meinem Freund in der Innenstadt unterwegs und wir haben miterlebt, wie die russischen Panzer mit Steinen beworfen wurden (...). Als ich dann achtzehn war, wurde die Mauer gebaut. Da war ich auch wieder dabei gewesen."[164]

Gerade weil Berlin für die deutsche Geschichte so bedeutend war, ist es nach wie vor ein beliebtes Ziel für Studienfahrten. Die vorgeschlagenen literarisch-historischen Spaziergänge sind deshalb so konzipiert, dass sie im Rahmen einer Studienfahrt an verschiedenen Tagen durchgeführt werden können. Sie sind sehr detailliert beschrieben, damit sie auch ortsunkundige Lehrkräfte ohne vorherigen Besuch durchführen können.

Die Lektüre des Romans „Krokodil im Nacken" dient zunächst als Vorbereitung der Studienfahrt: Das Buch macht neugierig auf die Stadt, es zeigt ihre Sonderstellung nach dem Zweiten Weltkrieg und veranschaulicht die Nachkriegsgeschichte Berlins. Die konkrete Vorbereitung des historisch-literarischen Spazierganges kann die Schülerinnen und Schüler bereits mit den Örtlichkeiten vertraut machen, so dass ihnen anschließend die Orientierung in der Stadt leichter fällt.

Vorbemerkungen zu den Arbeitsaufträgen:
Wenn man alle Ortsangaben, die im Roman vorkommen, sammelt, ist das zunächst eine große Menge. Viele kommen aber nur einmal vor und haben für den Roman selbst kaum Bedeutung. Andere liegen nah beieinander und sind auch für die Handlung konstitutiv. So können räumliche Schwerpunkte festgestellt werden wie der Prenzlauer Berg, wo Manne Lenz aufwächst und auch später wieder wohnt, Weißensee mit dem Krankenhaus und dem Friedhof, auf dem sich die Gräber des Bruders und der Mutter befinden, an der Spree, wo die Kinder- und Jugendheime liegen, in denen Manne nach dem Tod der Mutter lebt, in Berlin Mitte, wo er die großen historischen Ereignisse beobachtet, und letztlich in Hohenschönhausen, wo er inhaftiert ist und lange Zeit noch nicht einmal weiß, wo er ist. Wenigstens drei dieser örtlichen Schwerpunkte bieten sich an, um sie mit einem historisch-literarischen Spaziergang zu erforschen:

◆ der Prenzlauer Berg, weil Kordon in diesem Roman ein regelrechtes Portrait des Kiez zeichnet. Hier sind die Ortsangaben sehr genau, und es lässt sich nachempfinden, wie man hier in der Nachkriegszeit gelebt hat, was für Leute dort gewohnt, wie sie gefühlt und gedacht haben. Gleichzeitig bietet die Lage an der ehemaligen Grenze die Möglichkeit, die Situation im geteilten Berlin zu erkunden mit der zunächst noch offenen Sektorengrenze und dann der alles abschottenden Mauer. Der Vergleich mit der Gegenwart lässt darüber hinaus die Frage aufkommen, wie mit den Überresten der Mauer bzw. der Erinnerung an die Mauer umgegangen wird;

◆ Berlin Mitte, weil Manne Lenz am 17. Juni 1953 hier Zeuge eines historischen Großereignisses wird und dieses durch die Beschreibung seiner Erlebnisse und Eindrücke sehr gut veranschaulicht;

◆ die Gedenkstätte Berlin-Höhenschönhausen, weil hier das Gefängnis war, in dem Manne Lenz die längste Zeit seiner Haft verbracht hat, und weil hier erforscht werden kann, wie die DDR mit Oppositionellen umging. Die Gedenkstätte hat das Gebäude, die Zellen und Verhörräume erhalten. Projekttage sind dort möglich, wenn sie frühzeitig angemeldet werden.[165]

Zu diesen Orten werden im Folgenden genauere Vorschläge gemacht, die detailliert zeigen sollen, wie man vor Ort konkret vorgehen kann. Darüber hinaus sind aber auch andere Orte denkbar.

◆ Der Checkpoint Charlie wird im Roman nur kurz erwähnt (S. 309), dennoch kann die Textstelle als Aufhänger für einen Besuch im Museum Haus am Checkpoint Charlie genutzt werden.[166] Das Museum zeigt Exponate zur Geschichte der Mauer, zur Opposition in der DDR und zu Fluchtgeschichten.

◆ Zum Thema Mauerbau kann auch die Szene gelesen werden, in der Manne mit seinem Freund Ete den Aufbau der Grenzanlagen beobachtet (S. 310 ff.). Später flieht Ete von dort aus in den Westen. Die Örtlichkeit dieser Szene kann an der Schlesischen Brücke erkundet werden.

◆ Das Thema Kindheit und Jugend kann sehr anschaulich beim Besuch eines der Kinderheime angegangen werden, wenn vor Ort einige Textstellen zur sozialistischen Erziehung gelesen werden. Es gibt sowohl in Königsheide als auch auf der Spreehalbinsel von Stralau heute noch Kinderheime, die aufgesucht werden können.

◆ Weißensee bietet dagegen lediglich literarische Ansatzpunkte; Verknüpfungsmöglichkeiten zwischen Roman, Örtlichkeit und Historie sind hier schwierig.

Der *Prenzlauer Berg* kommt im Roman immer wieder vor, und Manne lebte hier in ganz verschiedenen Lebensabschnitten. Die genauesten Beschreibungen des Kiez finden sich auf S. 88 ff. und 161 ff., wo Manne das Umfeld und den Einzugsbereich der Eckkneipe beschreibt. Hierzu lassen sich in detektivischer Kleinarbeit Spuren suchen. Natürlich sollte der Platz der Eckkneipe gegenüber der Prenzlauer Allee am Bezirksamt in der Fröbelstraße gesucht werden, genauso wie die Raumerstraße 24, in der Mannes Mutter für sich und ihre Söhne eine kleine Wohnung hatte. Dort, wo einst die Eckkneipe war, befinden sich heute zwei Läden. Auf der anderen Seite der Prenzlauer Allee befinden sich immer noch das Bezirksamt und ein Stück in die Fröbelstraße hinein das Standesamt. In der Raumerstraße 24 gibt es heute nicht nur Wohnungen, sondern auch ein „Secretariat für Cultur". Auch die Dunckerstraße 12, die für den aus dem Kinderheim entlassenen Manne ein neues Zuhause wurde, ist heute kein reines Wohngebiet mehr, sondern beherbergt den Laden „Float Berlin, das Schwebebad". Diese Orte sind alle lediglich fünf bis zehn Minuten Fußweg voneinander getrennt, sodass sie zur Spurensuche nacheinander aufgesucht werden können. Von der Dunckerstraße 12 aus macht Manne zahlreiche Spaziergänge. Deshalb bietet es sich an, hier einen literarischen Spaziergang zu beginnen und über die Prenzlauer Allee bis zum Alexanderplatz zu gehen (S. 307).

Zeitintensiver, aber auch wesentlich eindrucksvoller ist es, wenn man Manne auf seinem Erinnerungsspaziergang (S. 339-345) begleitet, der ihn über die Prenzlauer Allee, Dimitroffstraße (heute Danziger Straße), Schönhauser Allee am Vinetaplatz vorbei zur Bernauer Straße führte (reine Laufzeit ca. 30-45 Minuten). Die Bernauer Straße ist historisch sehr bekannt: Die Häuser auf ihrer einen Seite lagen im Westen, die auf der anderen im Osten. Hier hat es beim Mauerbau spektakuläre Fluchtversuche gegeben. Im Roman kommen auch diese Vorgänge in Mannes Erinnerungen vor, doch für ihn war die Bernauer Straße auch der Ort, an dem er Eisenwaren von West nach Ost über die Sektorengrenze geschmuggelt hat (S. 165). Kurioserweise befindet sich dort auch heute noch ein Stahlhandel mit An- und Verkauf. Für das Projekt ist es darüber hinaus besonders günstig, dass an der Bernauer Straße auch heute noch der Ost-West-Gegensatz gut sichtbar ist.

Um den Spaziergang Mannes fortzusetzen, muss man die recht vagen Ortsangaben des Romans etwas konkretisieren. Manne berichtet, er sei dann von der Berliner bis zur Bornholmer Straße gegangen. Von der Bernauer Straße aus fehlt also ein Stück. Deshalb wäre es sinnvoll, durch den Mauerpark bis zur Bornholmer Straße zu gehen, denn hier ist ein Teil der Grenzanlagen und des Niemandslandes künstlerisch nachempfunden. So können nicht nur Mannes Gedanken zur Grenze anschaulich werden, es kann auch die Unnatürlichkeit dieser Mauer mitten durch die Stadt nachempfunden werden. Dafür sollte auch der Weg auf der Bornholmer Straße in Richtung Bösebrücke auf die ehemalige Grenze zu, wie Manne ihn ging, zurückgelegt werden. Heute ist der Weg als „Berliner Mauerweg" ausgeschildert und führt bis zu einer Kirche, die direkt auf der ehemaligen Grenze liegt und heute eine Gedenkstätte ist. Im Umfeld dieser Kirche sind zwar keine Grenzanlagen mehr zu sehen, aber die unfertige Bebauung und das Brachland lassen hier die Teilung bewusst werden.

Manne konnte hier nicht weitergehen. Er musste kehrt machen und zurück zur Dunckerstraße zurückgehen. Heute ist die Situation anders. Die Mauer ist im Stadtbild nicht mehr zu erkennen, deshalb ist es besonders interessant, genau darauf zu achten, ob der Verlauf der Mauer noch zu erkennen ist. Über diese Suche kann die Frage thematisiert werden, wie man mit der Erinnerung an die Mauer umgehen sollte. Die Grenzsoldaten der DDR haben 1989 sehr schnell gehandelt und die Grenzanlagen abgebaut, um möglichst keine Spuren zu hinterlassen. Den Rest erledigten die so genannten Mauerspechte. Inzwischen gibt es nur noch wenige museal erhaltene Stücke dieses Grenzbauwerks an ausgesuchten Stellen. Die Bestrebungen, den Verlauf der Mauer wenigstens durch einen Kupfer- oder Steinstreifen mit eingelassenen Bronzetafeln zu kennzeichnen, konnten nur in Teilen verwirklicht werden. Über diese Suche kann die allgemeine Frage aufgeworfen werden, wie mit Überresten der Vergangenheit umzugehen ist. Insbesondere bei einem solchen Bauwerk, das für ein Unrechtsregime stand, ist ein breites Spektrum von Meinungen möglich und gerechtfertigt.

Mit dem Rückweg zur Dunckerstraße wird der Spaziergang zwar recht lang, er macht aber die Dimensionen der Stadt erfahrbar, die Manne wie viele Menschen in dieser Zeit so selbstverständlich zu Fuß durchstreifte. Für den gesamten Rundgang mit Lesungen sollten drei bis vier Stunden eingeplant werden.

Zum *17. Juni 1953* sind große Teile des Kapitels 8 „Der Tag X" für Lesungen vor Ort geeignet. Es bietet sich dabei an, den Weg, den Manne mit seinem Freund Kalle zurücklegte, ebenfalls zu gehen und an den genannten Orten – trotz des Straßenlärms – jeweils einige Romanpassagen auf sich wirken zu lassen. Der Zeitaufwand beträgt ungefähr zwei Stunden.

Das Ziel von Manne und Kalle war eigentlich der Alexanderplatz, auf dem, wie sie gehört hatten, Krieg herrschen soll. Soweit kamen die beiden Jugendlichen aber gar nicht. Sie fuhren von der Prenzlauer Allee bis zur Jostystraße[167] mit der Straßenbahn (S-Bahn-Station Rosa-Luxemburg-Platz).[168] Hier könnte der historisch-literarische Spaziergang beginnen. Manne und Kalle sahen von hier aus das Berolina-Haus (Torhaus auf dem Alexanderplatz) und einen brennenden Zeitungskiosk. In der Stalinallee, heute Karl-Marx-Allee, erinnerte Lenz sich an den propagandistischen Trauerzug für Stalin, der ein Vierteljahr zuvor gestorben war. Hier können zusätzlich einige Informationen zur Geschichte der Straße und ihrer verschiedenen Namen gegeben werden, denn an ihr lässt sich vieles über die Geschichte Berlins aufzeigen.[169] Manne und Kalle folgten dann einem Menschenzug vom Marx-Engels-Platz (heute Schlossplatz) auf der Straße „Unter den Linden" über die Friedrichstraße hinweg zum Brandenburger Tor, wo sie eine große Menschenmenge sahen. Dann gelangten sie in die Wilhelmstraße, wo ein Auto brannte und wo am Haus der Ministerien Parolen gerufen und

Fensterscheiben eingeworfen wurden. Hier haben jetzt der Bundesrat, das Abgeordnetenhaus und das Finanzministerium ihren Standort, so dass auch heute hier Demonstrationen einen Zielpunkt finden könnten. Allerdings ist für heutige Jugendliche wohl nicht so leicht vorstellbar, dass eine Demonstration so beendet wird wie 1953. Damals rückten die sowjetische Panzer vom Spittelmarkt (d.h. über die Leipziger Straße) her an und vertrieben die Demonstranten. Manne und Kalle retteten sich in Richtung Potsdamer Platz und sahen von dort aus die Schaulustigen auf der Westberliner Seite.

Obwohl damals noch keine Grenzsicherungsanlagen bestanden, teilte sich die Stadt an der Sektorengrenze schon sehr deutlich. Deshalb bietet sich wieder die Suche nach dem genauen Verlauf der Grenze an, zumal hier der Mauerverlauf zum Teil auch markiert und ein großes Stück der Mauer sogar erhalten ist. Zur Zeit des Aufstandes war es nur die Sektorengrenze, ein paar Jahre später verlief hier die Mauer, obwohl dieser Ort bis 1961 ein Verkehrsknotenpunkt war. Das Brandenburger Tor stand direkt am Mauerstreifen, so dass niemand mehr hindurchgehen konnte; über den Potsdamer Platz verlief quer die Mauer und verwandelte ihn in eine Einöde; im Ostberliner Stadtplan war er noch nicht einmal mehr verzeichnet. Heute fließen hier wieder Menschenströme und prägen das Stadtleben an diesen Orten. Das Brandenburger Tor kann wieder durchschritten werden, und der Potsdamer Platz ist durch Aufsehen erregende Neubauten völlig verändert worden. So ist es heute in diesem Bereich kaum noch vorstellbar, dass die Stadt hier einmal durch mörderische Grenzsicherungsanlagen geteilt war.

Zum Abschluss des Spazierganges kann diskutiert werden, warum bei diesem Spaziergang zum Arbeiteraufstand in der DDR die Straße des 17. Juni nicht betreten wurde. Diese liegt im Westen der Stadt, ist also kein Ort des historischen Ereignisses, sondern erinnert in ihrer Namensgebung lediglich an den Aufstand. Über diese Beobachtung kann es zu einer Reflexion über Erinnerungskultur und die unterschiedliche Bewertung und Verarbeitung dieser Ereignisse in Ost und West kommen.

Da die Haftzeit im *Stasi-Gefängnis Hohenschönhausen* einen Großteil des Buches einnimmt, können zahlreiche Textstellen ein authentisches Bild für die Bedingungen im Untersuchungsgefängnis liefern und den Besuch der Gedenkstätte strukturieren.[170] Interessant ist sicherlich zunächst die Szene, in der Manne in Hohenschönhausen ankommt, aber selbst nicht weiß, wo er eigentlich ist (S. 66 f.): „Berliner Luft! Sie schmeckte vertraut, er war zu Hause, aber wo war er? Wo überall in der Stadt hatte die Stasi ihre Gefängnisse?" Bereits daran wird deutlich, wie die Stasi arbeitete. Der Umstand, dass die Stasi das Gefängnis vor der

Bevölkerung tarnte, steht im Kontrast zur heutigen Wahrnehmung als Gedenkstätte.

Um sich die Situation der Isolationshaft zu vergegenwärtigen, bietet es sich an, eine oder mehrere Textstellen in einer solchen Einzelzelle zu lesen. Den ersten Eindruck einer solchen Zelle bekommt der Leser am neunundzwanzigsten Geburtstag Mannes (S. 68-71). Was die Isolationshaft bedeutet und welchen Psychoterror die Stasi betrieb, wird recht gut verdeutlicht an der kurzzeitigen Hafterleichterung, als Manne Lenz Bücher und Zeitungen bekommt (S. 250-256).

Die Verlegung in eine größere Zelle und damit das Ende der Isolationshaft ist ein sehr einschneidendes Erlebnis für Manne, über die er im Kapitel II, 1 „Neckermänner" (S. 349 ff.) erzählt. Erst in diesem Zusammenhang erfährt er, wo er sich befindet (S. 355) und welche Geschichte das Gebäude hat (S. 384), was es für ihn bedeutet, dass seine Schwägerin Dr. Vogel als Anwalt für ihn beauftragt hat (S. 371 ff.) und dass man über Klopfzeichen mit anderen Häftlingen Informationen austauschen kann (S. 377). Andererseits erlebt er auch, welche Nachteile das Zusammenleben von vier Menschen auf so engem Raum hat, und die immer gegenwärtige Angst, einer der Mitgefangenen könne ein Spitzel sein. Mit der Lektüre dieses Kapitels in einer solchen Zelle (eventuell in gekürzter Form) kann also der Alltag in der Viererzelle eines Gefängnisses veranschaulicht werden: das Zusammenleben auf engstem Raum, die Freude über Gesprächsmöglichkeiten, aber auch die Angst vor Spitzeln.

Vorschläge für Arbeitsaufträge:

1. Zur Vorbereitung der Spaziergänge anhand der Lektüre:
◆ Suchen Sie aus dem Roman alle Orte in Berlin heraus, die im Roman eine Rolle spielen. Diskutieren Sie darüber, welche Orte für die Handlung zentral sind.
◆ Suchen Sie diese Orte auf einem Stadtplan von Berlin und markieren Sie diese. Überlegen Sie, welche Orte für einen historisch-literarischen Spaziergang besonders interessant wären und welche bei einem Spaziergang besucht werden könnten.
◆ Stellen Sie Textstellen zu diesen Orten zusammen und wählen Sie aus, welche bei dem Spaziergang gelesen, welche Zusatzmaterialien mitgenommen oder welche Aktionen vor Ort gemacht werden sollen.
2. Zum Spaziergang am Prenzlauer Berg:
◆ Folgen Sie Mannes Erinnerungsspaziergang am Prenzlauer Berg (S. 339-345), lesen Sie die Textpassagen vor Ort und dokumentieren Sie Ihre Eindrücke. Dafür einige Beispiele:

o Stellen Sie sich vor, Manne läuft heute als sechzigjähriger Mann durch den Prenzlauer Berg. Beschreiben Sie aus seiner Sicht die Eindrücke, die er von der gegenwärtigen Stadt hätte.

o Stellen Sie sich vor, der jugendliche Manne wäre – wie durch eine Zeitreise – ins gegenwärtige Berlin geraten. Beschreiben Sie aus seiner Sicht, wie er die Umgebung wahrnehmen würde.

o Fotografieren Sie die Orte, die Manne im Roman erwähnt, und stellen Sie die Fotos später mit den entsprechenden Textstellen zusammen.

3. Zum Tag X:

◆ Wandern Sie auf den Spuren Mannes und Kalles und versuchen Sie, über Lesungen vor Ort deren Erlebnisse am 17. Juni 1953 nachzuerleben. Nehmen Sie sich nach dem Spaziergang ein bisschen Zeit und wählen Sie sich eine der folgenden Aufgaben aus.

o Suchen Sie sich in der ehemaligen Stalinallee einen ruhigen Ort. Machen Sie sich klar, welche historischen Ereignisse hier stattgefunden haben und schildern Sie vor diesem Hintergrund, wie Sie persönlich diesen Ort und das Leben hier wahrnehmen.

o Beschaffen Sie sich einige Bilddokumente zum 17. Juni 1953. Versuchen Sie den Standort des Fotografen zu finden und fotografieren Sie genau von diesem Standort das, was Sie sehen. Stellen Sie die Fotos später gegenüber.

o Stellen Sie sich vor, der sechzigjährige Manne säße in einem der Straßencafés, an denen Sie während Ihres Spazierganges vorbei gekommen sind. Welche Gedanken könnten ihm durch den Kopf gehen? Wie würde er die heutige Situation empfinden? Schreiben Sie aus seiner Sicht einen Eintrag in sein Urlaubstagebuch oder einen Brief an Hannah.

4. Zum Stasi-Gefängnis Hohenschönhausen:

◆ Lesen Sie einige Passagen des Romans, in denen der Gefängnisalltag beschrieben wird, in einer der Zellen und versuchen Sie nachzuvollziehen, wie es den Gefangenen dort gegangen ist.

◆ Suchen Sie sich bitte eine der folgenden Aufgaben[171] aus:

o Obwohl es den Häftlingen streng verboten war, durch Klopfen, Rufen, Pfeifen oder sonstige Zeichen miteinander in Verbindung zu treten, versuchten immer wieder Häftlinge, durch Klopfen an die Heizungsrohre oder die Wände Informationen auszutauschen. Als Code nutzten sie dabei die Stellung des jeweiligen Buchstabens im Alphabet: A=1x Klopfen, B=2x Klopfen usw. Suchen Sie sich für eine fünf- bis zehnminütige Unterhaltung einen Partner. Setzen Sie sich in zwei benachbarte Zellen und machen Sie ihrem Partner eine Mitteilung, die er dann beantwortet. Schreiben Sie ihre Mitteilungen sowie die Antworten ihres Partners, so wie Sie diese verstanden haben, auf. Vergleichen Sie anschließend ihre Dialoge und diskutieren Sie ihre Schwierigkeiten.[172]

o Gehen Sie in eine Zelle, messen Sie diese aus und zeichnen Sie ihren Grundriss auf ein A4-Blatt. Beschreiben Sie anschließend die Zelle und die Eindrücke, die sie auf Sie macht. Vergleichen Sie das mit dem Eindruck, den Manne Lenz von seiner Zelle hat.

o Üben Sie mit einem Partner das erste Verhör (S. 13-19) in einer szenischen Darstellung ein. Spielen Sie diese Szene anschließend ihren Mitschülerinnen und Mitschülern vor. Diskutieren Sie abschließend darüber, wie die Verhörmethoden funktionierten und welche Wirkung sie auf die Gefangenen haben mussten.

Diese recht ausführlichen Vorschläge können, müssen aber nicht in dieser Form umgesetzt werden. Sie sollen vor allem zeigen, welche Vielfalt an Arbeitsaufträgen im Rahmen dieser Methode möglich ist, und sollen dazu anregen, weitere zu finden und zu nutzen.

9.11 Schüler schreiben Rezensionen zu Büchern über den Nationalsozialismus

Geeignet für die Klassen 11-13

9.11.1 Methodisches Konzept

Idee:

In der Sekundarstufe II wird von den Schülerinnen und Schülern eine systematische Erarbeitung des Themas „Drittes Reich" oft als Wiederholung empfunden. Nicht nur der Geschichtsunterricht der Sekundarstufe I hat sich bereits diesem Thema gewidmet, meist wurde auch im Politik-, Religions- und im Deutschunterricht über den Nationalsozialismus gesprochen. Deshalb sind Schwerpunktsetzungen für diese Unterrichtseinheit in der Sekundarstufe II immer sinnvoll, oft aber schwierig, denn die Schülerinnen und Schüler besitzen in der Regel unterschiedliche Vorkenntnisse zu diesem Thema und haben unterschiedliche Interessen entwickelt.

Man kommt deshalb selten auf einen Nenner, wenn man versucht, verbindliche Themenschwerpunkte für alle gemeinsam festzulegen. Einige Schülerinnen oder Schüler haben einen bestimmten Aspekt noch gar nicht behandelt, andere dagegen sagen, dass ihnen genau das schon

Bücherkiste zum Thema Holocaust

„zum Halse heraushänge". Für einen schülerorientierten Ansatz muss deshalb eine thematische Binnendifferenzierung vorgenommen werden.

Diese lässt sich mit einer individuellen Lektüre von Jugendbüchern gut bewerkstelligen, denn gerade zum Dritten Reich gibt es eine Fülle von Jugendbüchern, und jährlich erscheinen neue. In dieser Fülle lassen sich inzwischen zu fast allen thematischen Aspekten Bücher finden, wobei der Holocaust bei weitem überwiegt.

Hinzu kommt, dass die Jugendliteratur gerade für dieses Thema didaktische Vorteile bietet, die nicht auf die Sekundarstufe II beschränkt sind, sondern diese Literatur auch für die niedrigeren Jahrgangsstufen geeignet erscheinen lassen: Für die heutigen Schülerinnen und Schüler, die in einem Rechtsstaat aufgewachsen sind, ist es äußerst schwierig, sich in die Lage der Menschen in der nationalsozialistischen Diktatur hineinzudenken, egal ob in die der Täter, Mitläufer oder Opfer. Das Bedrückende, Einengende und Propagandistische dieser Zeit ist für die nachlebenden Generationen wohl kaum vorstellbar. Eine Auseinandersetzung oder Wertung erfolgt deshalb oftmals ohne echte emotionale Anteilnahme allein aus antrainierten moralischen Kategorien. Auf diese Weise lassen sich rechtsradikale Tendenzen nicht wirkungsvoll verhindern.

Die Jugendliteratur kann wertvolle Hilfestellungen geben, um neben der kognitiven auch eine emotionale Auseinandersetzung in Gang zu setzen. Mit ihrer anschaulich-erlebnishaften Darstellungsweise und ihren Identifikationsangeboten ermöglicht sie den Lesern, sich konkretere Vorstellungen von der Nazi-Zeit zu machen als mit den meist eher distanzierten Schulbuchdarstellungen,[173] sich in die damalige Situation hineinzuversetzen und die erzählte Geschichte auf sich und das eigene Leben zu beziehen.

Das Verhalten der Menschen in den Romanen bietet den jungen Lesern Verhaltensmuster an, die sie auf sich beziehen, mit denen sie sich auseinandersetzen oder an denen sie sich reiben können. Gerade beim Thema Judenverfolgung ist die Erlebnisperspektive der Opfer von Gewalt und Ausgrenzung eine wichtige Ergänzung zur distanziert-informierenden Vermittlung, die vor allem der moralischen Bildung dient. Insgesamt kann das letztlich zu einem politisch reflektierten Denken und Handeln führen.[174]

Bei der Behandlung eines Jugendbuches in der Sekundarstufe II muss natürlich eine niveauvolle Auseinandersetzung gewährleistet sein. Die hier vorgeschlagene Methode führt zu einem sehr anspruchsvollen Produkt, zu einer Rezension, d.h. einer Buchbesprechung, die weit über inhaltliche Aspekte hinausgeht und auch das vermittelte Geschichtsbild mit seinen Wertungen, Darstellungsweisen und Urteile analysiert und beschreibt.

Dieses Ziel erlaubt es, nicht nur auf Bücher zurückzugreifen, die inhaltlich der Sekundarstufe II angemessen sind; es können auch ganz bewusst Bücher für jüngere Kinder und Jugendliche einbezogen werden. Auch eventuelle Vorbehalte von Schülerinnen und Schülern, diesem Medium schon entwachsen zu sein, werden mit diesem Endprodukt aufgehoben.

Für die Schülerinnen und Schüler dient das Schreiben der Rezension vor allem dazu, die Lektüre nicht nur in Bezug auf den Inhalt zu rezipieren, sondern auch die dort eingesetzten Methoden zur Geschichtsvermittlung zu analysieren und deren Qualität zu überprüfen. Das Anfertigen einer solchen Rezension erleichtert den Schülerinnen und Schülern, später auch andere historische Romane leichter zu beurteilen sowie allgemein zu einem eigenen Beurteilungsraster für Gelesenes zu kommen.[175]

Vorgehen:

Nachdem das Projekt vorgestellt ist, sollte den Schülerinnen und Schülern Zeit gegeben werden, sich für ein Buch zu entscheiden. Besonders günstig ist es natürlich, wenn eine Bücherkiste zur Verfügung steht. Da das Thema aber in so vielen Jugendbüchern behandelt wird, können die Schülerinnen und Schüler auch getrost selbstständig auf die Suche geschickt werden. In jeder Schul- oder Stadtbibliothek lässt sich dazu etwas finden, der Buchhandel kann auf Neuerscheinungen hinweisen und zahlreiche Zusammenstellungen[176] erleichtern dem Lehrer Empfehlungen.

Arbeitsaufträge:

1. Suchen Sie sich ein Kinder- oder Jugendbuch aus, das den Nationalsozialismus zum Thema hat. Bedenken Sie bei der *Auswahl*, dass Sie sich mit diesem Buch sehr intensiv beschäftigen müssen. Nehmen Sie sich die Zeit, den Klappentext sowie das erste Kapitel gründlich zu lesen, bevor Sie sich endgültig entscheiden. Eventuelle Altersvorgaben brauchen sie als Rezensent nicht auf sich selber zu beziehen.

2. Lesen Sie das Buch! Beobachten Sie sich dabei als Leser und machen Sie sich zu ihren *ersten Eindrücken* Notizen. Mögliche Anhaltspunkte dazu können sein:

◆ Welche Textpassagen gefallen ihnen?

◆ Welche sind mühsam zu lesen?

◆ Wo fällt Ihnen eine Identifikation mit dem Protagonisten leicht, wo gelingt sie nicht?

◆ Spricht Sie die Handlung an?

◆ Inwieweit können Sie sich in die Zeit hineindenken?

3. Machen Sie sich Stichworte zum *äußeren Rahmen* des Buches! Folgende Aspekte sollten dabei beachtet werden:

◆ Verfasser, Titel, Erscheinungsort und -jahr;

◆ Angaben zum Autor;

◆ Angaben zu Umfang, Preis und Ausstattung.

4. Erschließen sie den Text *inhaltlich:*

◆ Wovon handelt der Text? – Knappe Inhaltsangabe.

◆ Wer sind die Hauptpersonen? Sind sie repräsentativ für eine bestimmte Gruppe? Wie entwickeln sie sich?

◆ Wo wird das Geschehen zeitlich und örtlich fixiert?

5. Prüfen Sie den *historischen Hintergrund.*

◆ Werden historisch nachweisbare Ereignisse oder Personen erwähnt?

◆ Wird die Handlung in größere geschichtliche Zusammenhänge eingebunden?

6. Beurteilen Sie die *Darstellung des Nationalsozialismus.*

◆ Wie ist der Nationalsozialismus dargestellt? Welche Teilaspekte werden angesprochen? Was wird eventuell verschwiegen oder nicht angesprochen, obwohl die Handlung es erwarten lässt?

◆ Was wird über die Zusammenhänge, Ursachen und Folgen des Nationalsozialismus vermittelt, und wie werden diese geschichtlich eingeordnet?

◆ Welche Rolle spielt Hitler in der Darstellung?

◆ Wird die Geschichte von „unten" dargestellt, aus Sicht des „kleinen Mannes" und im Hinblick auf Konsequenzen für sein Alltagsleben?

◆ Welche Erzählperspektive wird gewählt? Gibt es eine subjektive Erlebnisperspektive oder eine Multiperspektive auf Grund der Sichtweise verschiedener Personen oder auf Grund unterschiedlicher zeitlicher Erzählebenen (damals – heute)?

◆ Ist die Handlung multiperspektivisch dargestellt? Kommen sowohl Nazi-Gegner als auch Befürworter zu Wort?

◆ Welche Normen bzw. Verhaltensweisen werden dem Leser nahe gelegt?

◆ Welche Ursachen und Deutungen werden für den Nationalsozialismus gegeben? Ist eine „Faschismustheorie" erkennbar?

◆ Werden Konsequenzen aus der Nazi-Zeit für die Gegenwart und für das gegenwärtige politische Handeln deutlich?

◆ Ist die Darstellungs- und Erzählform altersangemessen? Welche Vorkenntnisse muss der Leser mitbringen? Sind Vereinfachungen vorgenommen und vertretbar?[177]

7. Sichten und Ordnen Sie ihre Notizen und schreiben Sie daraus einen zusammenhängenden *Text*, der im Wesentlichen der Gliederung – äußerer Rahmen, Inhalt, Beurteilung – folgt.

Ergebnisse:

Rezensionen erscheinen normalerweise in verschiedenen Medien, um auf Bücher aufmerksam zu machen oder Neuerscheinungen vorzustellen. Sie helfen den Lesern, sich auf dem Buchmarkt zu orientieren, und vermitteln ihnen Kategorien für eigene Urteile. Deshalb wäre es schön, wenn die Schülerinnen und Schüler ihre Rezensionen am Ende in irgendeiner Weise veröffentlichen können: in der Bibliothek auslegen, als Buchempfehlungen den Geschichtslehrern der Schule an die Hand geben, als Buchbesprechung in der Lokalpresse oder – was immer beliebter und verbreiteter wird – im Internet vorstellen.

Erweiterung:

Für einen *Leistungskurs* kann diese Unterrichtseinheit noch auf einem höheren Niveau durchgeführt werden. Neben der Beschäftigung mit einzelnen Büchern kann zusätzlich darüber gesprochen werden, wie sich die Behandlung des Themas Nationalsozialismus in Jugendbüchern seit der Nachkriegszeit verändert hat, wie unterschiedlich sie in West- und Ostdeutschland war und welche neuen Tendenzen es gibt. Mit einer solchen Untersuchung ließe sich ein sehr anspruchsvolles Lernziel verfolgen: die Erkenntnis, wie gesellschaftliche Einstellungen Einfluss auf die Be- und Verarbeitung von Geschichte in Jugendbüchern haben. Daraus kann letztlich die Erkenntnis abgeleitet werden, dass jede Geschichtsbetrachtung von Einstellungen bestimmt wird.

Dazu müssten eigentlich geeignete Beispiele herangezogen werden, über deren Vergleich nach der Buchvorstellung im Kurs auf solche Fragen eingegangen werden kann. Da es aber relativ schwierig ist, ältere Jugendbücher zu bekommen und die Schülerinnen und Schüler in ihrer Auswahl dann schon wieder sehr beschränkt wären, ist es sinnvoller, mit Statistiken zu arbeiten und diese zu interpretieren. Die neuesten Tendenzen auf dem Buchmarkt lassen sich dann gut durch die Leseerfahrungen und die Rezensionen der Schülerinnen und Schüler ergänzen. Folgende Tendenzen müssten dabei herausgearbeitet werden:

◆ Bei der Aufarbeitung des Nationalsozialismus in der fiktionalen Jugendliteratur lassen sich seit 1945 erhebliche Veränderungen feststellen.

◆ Bis in die 1960er-Jahre wirken sich Verdrängungsabsichten und -mechanismen so stark aus, dass Kinder- und Jugendliteratur aus lesepsychologischen und pädagogischen Gründen auf fest umrissene unpolitische Themen beschränkt wird. „Krieg und Ausrottung, Politik und Wirtschaftsinteressen seien zu bedrängend bzw. zu abstrakt, als dass Kinder mit ihnen behelligt werden dürfen. Dabei waren die Eltern selbst als Kinder deren Opfer gewesen."[178]

◆ Bis in die 1970er-Jahre hinein hat es in Westdeutschland kaum eine Aufarbeitung des Nationalsozialismus in der Jugendliteratur gegeben. Bis dahin kam er lediglich im Zusammenhang mit dem Thema „Flucht und erste Nachkriegszeit" vor.

◆ In den 80er-Jahren wird keine andere Epoche in der historischen Jugendliteratur so stark berücksichtigt wie die des Nationalsozialismus.

◆ Bis in die neunziger Jahre kann dann eine deutliche Steigerung der Produktionen zum Thema Nationalsozialismus beobachtet werden, wobei es einige auffällige Höhepunkte gibt.

◆ Widerstand war vor allem ein Thema in der DDR.

◆ In neuester Zeit werden in Jugendbüchern oft die Spätfolgen des Nationalsozialismus dargestellt, bevorzugt sogar aus ausländischer Sichtweise, z.B. durch Übersetzungen israelischer Autorinnen.

◆ Eine zurzeit sehr aktuelle Frage in der Literatur ist, wie die nachgeborene Generation mit der Schuld von Familienangehörigen umgeht.

10.   Materialien

M1: Anteil der zeitgeschichtlichen Romane (Nationalsozialismus und seine Folgen) an der gesamten Kinder- und Jugendliteratur in der Zeit von 1931 bis 1997

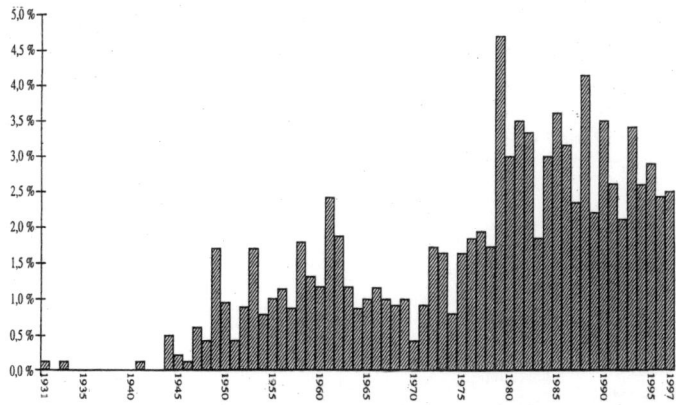

Nach: Lange, G. Zeitgeschichtliche Kinder- und Jugendliteratur. In: Kinder- und Jugendliteratur. Ein Lexikon. Hrsg. v. Günter Lange und Franz-Josef Payrhuber. Meitingen 1995ff. 5. Erg.-Lfg. Februar 1998, S. 1-40 (S. 4)

M2: Neuerschienene Jugendbücher in der Bundesrepublik bis 1980 nach Themen

Flucht und erste Nachkriegszeit	48%
Vorgeschichte	5%
Judenverfolgung	9%
Widerstand	8%
Jugendliche im NS-System	10%
Emigration und Exil	7%
Sinnlosigkeit des Krieges	14%

Nach: Otto, B.: Die Aufarbeitung der Epoche des Nationalsozialismus im fiktionalen Jugendbuch der Bundesrepublik Deutschland von 1945-1989. Ein politikwissenschaftlicher Beitrag zur Jugendbuchforschung. Frankfurt/M. u. Bern 1981

M3: Neuerschienene Jugendbücher in beiden deutschen Staaten bis 1997 nach Themen (Gesamtzahl der untersuchten Titel: 820); zu den fehlenden Kategorien liegen keine gesicherten Zahlen vor.

Thema	absolut	BRD bis 1990	DDR	nach 1990
Ende der Weimarer Republik/ „Machtergreifung"	28			
Veränderungen im Alltag	76			
Jugenderziehung/Jugendverbände	61			
Judenverfolgung	191			
Widerstand	169	47	102	20
Krieg	173			
Nachkriegszeit/Flucht/Vertreibung	201			
Emigration	28			
Das „Dritte Reich" vom Ausland gesehen	35			
Neonazis	49			26
Sachbücher	69			

Zusammengestellt nach: Lange, G. Zeitgeschichtliche Kinder- und Jugendliteratur. In: Kinder- und Jugendliteratur. Ein Lexikon. Hrsg. v. Günter Lange u. Franz-Josef Payrhuber. Meitingen 1995ff. 5. Erg.-Lfg. Februar 1998, S. 1-40 (S. 5 ff.)

M4: Zeitliche Entwicklung des Themas „Judenverfolgung" in der Kinder- und Jugendliteratur (prozentualer Anteil an den 191 aus M3)

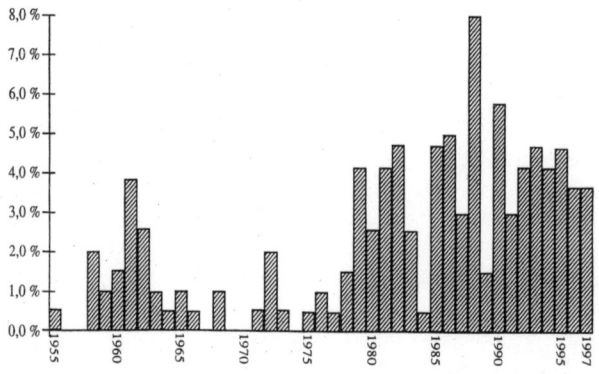

Nach: Lange, G. Zeitgeschichtliche Kinder- und Jugendliteratur. In: Kinder- und Jugendliteratur. Ein Lexikon. Hrsg. v. Günter Lange und Franz-Josef Payrhuber. Meitingen 1995ff. 5. Erg.-Lfg. Februar 1998, S. 1-40. (S. 6)

Erklärungsansätze:

◆ Die Verdrängung der nationalsozialistischen Vergangenheit in den 1950er- und 1960er-Jahren hat das Thema aus der Jugendliteratur weitgehend herausgehalten und eine überproportionale Bearbeitung des Themas „Flucht und erste Nachkriegszeit" bewirkt.

◆ Die Verwüstungen jüdischer Friedhöfe und Hakenkreuzschmiereien Ende der fünfziger Jahre sowie der Auschwitz-Prozess 1963-67 führten zu ersten Ansätzen einer Aufarbeitung des Themas Judenverfolgung in den 1960er-Jahren. Die Ausstrahlung der Holocaust-Serie von Marvin Chomsky 1979 im Fernsehen sowie der Hitler-Film von Joachim Fest und die Hitler-Tetralogie von Hans Jürgen Syberberg 1977 brachten das Thema Judenverfolgung in die Öffentlichkeit und führten auch zu einer Bearbeitung in der Jugendliteratur. Eine ähnliche Wirkung hatte dann noch einmal Spielbergs Film „Schindlers Liste" 1993.

◆ In der BRD war lange allein der militärische Widerstand akzeptiert. Erst allmählich kamen verschiedene Formen des Widerstands in den Blick und damit auch in die Jugendliteratur. In der DDR wurde Widerstand als Antifaschismus gedeutet und passte damit hervorragend in das zu vermittelnde offizielle Geschichtsbild.

◆ Seit Mitte der 1970er-Jahre verstärkte sich infolge der Studentenbewegung und des Majdanek-Prozesses die Bereitschaft, sich mit den Auswirkungen des Nationalsozialismus auf die Gegenwart auseinanderzusetzen. Die Jahres- und Gedenktage der Machtergreifung und der Pogromnacht in den Achtzigern sowie der Einzug rechtsradikaler Abgeordneter in Kommunal- und Landesparlamente führten zu einer verstärkten Auseinandersetzung in Kinder- und Jugendbüchern mit dem Nationalsozialismus. Darin wurde der Nationalsozialismus für eine Generation, die diese Zeit nur aus dem Geschichtsunterricht und scheinbar belanglosen Erinnerungen der Älteren kannte, literarisch aufgearbeitet und seine inhumanen und antidemokratischen Strömungen verdeutlicht.[179] Der Anstieg neonazistischer Ausschreitungen in den alten und neuen Bundesländern nach der Wende kann den deutlichen Anstieg von Neuerscheinungen zum Thema Neonazismus und Rassismus seit Anfang der 1990er-Jahre erklären.

Buchvorschläge:

Im Folgenden wird auf einige Bücher aufmerksam gemacht, die bestimmte Aspekte thematisieren. Diese Liste ist aber weder als repräsentativ zu sehen, noch soll sie als verpflichtend angesehen werden. Sie will lediglich verdeutlichen, welche Vielfalt der Jugendbuchmarkt für dieses Thema bereithält.

Es ist leicht, sich über die Mitläufer des Nationalsozialismus mit moralischen Urteilen zu erheben; ein solches Verhalten hat nur wenig mit historischem Lernen zu tun. Hier wird der Aspekt Fremdverstehen ganz wichtig. Es geht also vor allem darum, die Situation und die mentale Disposition der Menschen zu rekonstruieren und nach Gründen für ihre Verführbarkeit zu suchen. Denn dadurch können sich die Schülerinnen und Schüler letztlich selbst als prinzipiell verführbar begreifen, was eine sehr wichtige Einsicht ist. Für die Buchauswahl ist es deshalb wichtig, nicht nur die Opferperspektive zu berücksichtigen, aus der zahllose Romane und Biographien erzählt werden, sondern mit einigen Büchern auch die Täterperspektive mitzubedenken.

Eine gute Möglichkeit dazu bietet das schon ältere Buch von *Horst Burger „Warum warst du in der Hitlerjugend? Vier Fragen an meinen Vater" (1976)*. Es war das erste Jugendbuch, das deutlich macht, dass das nationalsozialistische Gedankengut 1945 nicht vollständig untergegangen ist, sondern in die Zeit der Bundesrepublik weitergetragen wurde. In diesem Buch stellt sich dreißig Jahre nach Ende des Zweiten Weltkrieges ein Vater unter dem Namen Walter Jendrich, das Alter ego Burgers, den kritischen Fragen seines Sohnes über sein Leben und seine Erlebnisse während der Nazi-Zeit, über Judenverfolgung, Hitlerjugend, Krieg und Nachkriegszeit. Aus der Perspektive junger Menschen wird nach Fakten und Meinungen gefragt, die zur Begeisterung so vieler Deutscher für Hitler und seine Ideologie geführt haben. Der Leser soll sich also nicht mit der vergangenen Situation des Jugendlichen im Dritten Reich identifizieren, sondern mit der gegenwärtigen Situation eines Jugendlichen. Der Autor gibt in distanzierender Er-Form seinem Sohn Antworten. Eingefügt sind darin Gespräche zwischen Walter Jendrich und dem ehemaligen KZ-Häftling Karl Lademann, in denen der ehemalige Kommunist Lademann die historischen Hintergründe des Nationalsozialismus aus kommunistischer Sicht erklärt. Das Besondere dieses Buches ist wohl, dass es weit in die Nachkriegszeit hineingreift, indem im Schlussteil aus der Sicht Lademanns erzählt wird, wie er eine Neonaziversammlung erlebt und sich anschließend aus Enttäuschung über die Entwicklung in der Bundesrepublik umbringt.

Ein neueres Beispiel, das sehr gelungen sowohl die Täter- als auch die Opfersicht auf den Nationalsozialismus und die Rassenideologie darstellt, ist der auf S. 120 bis 130 beschriebene Roman von *Günther Bentele „Die zwei Leben der Isolde G." (2004)*.[180]

Imre Kertész autobiographisches Werk „*Roman eines Schicksallosen*" ist eines der beeindruckendsten literarischen Werke zum Thema „Auschwitz". Es erschien bereits 1975 in Budapest, liegt seit 1990 als Übersetzung und seit 1998 als Taschenbuch vor. Es wurde von der Literaturkritik intensiv diskutiert.

Der Ich-Erzähler György Köves aus Budapest berichtet darin, was er vom Frühjahr 1944 bis zum Sommer 1945 erlebt und erlitten hat. György ist zu Beginn ein noch recht naiv-kindlicher Fünfzehnjähriger. Aus dieser Perspektive wird das Schicksal seiner Familie erstaunlich unterkühlt erzählt, so dass durch die verstörend verzerrte Berichterstattung das Grausame des Erzählten deutlich wird. Mit erstaunlicher Gelassenheit berichtet der Ich-Erzähler György über sein Leben im Konzentrationslager. Dadurch wird nicht nur anschaulich und authentisch, sondern auch irritierend über den Terror der Nazis berichtet, denn alles ist verwoben mit den Erfahrungen des Erwachsenwerdens: die schmerzhafte Ablösung von den Eltern, erste, harmlose erotische Erfahrungen und Ausbildung einer Ich-Identität durch einen brutalen Selbstverlust. Bei Kriegsende sieht György sich als „verschrumpelten Greis" (S. 182).

Bemerkenswert an diesem Roman ist weiterhin, dass sowohl von den Tätern als auch von den Opfern die Rede ist. Entscheidend dabei ist, dass weder die Täter noch die Opfer klischeehaft dargestellt werden: Weder sind die Täter durchgehend als schlechte Menschen noch die Opfer als ausschließlich gut gezeichnet. Das vermittelt den Anschein einer gewissen „Normalität", die es jugendlichen Lesern erleichtert, die Handlung auf sich selbst zu beziehen.

Stark autobiographisch ist auch „*Das Sandspiel*" (1994) von *Uri Orlev.* Der Autor erzählt darin in recht distanzierter und kühler Art seine Kindheitserlebnisse im Warschauer Ghetto, im KZ Bergen-Belsen und bei der Überfahrt nach Israel. Seine zum Teil unzusammenhängend hintereinander gestellten Erinnerungen an die Kriegsspiele mit seinem Bruder, an das Verschwinden seines Vaters und später auch seiner Mutter klingen wie Abenteuergeschichten. Und so hat sie Uri Orlev zum Teil wohl auch wahrgenommen und vor allem für seinen Bruder dieses Gefühl erzeugt. Mit ihm zusammen gibt er sich der Fiktion hin, dass der Krieg und die Vernichtung der Juden überhaupt nicht in der Wirklichkeit stattfänden, sondern er als Sohn des Kaisers von China in einem Bett auf einer großen Bühne läge und von dort aus das Geschehen beobachte. Damit ermöglicht dieses Buch zu erkennen, wie solche schrecklichen Erlebnisse von Kindern bewältigt wurden.

Das erste Buch, das das Leben jüdischer Kinder nicht nur im national-sozialistischen Alltag darstellt, sondern sie bis in die Konzentrationslager begleitet, ist das bereits 1961 erschienene Buch *„Sternkinder"* von *Clara Asscher-Pinkhof.* Das Buch reiht die Geschichten verschiedener Kinder aneinander, die auf unterschiedliche Weise die Diskriminierungen der Nationalsozialisten erleben und verarbeiten. Die personale Erzählweise wirkt sehr eindringlich; gleichzeitig verdeutlicht sie, wie Kinder in diesen schrecklichen Verhältnissen lebten und sogar überleben konnten. Clara Asscher-Pinkhof beschönigt nichts, dennoch zeigt sie, dass es auch in den schrecklichsten Zeiten Märchen-Momente gibt, die die Hoffnung nicht sterben lassen.

Clara Asscher-Pinkhof bekam damals den Deutschen Jugendliteraturpreis, allerdings war diese Entscheidung sehr umstritten, denn viele meinten, dieses Buch sei für Jugendliche unzumutbar. Deshalb bietet es sich bei diesem Roman an, mit Schülerinnen und Schülern darüber zu diskutieren, wieviel Grausames in Jugendbüchern zum Holocaust vorkommen darf, soll oder muss.

Gleich mehrere Auszeichnungen bekam der Roman *„Damals war es Friedrich"* von *Hans Peter Richter,* ebenfalls aus dem Jahr 1961. Das Buch stand auf der Auswahlliste für den Deutschen Jugendliteraturpreis und ist als Schullektüre immer noch verbreitet, obwohl die Darstellungsweise des jüdischen Lebens und des Mitläufertums inzwischen oft als nicht der Realität entsprechend kritisiert werden. Zudem wird dem Buch oft vorgeworfen, es zeige mit seiner Freundschaftsgeschichte eine Ausnahmesituation, die den Holocaust zu weit ausblende.[181]

Erzählt wird von einem Jungen, der namentlich nicht genannt wird, über seine Freundschaft zu dem gleichaltrigen Nachbarsjungen Friedrich Schneider, der Jude ist. In Form von Kurzgeschichten werden einzelne Begebenheiten aus der Zeit von 1925 bis 1942 geschildert, die zeigen, wie Friedrich und seine Familie die zunehmende Isolierung, Anfeindungen und Ausgrenzungen erleben. Die Familie des Ich-Erzählers hilft den Schneiders zwar so gut, wie sie nur kann, dennoch sind sie die klassischen Mitläufer: Der Vater tritt in die Partei ein, weil er sich persönliche Vorteile davon verspricht; sein Sohn geht ganz selbstverständlich zur Jungschar. Wie wenig die Jungen die Ideologie und Rassentheorie der Nationalsozialisten verstanden haben, zeigt sich eindrücklich in der Szene, als Friedrich scheinbar ganz selbstverständlich mit seinem Freund zu einem Abend der Jungschar mitgeht. Der Roman endet mit dem Tod Friedrichs, der bei einem Bombenangriff keinen Schutz im Bunker bekommen kann.

Das Buch ist stärker pädagogisierend als neuere Werke und durch einige Vereinfachungen auch problematisch. Dennoch fordert es gerade wegen seiner offenen literarischen Form zur Reflexion über Diskriminierungen und das Verhalten von Mehrheiten auf.

Der autobiografische *Roman „Ich war Hitlerjunge Salomon" (1990)* von *Sally Perel* wurde durch seine Verfilmung bekannt. Sally wurde 1925 in Peine geboren und verlebte dort bis 1935 eine nahezu unbeschwerte Kindheit. Dann musste er allerdings aufgrund der Rassegesetze die Schule verlassen, und die Familie flüchtete nach Polen. Doch dort holte sie mit Kriegsbeginn der nationalsozialistische Terror ein. Während die Eltern ins Ghetto kamen, gelingt den Söhnen die Flucht in die Sowjetunion. Nachdem die Deutschen in die Sowjetunion einmarschiert waren, wurde Sally von deutschen Soldaten gefangen genommen. Schnell entschlossen gab er sich als Volksdeutscher Josef Perjell aus und kam als Hitlerjunge Jupp nach Braunschweig. Dort ging er so in seiner neuen Identität auf, dass er sogar Vorträge hielt, warum die jüdische Rasse vernichtet werden müsse.

Das Buch von *Inge Barth-Grözinger „etwas bleibt" (2004)* schildert in inhaltlich ähnlicher Weise, wie die Lebenswelt der Juden ab 1933 immer enger wird und Kinderfreundschaften nur unter schwierigen Bedingungen bestehen bleiben können. Die Hauptperson dieses Romans ist der jüdische Junge Erich Levi. Er wird in der Schule immer stärker diskriminiert und muss sie schließlich verlassen. Er verliert nach und nach seine Freunde, weil es für sie zu gefährlich wird, mit ihm gesehen zu werden, und er kann seine erste große Liebe nicht ausleben, weil seine Freundin die Nichte eines besonders überzeugten Nazis ist. Auch für die Eltern wird das Leben in dem kleinen Ort Ellwangen immer schwieriger. Der Vater war bislang ein angesehener Viehhändler,

doch nun trauen sich die meisten Bauern nicht mehr, bei ihm Tiere zu kaufen. Als einige SS-Leute in einer Nacht mehrere Tiere umbringen und die Ställe in Brand stecken wollen, verliert der Vater seine Selbstachtung und die Familie entscheidet sich dazu, Deutschland zu verlassen. Der Roman endet 1938 mit der Auswanderung der Levis in die USA.

Interessant an diesem literarisch vielleicht nicht immer gelungenen Roman ist die Tatsache, dass der Roman auf tatsächlichen Ereignissen basiert. Inge Barth-Grözinger, Geschichtslehrerin am Gymnasium in Ellwangen, hat im Zusammenhang mit der Aufstellung einer Gedenkskulptur für die letzten jüdischen Schüler die Lebensgeschichte des Erich Levi aus Zeitzeugenbefragungen, Briefwechseln und Interviews mit den Nachfahren rekonstruiert. So ist ein recht authentisches Bild des jüdischen Lebens im Nationalsozialismus entstanden. Dieses Bild zeigt zwar nur die Zeit bis 1938, lässt den Holocaust also außen vor, ist aber dennoch oder gerade deshalb ein wichtiges Zeugnis für die Ungerechtigkeit des Rassismus. Darüber hinaus zeigt die Romanhandlung, wie und warum so viele Menschen zu Mitläufern des Systems wurden und wie die Angst vor Repressalien ihre Widerstandskraft brach.

Den aktiven Widerstand gegen Hitler thematisiert *Hermann Vinke* in seinem biografischen Werk *„Das kurze Leben der Sophie Scholl" (1980)*, das von Schülerinnen und Schülern immer noch mit großem Interesse und Anteilnahme gelesen wird. In diesem Jugendbuch wird die Widerstandsgruppe „Weiße Rose" durch ein Portrait der Sophie Scholl vorgestellt. Tagebuchnotizen, Gespräche mit der noch lebenden Schwester, mit Bekannten und ehemaligen Freunden lassen das Bild einer jungen Frau entstehen, die bewusst und risikobereit für den Widerstand gegen Hitler arbeitete.

Eine nicht ganz so spektakuläre Form des Widerstands
stellt *Hermina Frankovà* in
ihrem Roman *„Ein Versteck
für Paul" (2003)* dar. Dieser
Roman handelt von einer
Gruppe Jugendlicher, die einen französischen Jungen versteckt, der aus einem Trans-
portzug mit Gefangenen
flüchten konnte. Die spektakuläre Fluchtgeschichte spielt
sich in einem kleinen Dorf in
der Nähe von Prag im Frühjahr 1945 ab. Vier Gefangene
haben die Flucht geplant, doch
die drei Erwachsenen werden
sofort wieder eingefangen.
Nur Paul wird nicht gefunden, weil er von einem tsche-
chischen Jugendlichen na-

mens Milan in einem Sportheim versteckt wird. Milan versorgt zusammen mit seinen Fußball-Freunden Paul mit allem, was er braucht.
Dabei sind sie auf die Hilfe von Vendula angewiesen, weil sie als einzige
Französisch spricht. Im Dorf gibt es schnell das Gerücht, ein Dieb treibe
sein Unwesen, weil die Jugendlichen immer wieder Lebensmittel oder
Kleidung für Paul entwenden. Doch die Situation spitzt sich erst richtig
zu, als Paul krank wird und nicht in seinem Versteck bleiben kann.
Doch auch diese schwierige Situation meistern die Jugendlichen ohne
direkte Hilfe eines Erwachsenen.

Dieser Roman ist ein gutes Beispiel für Zivilcourage und gleichzeitig
eine spannende Lektüre, auch für Fußballbegeisterte.

Diesen Ansatz führt die israelische Autorin *Gila Almagor* in ihrem
Roman *„Auf dem Hügel unter dem Maulbeerbaum" (1994)* weiter. Sie
beschäftigt sich darin mit den Auswirkungen des Holocaust für die
überlebenden jüdischen Kinder- und Jugendlichen Dabei wird das
Thema Judenverfolgung von einer ganz ungewöhnlichen Seite beleuch-
tet: Die jugendliche Ich-Erzählerin berichtet über das Leben in einem
Kinderdorf in Israel 1953. Hier leben vor allem Waisenkinder, die dem
Holocaust entkommen konnten. Vor allem zwei Schicksale berühren

die Kinder in diesem Heim besonders: Das von Jola, die eines Tages erfährt, dass ihr Vater noch in Polen lebt. Doch noch bevor sie zu ihm reisen soll, stirbt er. Zum anderen das von Mira, einem Mädchen, das den anderen hartherzig und egoistisch erscheint. Sie lebt ausgestoßen von der Gruppe, bis sie eines Tages vor zwei Besuchern flieht. Diese behaupten seit Kriegsende, dass Mira ihre Tochter sei. Mira bezweifelt das, doch hat sie jede Erinnerung an ihre Kindheit und ihre Familie verloren. Als es schließlich zu einem Gerichtsverfahren kommt, gelingt es Mira kurz vor der Urteilsverkündung, sich an ihre leiblichen Eltern und ihre Kindheit zu erinnern. Sie findet ihre Identität wieder, und ihre vermeintlichen Eltern müssen erkennen, dass niemand den Platz ihrer eigenen von den Nazis ermordeten Tochter einnehmen kann.

Almagor macht in diesem Roman deutlich, wie stark Nationalsozialismus und Holocaust die nachfolgende Generation belasten.

Einen ähnlichen Aspekt berücksichtigt *Ingeborg Bayer* in ihrem Buch *„Zeit für die Hora" (1988)*, das 1989 den Deutschen Jugendbuchpreis erhielt. Es beginnt in der Kolonialzeit Palästinas und reicht bis zur Entstehung des Staates Israel. Damit versucht dieser Roman eine Verbindung zwischen Vergangenheit und Gegenwart aufzuzeigen, die Verständnis für die gegenwärtige Krisensituation im Nahen Osten ermöglichen soll und den Holocaust aus israelischer Sicht beleuchtet.

Auch der 1982 mit dem Deutschen Jugendliteraturpreis ausgezeichnete Roman *„Der gelbe Vogel"* von *Myron Levoy* behandelt den europäischen Holocaust aus der Außensicht. Levoy stellt das Schicksal eines jüdischen Mädchens in den Mittelpunkt, das weder in ein KZ verschleppt wurde noch im Untergrund leben musste. Sie lebt gerettet in den Vereinigten Staaten, und doch geht sie an den Auswirkungen des Nationalsozialismus zugrunde.

Erzählt wird die Geschichte aus der Sicht von Alan, eines jungen, jüdischen Amerikaners. Er wird gebeten, sich um die junge Französin Naomi zu kümmern, die im gleichen Haus wohnt. Diese ist ein äußerst verstörtes Mädchen, denn sie hat erleben müssen, wie die Nazis ihren Vater zu Tode prügelten. Selbst die Flucht nach Amerika hat ihre Angst vor den Nazis nicht verringern können.

Alan steht vor einer fast unmöglichen Aufgabe. Während Naomi immer nur Papier zerfetzt und kein Wort spricht, würde er viel lieber mit den anderen Jungen Schlagball spielen. Doch allmählich gewinnt Alan das Vertrauen Naomis; es gelingt ihm, sie aus ihrer Trauer heraus zu holen, und schließlich kann sie sogar mit ihm zur Schule gehen. Doch eines Tages werden die beiden von einem Mitschüler als dreckige Juden beschimpft. Alan prügelt sich mit dem Jungen und Naomi rennt schreiend davon. Der Schock darüber, dass sie hier dem gleichen Hass begegnet, der ihren Vater getötet hat, bringt sie um den Verstand.

Wie weit die Auswirkungen der nationalsozialistischen Vergangenheit reichen, zeigt auch das Buch *„Zwei rostbraune Zöpfe" (2002)* von *Raphaela Kehren*. In einem Film über die Gedenkstätte Yad Vashem sieht die Hauptfigur Michael die dicken, rostbraunen Zöpfen ausgestellt, die eine Mutter ihrem Kind vor der Deportation abgeschnitten hat. Das Mädchen, dem diese Zöpfe einmal gehörten, geht ihm nicht mehr aus dem Kopf, und so sucht er nach Informationen über sie. In Israel findet er Izak Hirsch, der ihm von seiner Schwester Lili erzählt, die in Auschwitz gestorben ist. Die Autorin macht aus der realen Geschichte von Lili und Izak Hirsch eine kriminalistische Entdeckungsreise, die die Vernichtungsmaschinerie der Konzentrationslager aufdeckt.

Ebenfalls mit den langfristigen Auswirkungen des Nationalsozialismus und des Holocausts auf einzelne Menschen beschäftigt sich der Roman *„Meine Schwester Sara" (2002)* von *Ruth Weiss*. Handlungsort ist ebenfalls nicht Deutschland, sondern Südafrika. Der Ich-Erzähler Jo blickt zurück bis in die fünfziger Jahre, als seine Familie ein deutsches Waisenkind adoptiert: seine Schwester Sara. Der Vater ist sofort von der blonden, blauäugigen Sara eingenommen. Als er jedoch erfährt, dass sie das Kind einer jüdischen Mutter ist, lehnt er sie völlig ab. Zwar darf Sara in der burischen Familie bleiben, aber der Vater beachtet sie überhaupt nicht mehr. Sara weiß nicht, warum er sich plötzlich ihr gegenüber so verhält und hat nur noch die Mutter und ihren Bruder Jo – den Ich-Erzähler – auf ihrer Seite. Interessant sind vor al-

lem die Entwicklungen, die Sara und Jo durchmachen. Sara wird, obwohl sie nichts von ihrer Vergangenheit weiß, zu einer Widerstandskämpferin. Dabei kämpft sie nicht nur für die Rechte der Schwarzen, sondern vor allem gegen die doppelte Moral des Vaters und gegen Rassismus in jeglicher Form. Erst bei einem Gerichtsverfahren gegen sie wird ihre Vorgeschichte aufgedeckt. Den Anstoß dazu gibt ihr Bruder Jo, der damit seinen Vater schwer belasten muss. Damit hat Jo eine Entwicklung abgeschlossen vom wenig nachdenklichen Befürworter der Apartheid hin zum nachdenklichen Menschenfreund. Ruth Weiss schafft es in diesem Roman, zahlreiche Parallelen zwischen dem Apartheidsregime und dem Nationalsozialismus mit seinen menschenverachtenden und gewaltbereiten Grundzügen aufzuzeigen. Damit zeigt sie, dass das Thema Rassismus mit dem Ende des Nationalsozialismus keineswegs beendet ist.

Ein Roman, der ebenfalls aus der Gegenwart in die Zeit des Nationalsozialismus blickt ist *„Die Zeit der schlafenden Hunde"* von *Mirjam Pressler* (2003). Die Jugendliche Johanna entdeckt bei einem Aufenthalt in Israel, dass ihr Großvater Nazi war und das Familienvermögen auf ehemaligem jüdischen Besitz beruht. Sie lernt in Jerusalem die Frau kennen, der früher einmal das Modehaus gehört hat, von dem jetzt ihre Familie lebt.

Als ihr Großvater Selbstmord begeht, sieht sie das als mögliches Schuldeingeständnis. Darüber gerät sie in einen schweren Konflikt mit ihrem Vater, der ihren Entschluss, nach dem Abitur für ein Jahr nach Israel zu gehen, nicht verstehen kann. Nach zahlreichen Gesprächen mit Verwandten findet Johanna schließlich einen Weg für sich, durch eine Art Wiedergutmachung den Familienfrieden wiederherzustellen.

Ein interessanter Roman, in dem es um die Verarbeitung von Geschichte und um die Frage von Schuld geht, nicht nur für die Zeitzeugen, sondern auch für die Generationen danach.

11. Beispielcurriculum

Im theoretischen Teil wurde in unterschiedlichen thematischen Zusammenhängen bereits auf einige Jugendbücher hingewiesen, und im praktischen Teil gibt es zu den Büchern, an denen die Unterrichtsmethoden illustriert wurden, ausführliche Inhaltsangaben. Darüber hinaus soll hier eine chronologisch-thematisch geordnete Zusammenstellung weitere Bücher kurz vorstellen, um die Suche nach geeigneten Romanen für den Unterricht oder für Leseempfehlungen zu erleichtern.

Vor- und Frühgeschichte:
Gabriele Beyerlein, Herbert Lorenz: Die Sonne bleibt nicht stehen. Eine Erzählung aus der Jungsteinzeit. Würzburg, Arena 1992. 5,90 €.
Der junge Dilgo muss eine Mutprobe bestehen, um als Jäger unter den erwachsenen Männern seines Stammes aufgenommen zu werden. Dabei kommt er in ein Dorf von Ackerbauern, verliebt sich in eine Bauerntochter und lernt so die Vorzüge des sesshaften Lebens sowie dessen Gefahren kennen.

Arnulf Zitelmann: Bis zum 13. Mond. Weinheim, Beltz&Gelberg 1992. 7,90 €.
Erzählt wird von Qila, einem Mädchen in der Steinzeit. Sie ist das letzte Mitglied ihres Stammes, wird aber vor dem Hungertod gerettet und lebt seitdem als Findelkind bei einem anderen Clan, der sie allerdings verstößt, als sie hellseherische Fähigkeiten entdeckt. Als Ausgestoßene wandert sie durch die Tundra und wird schließlich Heilerin.

Lene Mayer-Skumanz: Der Bernsteinmond – Geheimnis aus der Vorzeit. G&G Jugendbuch, 2004. 14,90 €.
Bei einer Ausgrabung wird ein Schmuckstück aus dem 8. vorchristlichen Jahrhundert gefunden, ein Bernsteinmond, und plötzlich taucht ein Mädchen namens Ili auf, die erstaunlich viel über das Leben in der vorgeschichtlichen Burgsiedlung weiß und den Alltag der Archäologen durcheinander bringt.

Frühe Hochkulturen
Eloise Jarvis Mc Graw: Tochter des Nils. Beltz&Gelberg 2002. 7,90 €.

Der jungen Sklavin Mara im alten Ägypten wird die Freiheit versprochen, wenn sie den Stiefsohn der Pharaonin ausspioniert. Da sie sich nichts mehr wünscht, als ihre Freiheit zu gewinnen, nimmt sie den Auftrag an, doch schon bald sieht sie sich gezwungen, durch einen zweiten geheimen Auftrag zur Doppelspionin zu werden.

Paul Kustermans: Timus lange Flucht. Beltz&Gelberg 2002. 7,90 €.
Timu wird auf einer Sandbank am Nilufer angeschwemmt und hat seine Erinnerung verloren, aber offensichtlich sollte er ermordet werden. Zusammen mit seinem Lebensretter Kafran macht er sich auf die Suche nach seinem bisherigen Leben und deckt darüber Intrigen im alten Ägypten auf.

Griechische Antike
Gabriele Beyerlein: Das Feuer von Kreta. Carlsen 2002. 7,50 €.
Ismene, die junge Königstochter von Mykene soll nach Kreta reisen, um am Feuerlauf teilzunehmen. Sie weiß, dass sie das heilige Feuer retten muss. Das ist ebenso schwierig, wie dass sie mit Gauklos vermählt wird, den sie wirklich liebt.

Römische Antike
Holler, Renée: Der Geheimbund der Skorpione. Ein Ratekrimi aus dem alten Rom. (=Tatort Geschichte). Loewe 2. Aufl. 2003. 7,90 €.
Siehe Kap. 9.1.

Harald Parriger: Der Dieb von Rom. Würzburg, Arena 2005. 9,90 €.
Marius' Familie ist bei einem reichen Römer so hoch verschuldet, dass er ihnen ihr Landgut nimmt. Die Familie geht nach Rom und lebt dort in Abhängigkeit der Gunst ihres Patrons. Marius aber will sich rächen, er wird zum Meisterdieb, der die Reichsten der Stadt bestiehlt und eine Verschwörung gegen Augustus aufdeckt.

Henry Winterfeld: Caius, der Lausbub aus dem alten Rom. München, Bertelsmann 2005. 5,00 €.
Caius, seine Freunde und sein Lehrer Xantippus werden im Rom der Kaiserzeit in eine Reihe spannender Abenteuer verwickelt, die sie mit List und Wagemut meistern. Darin sind geschickt viele Informationen zum Leben im antiken Rom einflochten.

Waltraut Lewin: Alles für Caesar. Ravensburger Buchverlag 1998. 6,50 €.
Die junge Römerin Sevilia ist gerade gegen ihren Willen verheiratet,

worden, als der attraktive Caesar bei ihr Schutz sucht vor der Verfolgung durch den Diktator Sulla. Sie verliebt sich in ihn und sie versucht, trotz aller Gefahren, Caesar bei der Flucht aus der Stadt zu helfen.

Mittelalter
Bentele, Günther: Blutiges Pergament. Thienemann 2002. 18,– €
(siehe Kap. 9.4)

Rainer M. Schröder: Das Vermächtnis des alten Pilgers. Arena 2001. 8,50 €.
Im Jahr 1095 will der alte Pilger Vinzent den elternlosen Marius auf eine Pilgerreise mitnehmen. Aber Vinzent stirbt und Marius verspricht ihm, dem Morgenstern zu folgen. So schließt er sich den Kreuzfahrern an und erkennt erst spät, dass er den Auftrag des alten Vinzent missverstanden hat.

Günther Bentele: Schwarzer Valentinstag. Thienemann 1999. 14,90 €.
Der Kaufmann Heinrich Schimmelpfennig wird 1347 wegen der angeblichen Fälschung von Gewichten für vogelfrei erklärt. Er verlässt mit seinem Sohn die Stadt, um in Straßburg Beweise für seine Unschuld zu finden.

Harald Parriger: Der Safranmord. Tödliche Äpfel. Der Galgenstrick. Arena je 6,90 €.
Diese drei Krimis stellen dar, wie der jugendliche Lorenz, der mit dem untalentierten Minnesänger Philipp von Mahlau durch das Land zieht, auf amüsante Weise Kriminalfälle an verschiedenen Orten löst.

Rainer M. Schröder: Das Geheimnis des Kartenmachers. Arena 2002. 17,50 €.
Der sechzehnjährige Caspar würde gerne in ferne Länder zu ziehen. Doch dazu fehlen ihm die Möglichkeiten. Er findet aber eine interessante Arbeit in der Werkstatt eines Kupferstechers, der die neuen astronomischen Theorien druckt, wonach die Erde eine Kugel sei und andere Seewege nach Indien möglich wären. Doch da lernt Caspar die Inquisition kennen.

Frühe Neuzeit
Svedelid, Olov: Die Hexe von Aggunda. dtv 2005. 6,50 €
(siehe Kap. 9.3.)

Wiebke von Thadden: Thomas und die schwarze Kunst. Beltz&Gelberg 1998. 8,90 €.
Der Bauernjunge Thomas hat das Lesen gelernt und ist so fasziniert von Büchern, dass er in die unbekannte Welt der Städte hinauszieht, um Büchermacher zu werden. Dabei erfährt er von der schwarzen Kunst, dem Buchdruck.

Ingeborg Bayer: Jacobbäas Traum. Arena 2004. 15,90 €.
Dargestellt wird die Entwicklung Jacobäas von der armen Hilfszofe in Augsburg, das von religiöser Verunsicherung durch die beginnende Reformation geprägt ist, bis zur erfolgreichen Pariser Puppenmacherin.

Harald Parriger: Die Hexe von Zeil. dtv 2002. 7,00 €.
Die neunzehnjährige Ursula muss erleben, nachdem ihre Mutter schon wegen Hexerei hingerichtet worden ist, wie jetzt ihr Vater und schließlich auch sie selbst der Hexerei angeklagt werden und wie die Folter den Willen und die Selbstachtung brechen kann.

Dreißigjähriger Krieg
Tilmann Röhrig: In dreihundert Jahren vielleicht. Arena1993. 5,50 €.
In dem kleinen Ort Eggebusch können sich im Oktober 1641 nur noch wenige Menschen an die Zeit vor dem Krieg erinnern. Auch die Welt des fünfzehnjährigen Jockel ist von der Angst vor plündernden Soldatenhorden und der Pest bestimmt, bis er sich in Katharina verliebt und die Hoffnung auf Frieden nicht aufgeben will – in dreihundert Jahren vielleicht.

Dörte Damm: Die Els und ich. Zwei Mädchen in den Wirren des Dreißigjährigen Krieges. Ueberreuter 2002. 14,90 €.
Die beiden Mädchen Mariezebill und Els überstehen gemeinsam in den Jahre 1645 bis 1648 viele gefährliche Situationen: die Pest in Frankfurt, einen Verdacht auf Hexerei, eine Flucht in Männerkleidung und den Alltag im Tross der Schweden.

Französische Revolution
Simone van der Vlugt: Sandrine. Bertelsmann 2002.
Die junge Adlige Sandrine entkommt 1789 in Paris nur knapp der Hinrichtung. Der Schusterjunge Philippe, selbst ein Aufständischer, verliebt sich in sie und nimmt sie mit in seine Familie. Dort lernt sie den harten Alltag des Dritten Standes kennen. Als weitere Liebhaber um ihre Gunst buhlen, ist ihre Tarnung in Gefahr.

19. Jahrhundert

Gabriele Beyerlein: In Berlin vielleicht. Thienemann 2005.
Lene, als uneheliches, nicht anerkanntes Kind eines Bauern geboren, verlässt Berlin, um dort als Dienstmädchen ihr Glück zu versuchen. Doch gerade sie muss auf schmerzliche Weise erfahren, wie schwer es ist, als unverheiratete Frau ein Kind zu bekommen.

Dietlof Reiche: Der verlorene Frühling. Die Geschichte von Louise Coith und dem Lokomotivführer Hannes Bühn, der zum Barrikadenbauer wurde. Frankfurt 1848. Beltz&Gelberg 2002. 8,90 €.
Als in Frankfurt die Nationalversammlung tagt, fängt auch der Lokomotivheizer Hannes Bühn an, sich für Politik zu interessieren. Er besucht eine politische Versammlung und lernt dort Loise Coith, die Professorentochter kennen. Die beiden überwinden die gesellschaftlichen Schranken, als sie sich verlieben. Gleichzeitig spitzt sich die politische Situation zu.

Waltraud Lewin: Luise, Hinterhof Nord. Ein Haus in Berlin 1890. Ravensburger Buchverlag 1999. 6,95 €.
Luise muss sich als älteste Tochter in einer Arbeiterfamilie um das Funktionieren des Haushaltes kümmern. Ihre Freundschaft zu Bertram, dem Sohn einer vermögenden Kaufmannsfamilie, bringt sie mit dem Leben der gehobenen Gesellschaftsschichten in Kontakt.

Patrice Coupry: Zur Zeit der ersten Fabriken. (=Kinder in der Geschichte). Union Verlag 1992.
1885 ist Louise neun Jahre alt. Er lebt in einem französischen Industriegebiet und arbeitet mit seinen Brüdern an einem Hochofen. Sein Vater ist Bergarbeiter in einem Kohlenbergwerk. Sie alle sind beständig bedroht von Unfällen und der gefährlichen Lungenkrankheit.

Weimarer Republik

Bayer, Ingeborg: Der Drachenbaum. Roman einer Familie 1918-1933. Arena 1988.
Hier wird aus der Sicht der zu Beginn elfjährigen Hedwig die Geschichte der bürgerlichen Familie de Laporte erzählt, die diese Zeit in Berlin erlebt. Die verschiedenen Familienangehörigen gehen ganz unterschiedlich mit dem aufkommenden Nationalsozialismus um und können stellvertretend für gesellschaftliche Gruppen gesehen werden.

Willi Fährmann: Zeit zu lieben, Zeit zu hassen. Arena 1994. 8,00 €.

Paul Bienmann erlebt 1919 während der Zeit der Räterepublik in Berlin, wie bei einer Schießerei sein Freund und ehemaliger Nachbar aus der ostpreußischen Heimat erschossen wird. Der jüngere Bruder des Opfers schließt sich nun Paul an und will mit ihm zusammen die Mörder seines Bruders finden.

Willi Fährmann: Der Mann im Feuer. Arena 1997. 7,90 €.
1932 zieht der junge Christian Fink mit einer Gruppe Ziegler auf Arbeitssuche aus dem Lippischen ins Ruhrgebiet. Dort geraten sie bald in die zeittypischen politischen Auseinandersetzungen und Christian muss darin seinen eigenen Weg finden.

Nationalsozialismus
Bentele, Günther: Die zwei Leben der Isolde G. Thienemann 2004. 18,00 € (siehe Kap. 9.6)

Schröder, Rainer M.: Die lange Reise des Jakob Stern. C. Bertelsmann Jugendbuch Verlag 2003. 16,00 €. (als Taschenbuch 5,00 €). (siehe Kap. 9.7)

Nachkriegszeit
Peter Härtling: Reise gegen den Wind. Wie Primel das Ende des Krieges erlebt. Beltz&Gelberg 2003. 5,90 €.
Der Kriegswaise Bernd und seine Tante wurden aus Brünn vertrieben und sitzen im Juni 1945 in einem österreichischen Örtchen fest, weil keine Züge mehr verkehren. Bernd streunt viel durch die Gegend, wo er so manches Abenteuer erlebt und der Leser dadurch einiges über den Flüchtlingsalltag erfährt.

DDR
Kordon, Klaus: Krokodil im Nacken. Beltz&Gelberg 2002. 19,90 €. (als Taschenbuch 9,90 €). (siehe Kap. 9.9)

Sigurd Pruetz: Falsch gedacht. Beltz&Gelberg 2001. 12,40 €.
1976 kann Wolfgang die pommersche Provinz verlassen und in Berlin an der Humboldt-Universität studieren. Im Studentenwohnheim freundet er sich mit Matti und Bruce an. Ihr Umgang mit dem sozialistischen Alltag an der Eliteschule ist das Thema dieses Romans.

Anne Voorhoeve: Lilly unter den Linden. Ravensburger Buchverlag 2004. 12,95 €.

Seit die Eltern der dreizehnjährigen Lilly tot sind, hält sie nichts mehr in Westdeutschland. Trotz aller Schwierigkeiten mit dem Stasiapparat gelingt es ihr 1988 zu ihrer Tante in die DDR zu kommen. Dort muss sie sich in eine neue-alte Welt einleben.

Klaus Kordon: Frank oder Wie man Freunde findet. Beltz&Gelberg 2005 9,00 €.
Der Sammelband enthält die drei Frank-Romane, in denen Klaus Kordon autobiografisch drei Jahre im Leben des Halbwaisen Frank beleuchtet, der mit seinen Brüdern und seiner Mutter in einer typisch berlinischen Eckkneipe aufwächst. In den Jahren 1950, 1953 und 1956 begleitet der Leser den älter werdenden Frank auf seinen Streifzügen durch die noch nicht geteilte Stadt.

Bundesrepublik
Boie, Kirsten: Monis Jahr. Oettinger 2003. 12,00 €. (siehe Kap. 9.5)

Angelika Mechtel: Wir sind arm, wir sind reich. Fischer Taschenbuch Verlag 1996.
In diesem autobiographischen Roman erlebt der Leser gemeinsam mit der Protagonistin Marnie das Typische der fünfziger Jahre mit ihrer Aufbruchsstimmung der Wirtschaftswunderzeit: das Wohlstandsglück ihrer Eltern ebenso wie die Verklemmtheit im Badezimmer und den Mief in der Wohnküche.

Michael Hatry: Tina, Charlie, Che und ich. dtv 1999. 7,11 €.
Der dreizehnjährige Cello wird gemeinsam mit Tina durch ein merkwürdiges Buch dazu angeregt, etwas über die Zeit der Studentenproteste und der APO herauszufinden. Dabei erfahren sie nicht nur vieles über die 1960er-Jahre, sondern auch über ihre Väter in dieser Zeit. Gleichzeitig fließt auch der Rechtsradikalismus der 1990er-Jahre in die Handlung ein.

Wende
Waltraut Lewin: Mauersegler. Ein Haus in Berlin – 1989. Ravensburger Buchverlag 1999. 5,95 €.
Karolin, eine Aktivistin der Montagsdemonstrationen, erwacht im 9. November 1989 aus einem komaähnlichen Schlaf. Sie hat keinerlei Erinnerungen an die letzten Tage. Deshalb wird sie von den Ereignissen an der Mauer, die seit langem das Haus trennt, in dem sie lebt, überrascht.

Gunter Preuß: Vertauschte Bilder. Erika Klopp Verlag 1991.
Isabell ist im Herbst 1989 dreizehn Jahre alt. Bislang hat sie ein ruhiges Leben geführt, doch jetzt überstürzen sich die Ereignisse. Je intensiver sie das Geschehen der Wendezeit erlebt, desto mehr erkennt sie über sich selbst.

Außereuropäische Geschichte

Thomas Jeier: Die Sehnsucht der Cheyenne. Ueberreuter 2004. 10,95 €.
Im Jahr 1866 hat der Indianerstamm der Crows ein heiliges Lederband von den Cheyenne geraubt. Eulenfrau, die als Kind von den Crows entführt worden war, soll es zurückholen. Bei ihrer gefährlichen Wanderung durch die Prärie gerät sie in das Massaker am Sand Creeks.

Rainer M. Schröder: Mein Feuer brennt im Land der Fallenden Wasser. Arena 2002. 6,50 €.
Erzählt wird die historisch verbürgte Geschichte der Mary Jemison, die als einzige den Überfall von Irokesen auf ihre Farm überlebt. Im Dorf der Indianer wird sie nicht getötet. Sie findet dort Freunde und ein neues Lebensglück.

Virginia Fr. Schwartz: Der Weg nach Norden. Ravensburger Buchverlag 2003. 6,95 €.
Die zwölfjährige Sklavin Phoebe lebt in Alabama auf einer Baumwollplantage. Als sie allein verkauft werden soll, erfährt sie vom „Underground Railway", der geheimen Sklavenroute in die Freiheit. Und so macht sie sich gemeinsam mit einer weiteren Sklavin und deren Kindern auf den abenteuerlichen Weg nach Kanada.

Gail Tsukiyama: Wege der Seidenfrauen. Lübbe-Verlagsgruppe 2002 8,90 €.
1938 löst der Einmarsch japanischer Truppen in China eine große Fluchtbewegung aus. Die Seidenarbeiterin Pei will gemeinsam mit der vierzehnjährigen Ji Shen in Hongkong ein neues Leben fernab des Krieges beginnen. Doch auch diese überfüllte Metropole wird von den Japanern besetzt.

Rainer M. Schröder: Die wahrhaftigen Abenteuer des Felix Faber. Arena 2000. 7,90 €.
Als der fünfzehnjährige Felix Faber 1838 in die chinesische Hafenstadt Kanton kommt, trifft er dort den Opiumhändler Osborne. Durch ihn kommt Felix mit Geheimbünden, Bergbanditen und kaiserlichen Sol-

daten in Kontakt. Dabei erkennt er allmählich die Folgen von Osborns kaltblütigen Machenschaften.

Rainer M. Schröder: Rotes Kap der Abenteuer. Arena 2003. 9,95 €.
1828 verlässt der siebzehnjährige Hendrik McAllister in Südafrika seinen tyrannischen Vater, der als Brite den Sohn einer holländischen Treckburin immer als minderwertig betrachtet hat. Hendrik zieht auf der Suche nach einer neuen Heimat durch das Südafrika, in dem sich die Konflikte zwischen Buren und Engländern immer mehr zuspitzen.

Malcom J. Bosse: Der Elefantenreiter. dtv 2002. 9,00 €.
Im Indien des 8. Jahrhunderts überlebt der Brahmanen-Junge Arjun einen Überfall auf seine Karawane. Während seine Schwester entführt wird, kommt er in die Armee steht somit plötzlich am Ende der sozialen Stufenleiter. Er versucht von dort aus wieder aufzusteigen und seine Schwester wiederzufinden.

12. Anmerkungen

1   Vgl. zu dieser Unterscheidung: Carsten Gansel: Moderne Kinder- und Jugendliteratur: ein Praxishandbuch für den Unterricht. Berlin 1999, S. 8.

2   Jedes Jugendbuch wird natürlich irgendwann auch zur Quelle für die Zeit seiner Entstehung. Ein Beispiel zur Integration dieser Quellenart in den Unterricht zeigt das Kap. 9.7. Ein Jugendbuch als Quelle. Beispiel: Else Ury: Nesthäkchen – Generationen von Mädchen haben es gelesen.

3   Zur Definition des Genres vgl.: Georg Veit: Historische Jugendliteratur. In: Handbuch der Geschichtsdidaktik. Hrsg. v. Klaus Bergmann u.a., 5. überarb. Aufl. Seelze-Velber 1997, S. 440 f. Michael Sauer: Historische Kinder- und Jugendliteratur. In: Geschichte lernen 71 (1999), S. 18. Michael Sauer: Geschichte unterrichten. Eine Einführung in die Didaktik und Methodik. 2. Aufl. Seelze-Velber 2003, S. 234 f.

4   Helmut Scheuer: Biographie. In: Handbuch der Geschichtsdidaktik. Hrsg. v. Klaus Bergmann u.a., 4. Aufl. Seelze-Velber 1992, S. 201.

5   Vgl. Ebenda S. 202 f.

6   z.B. Beltz & Gelberg: Erzähltes Leben.

7   Praxis Deutsch Themenheft „Autobiographisches Erzählen" 152 (1998), S. 1

8   Helmuth Feilke, Otto Ludwig: Autobiographisches Erzählen. In: Praxis Deutsch 152 (1998), S. 15ff.

9   Vgl. Rolf Schörken: Geschichte im Sachbuch. In: Handbuch der Geschichtsdidaktik. Hrsg. v. Klaus Bergmann u.a., 5. überarb. Aufl. Seelze-Velber 1997, S. 612.

10   Zum Beispiel die beiden Reihen aus dem Gerstenberg Verlag: „Sehen. Staunen. Wissen" und „Geschichte erleben. Gerstenberg Visuell". Auch die „Was ist was?"-Reihe setzt immer stärker auf die Aussagekraft von Bildern.

11   Ein sehr gelungenes Beispiel dafür ist: Neumann, Dietrich: Joe und der Wolkenkratzer: das Empire State Building in New York. München u.a., Prestel 1999. Hierin wird der Bau des Empire State Building als Erlebnis des jungen Wasserträgers Joe dargestellt.

12   Zum Beispiel verbindet Susanne Fritsche in „Die Mauer ist gefallen. Eine kleine Geschichte der DDR", München 2004, ihre eigenen Erfahrungen in der Kindheit und Jugend mit einer aufwändig gestalteten sachbuchartigen Darstellung wichtiger Ereignisse der DDR-Geschichte. Der Loewe-Verlag hat eine neue Reihe gestartet mit historischen Liebesgeschichten, bei denen in die fiktive Story Passagen eingeflochten sind, die Hintergrundwissen vermitteln. Ergänzt wird die Kombination aus Liebesgeschichte und Sachinformation durch einen Anhang mit Karten und Zeittafel. Den Auftakt der Reihe bildet: Waldtraut Lewin: Wenn die Nacht am tiefsten. Caesar und Kleopatra – eine historische Liebe. Bindlach, Loewe 2005.

13   Besonders gelungen sind dabei die Werke von Manfred Mai: Weltgeschichte. München und Wien 2002, und: Deutsche Geschichte. Weinheim,
erweiterte Neuausgabe 2003.

14   Max Kruse versucht in „Im weiten Land der Zeit" (München 1997) und „Im
weiten Land der neuen Zeit" (München, 2. Aufl. 1998) die Menschheits-
geschichte in Romanform aufzubereiten. Dafür erleben drei Jugendliche
zwölf Tage in einem ungewöhnlichen Freizeitpark, in dem sie mit einer Art
Lehrer durch die Zeit reisen. Mit insgesamt über 1000 Seiten ist das eine
ziemliche Leseherausforderung, die wohl nur von sehr lesehungrigen ge-
schichtsinteressierten Jugendlichen zu leisten ist, zumal die Rahmenhandlung nur wenig Spannungsmomente bietet.
Auch das Buch von Wiebke von Thadden „Eine Tochter ist kein Sohn" ist
sehr faktenorientiert und bietet wenig Identifikationsmöglichkeiten. Die
Rahmenhandlung, in der eine Großmutter ihrer Enkeltochter vom Leben
der Mädchen zu den verschiedenen Zeiten erzählt, bleibt leider zu blass.
Interessant dagegen auch schon für Schülerinnen und Schüler ab Klasse 5 ist
die Geschichte der Schrift des Linguisten Karl-Dieter Bünting „Timo und
der Tanz der Buchstaben". dtv München 2005.

15   ThiLO: Gefangen im alten Rom. 1001 Abenteuer. Bindlach, Loewe 2005.
Tworuschka, Monika: Kinder erleben die Weltreligionen. Ein Abenteuerspielbuch. Christentum: im Tunnel der Zeiten; Judentum: der geheimnisvolle Leuchter. Gütersloh 1999.

16   Zum Beispiel wird die Aeneis von Vergil nacherzählt in: Castejon, Philippe
und Desplanche, Vincent: Die Gründer Roms. Die Welt der römischen
Antike. (= Helden, Mythen, Abenteuer). Bindlach 2002

17   Pandel definiert in seiner Typologie historischer Comics Funnies als Comics,
die in unbestimmter Weise Bezug auf die Vergangenheit nehmen. Vgl.
Hans-Jürgen Pandel: Comics. Gezeichnete Narrativität und gedeutete Geschichte. In: Handbuch Medien im Geschichtsunterricht. Hrsg. von Hans-
Jürgen Pandel u. Gerhard Schneider. Schwalbach/Ts. 2. Aufl. 2002, S. 350.

18   Hans-Jürgen Pandel: Erzählen. In: Handbuch Methoden im Geschichtsunterricht. Hrsg. v. Ulrich Mayer, Hans-Jürgen Pandel u. Gerhard
Schneider. Schwalbach/Ts. 2004, S. 415.

19   Vgl. Simone Leinkauf: Leseratte, Bücherwurm und Co. Wie Kinder ans
Lesen herangeführt werden – mit geprüften Leseempfehlungen. München
2003, S. 95.

20   Grundlegend für die Neubewertung der Geschichtserzählung: Michael Jung,
Geschichtserzählung heute: Die Wiedergeburt einer untauglichen Methode.
In: Geschichtsdidaktik 4 (1980), S. 383-391. Michael Tocha: Auf die
Inhalte kommt es an. In: Gd 4 (1980), S. 393-397. Dieter Mohrhart:
Plädoyer für die Geschichtserzählung. In: GWU 2 (1982), S. 94-116. Hilke
Günther-Arndt: Der grüne Wollfaden oder Was heißt „Geschichte erzählen"
heute? Zu alten und neuen Problemen der Geschichtsdarstellung in
Wissenschaft und Unterricht. In: GWU 36 (1985), S. 684-704.

21   Zum Unterschied Personalisierung – Personifizierung vgl. Kap. 5.5.

22   Zu genaueren Beurteilungskriterien für Jugendbücher siehe Kap. 7: Die
Qual der Wahl – Auswahl- und Analysekriterien.

23 Vgl. Sauer (2003) a.a.O., S. 237

24 Vgl. Pandel (2004), S. 408 ff.

25 Vgl. Otto Brunken: „Ein Brief des Allmächtigen Gottes an seine Ge-
    schöpffe". Biblische Geschichte als historische Unterweisung und Beginn der
    Geschichtserzählung für Jugendliche. In: Geschichtsbilder. Historische
    Jugendbücher aus vier Jahrhunderten. Wiesbaden 2000, S. 101 ff.

26 Vgl. Heinrich Pleticha: Das geschichtliche Jugendbuch. In: Kinder- und
    Jugendliteratur. Ein Lexikon. Hrsg. v. Kurt Franz, Günter Lange und Franz-
    Josef Payrhuber. Meitingen 1995, S. 4.

27 Rüdiger Steinlein: Geschichte als Jugendliteratur – Anmerkungen zu Ent-
    wicklung und Funktion eines besonderen Genres. In: Geschichtsbilder.
    Historische Jugendbücher aus vier Jahrhunderten. Wiesbaden 2000, S. 22.

28 Vgl. Galle, Heinz J.: Serienliteratur im „Dritten Reich". In: Kinder- und
    Jugendliteratur. Ein Lexikon. Hrsg. v. Kurt Franz, Günter Lange u. Franz-
    Josef Payrhubel. Meitingen 1995 ff. 12. Erg.-Lfg. Juni 2001, S. 1 f.

29 Ausführlich zur geschichtserzählenden Mädchenliteratur bis zur Weimarer
    Republik siehe: Gisela Wilkending: Geschichtserzählende Literatur für
    Mädchen bis zum Ende der Weimarer Republik. In: Geschichtsbilder.
    Historische Jugendbücher aus vier Jahrhunderten. Wiesbaden 2000.
    S. 133ff. Und: Gisela Wilkending: Mädchenliteratur von der Mitte des 19.
    Jahrhunderts bis zum Ersten Weltkrieg. In: Geschichte der deutschen
    Kinder- und Jugendliteratur. Hrsg. v. Reiner Wild. Stuttgart 1990,
    S. 246 ff.

30 Vgl. Bernd Dolle-Weinkauf: Geschichtsstunden mit Spartakus und Robin
    Hood. Historische Belletristik der sozialistischen und pazifistischen Kinder-
    und Jugendliteratur vom Kaiserreich bis zum Ende des Zweiten Weltkrieges.
    In: Geschichtsbilder. Historische Jugendbücher aus vier Jahrhunderten.
    Wiesbaden 2000, S. 168-182.

31 Eduard Rothemund: Das Jugendbuch in der deutschen Schule. 1942. Zit.
    nach: Petra Josting: Geschichte und Jugendliteratur im Nationalsozialismus.
    In: Geschichtsbilder. Historische Jugendbücher aus vier Jahrhunderten.
    Wiesbaden 2000, S. 185.

32 Winfred Kaminski: Faschismus. In: Geschichte der deutschen Kinder- und
    Jugendliteratur. Hrsg. v. Reiner Wild. Stuttgart 1990, S. 279.

33 Vgl. Petra Josting (2000), S. 183 ff.

34 Vgl. Heinz Galle: Serienliteratur im Dritten Reich. In: Kinder- und
    Jugendliteratur. Ein Lexikon. Hrsg. v. Kurt Franz, Günter Lange u. Fran-
    Josef Payrhuber. Meitingen 1995 ff. 12. Erg.-Lfg. Juni 2001, S. 4 ff.

35 Vgl. Heinrich Pleticha (1995), S. 10 f.

36 Vgl. Rüdiger Steinlein u. Thomas Kramer: Geschichtserzählende Jugend-
    literatur in Deutschland nach 1945. In: Geschichtsbilder. Historische
    Jugendbücher aus vier Jahrhunderten. Wiesbaden 2000, S. 204 f.

37 Zur Aufschlüsselung der zeitgeschichtlichen Jugendbüchern nach
    Einzelthemen vgl. Günter Lange: Zeitgeschichtliche Kinder- und
    Jugendliteratur. In: Kinder- und Jugendliteratur. Ein Lexikon. Hrsg. v. Kurt
    Franz, Günter Lange u. Franz-Josef Payrhubel. Meitingen 1995 ff. 5. Erg.
    Lfg. Februar 1998, S. 2 ff.

38   Vgl. Steinlein/Kramer (2000), S. 206 ff.

39   Zur genauen Entwicklung vgl. Günter Lange (1995) 1 ff. und Steinlein/
      Kramer (2000), S. 209 ff.

40   Vgl. Steinlein (2000), S. 48.

41   Vgl. Dietmar v. Reeken: Das historische Jugendbuch. In: Handbuch Medien
      im Geschichtsunterricht. Hrsg. v. Hans-Jürgen Pandel u. Gerhard
      Schneider. Schwalbach/Ts. 12. Aufl. 2002, S. 73.

42   Vgl. Steinlein/Kramer (2000), S. 214 f.

43   Rolf Schörken: Geschichtsbewusstsein/Geschichtsbild. In: Ploetz. Lexikon
      für den Geschichtsunterricht. Hrsg. v. Gerold Niemetz. Freiburg und
      Würzburg 1984, S. 59.

44   Hans-Jürgen Pandel: Dimensionen des Geschichtsbewusstseins. Ein Ver-
      such, seine Struktur für Empirie und Pragmatik diskutierbar zu machen. In:
      Geschichtsdidaktik 12/2 (1987), S. 132.

45   Vgl. Hans-Jochen Markmann: Das historische Kinder- und Jugendbuch. In:
      Medien im Geschichtsunterricht. Hrsg. v. Hans-Jürgen Pandel und Gerhard
      Schneider. Düsseldorf 1985, S. 127.

46   Ausgesprochen lohnend für die Ausbildung des Wirklichkeitsbewusstseins
      dürfte es deshalb sein, bei einem Jugendbuch, das sich auf eine bestimmte
      Quelle zurückführen lässt, einmal die Methode der Dekonstruktion anzu-
      wenden. Dafür wird die Quellengrundlage mit dem daraus entstandenen
      Roman verglichen, eine Erzählung gleichsam demontiert, oder selbst einmal
      der Versuch unternommen, durch das Hinzufügen einer Vor- und Nach-
      geschichte aus einer Quelle eine fiktive Erzählung zu machen. Ein gutes
      Beispiel dazu ist das Unterrichtsmodell von Ulrich Mayer: „Ich wollte das
      Buch nicht mit dem Scheitern enden lassen". Faktizität und Fiktionalität im
      Jugendbuch. In: Geschichte lernen 71 (1999), S. 43 ff.

47   Vgl. im Methodenteil die Kapitel 9.11 Schüler schreiben Rezensionen zu
      Büchern über den Holocaust sowie die Beispiele in den Kapiteln 9.8 Das
      Tagebuch zum Buch: ein produktionsorientiertes Verfahren und 9.7 Die
      Zeitleiste – fiktives und historisches Geschehen im Überblick.

48   Vgl. Gerhard Henke-Bockschatz: Überlegungen zur Rolle der Imagination
      im Prozess des historischen Lernens. In: GWU 7 (2000), S. 424.

49   Rolf Schörken: Historische Imagination und Geschichtsdidaktik. Paderborn
      u.a. 1994, S. 116.

50   Vgl. zu diesen didaktischen Verfahren: Hans-Jürgen Pandel; Gerhard
      Schneider: Veranschaulichen und Vergegenwärtigen. In: Handbuch der
      Geschichtsdidaktik. 4. Aufl. Seelze-Velber 1992, S. 464 ff.

51   Zum Begriff der Irritation vgl. Georg Veit (1996), S. 9 ff.

52   Klaus Bergmann und Susanne Thurn: Didaktik der Alltagsgeschichte. In:
      Handbuch der Geschichtsdidaktik. Hrsg. v. Klaus Bergmann u.a., 5.
      überarb. Aufl. Seelze-Velber 1997, S. 315.

53   Vgl. Bergmann/Thurn (1997), S. 317.

54   Dorothee Wierling: Alltags- und Erfahrungsgeschichte. In: Handbuch der
      Geschichtsdidaktik. Hrsg. v. Klaus Bergmann u.a., 5. überarb. Aufl. Seelze-
      Velber 1997, S. 234.

55   Klaus Bergmann: Multiperspektivität. In: Handbuch der Geschichtsdidaktik.

Hrsg. v. Klaus Bergmann u.a., 5. überarb. Aufl. Seelze-Velber 1997, S. 301

56   Klaus Bergmann: Multiperspektivität. In: In: Handbuch Methoden im
      Geschichtsunterricht. Hrsg. v. Ulrich Mayer, Hans-Jürgen Pandel u.
      Gerhard Schneider. Schwalbach/Ts. 2004, S. 65 f.

57   Vgl. Sauer (2003), S. 69

58   Ein gelungenes Beispiel ist etwa der Roman von Günther Bentele „Die zwei
      Leben der Isolde G". Stuttgart u.a., Thienemann 2004. Hier wird das
      Alltagsleben in Nürnberg während des Zweiten Weltkrieges aus der Sicht
      einer Jüdin, die mit falschem Pass dem Abtransport entgeht, sowie aus der
      Sicht eines gleichaltrigen BDM-Mädels geschildert. Beide Mädchen sind so
      dargestellt, dass ihre Handlungen und Gefühle nachvollziehbar und ver-
      ständlich für den Leser sind. Vorgestellt wird der Roman auf S. 120 ff.

59   Vgl. Klaus Bergmann: Personalisierung, Personifizierung. In: Handbuch der
      Geschichtsdidaktik. Hrsg. v. Klaus Bergmann u.a., 5. überarb. Aufl. Seelze-
      Velber 1997, S. 298.

60   Klaus Bergmann (1997), S. 299.

61   Vgl. Sauer (2003), S. 75.

62   Vgl. Hans-Jürgen Pandel: Geschichtsunterricht in der Haupt- und Real-
      schule. In: Handbuch der Geschichtsdidaktik. Hrsg. v. Klaus Bergmann u.a.,
      5. überarb. Aufl. Seelze-Velber 1997, S. 528 f.

63   Gerhard Schneider: Ein alternatives Curriculum für den Geschichtsunter-
      richt in der Hauptschule. In: GWU 7/8 (2000), S. 412.

64   Dass diese Texte gerade für Hauptschüler motivierend sein können, beweist
      eine Untersuchung, die zwar schon älter ist, dennoch an Aussagekraft wenig
      eingebüßt haben dürfte: Eckard Hanke: Das historische Jugendbuch im
      Geschichtsunterricht – ein Beispiel aus der Hauptschule. In: GD 8 (1983),
      S. 43.

65   Vgl. Michael Sauer (2003), S. 57 f.

66   Vgl. Kap 9.9. Ein Jugendbuch als Quelle.

67   Vgl. Kap. 9.11. Schüler schreiben Rezensionen zu Büchern über den Natio-
      nalsozialismus.

68   Vgl. dazu Michael Sauer (2003), S. 26 ff.

69   Vgl. Max Loewe: Leistungstest PISA. Deutschland spielt weiter in der
      zweiten Liga. In: Erziehung und Wissenschaft 12/2004, S. 17.

70   Zit. nach: Jeanette Hoffmann: „Es war einmal ein Junge namens Harry
      Potter." Sprachliches, literarisches und interkulturelles Lernen in der
      Leseförderung. In: Nach PISA: Teamarbeit Schule und Bibliothek. Hrsg. v.
      Rolf Busch. Bad Honnef 2003, S. 109

71   Allen voran hat Bettina Hurrelmann in ihren neueren Veröffentlichungen
      dieses Konzept entwickelt: Bettina Hurrelmann: Leseleistung – Lesekom-
      petenz. Folgerungen aus PISA, mit einem Plädoyer für ein didaktisches
      Konzept des Lesens als kulturelle Praxis. In: Praxis Deutsch 176 (2002),
      S. 6-18. Bettina Hurrelmann: Lesen. Lesen als Basiskompetenz in der
      Mediengesellschaft. In: Lesen + Schreiben. Schüler-Jahresheft 2003. Seelze-
      Velber 2003, S. 4-12. Bettina Hurrelmann u. Irmgard Nickel-Bacon:
      Kinder- und Jugendliteratur in Schule und Unterricht. In: Praxis Deutsch
      Sonderheft. Seelze 2003, S. 3-7.

72 Vgl. Hoffmann (2003), S. 110 ff.

73 Vgl. Leinkauf (2003), S. 29 ff.

74 Vgl. Volker Hagemeister: Ergebnisse der PISA-Studie. In: Nach PISA: Teamarbeit Schule und Bibliothek. Hrsg. v. Rolf Busch. Bad Honnef 2003, S. 34-51.

75 Hagemeister (2003), S. 49.

76 Vgl. Thomas Eicher: Stichwort Lese(r)förderung. In: Zwischen Leseanimation und literarischer Sozialisation. Konzepte der Lese(r)förderung. Hrsg. v. Thomas Eicher. Oberhausen 1997, S. 10.

77 Zur Entschulung des Lesens in der Leseförderung vgl.: Andrea, Bertschi-Kaufmann, Ruth Gschwend-Hauser: Jugendliteratur in der Lesewerkstatt. In: Praxis Deutsch 127 (1994), S. 50.

78 Vgl. Kaspar H. Spinner: Vielfältig wie nie zuvor. Stichworte zur aktuellen Kinder- und Jugendliteratur und ihrer Didaktik. In: Praxis Deutsch 126 (2000), S. 19 f. Rank, Bernhard: Zwischen Hitliste und pädagogischem Wert. Erfolgreiche Kinder- und Jugendbücher. In: Lesen + Schreiben. Schüler-Jahresheft 2003. Seelze-Velber 2003, S. 85 und Hurrelmann, Nickel-Bacon (2003), S. 5.

79 Vgl. Hurrelmann, Nickel-Bacon (2003), S. 6.

80 Vgl. Heide Niemann: Formen des Lesens. In: Lesen in der Schule. Perspektiven der schulischen Leseförderung. Hrsg. v. Bertelsmann Stiftung. Gütersloh 6. Aufl. 2001, S. 46 ff.

81 Vgl. 9.2. Lesenacht – Kriminacht.

82 Vgl. 9.10. Historisch-literarischer Spaziergang – auf den Spuren fiktiver Figuren und vergangener Zeiten.

83 Vgl. Hagemeister (2003), S. 34 ff.

84 Vgl. Heide Niemann (2001), S. 53 ff.

85 Vgl. Erich Schön: Vor dem Ende der Lesekultur? Zur Zukunft des Lesens. In: Zwischen Leseanimation und literarischer Sozialisation. Konzepte der Lese(r)förderung. Hrsg. v. Thomas Eicher. Oberhausen 1997, S. 15-17.

86 Vgl. Bodo Franzmann: Die Deutschen als Leser und Nichtleser. In: Leseverhalten in Deutschland im neuen Jahrtausend. Eine Studie der Stiftung Lesen. Hrsg. v. Stiftung Lesen und dem SPIEGEL-Verlag (= Schriftenreihe „Lesewelten", 3). Hamburg und Mainz 2001, S. 30.

87 Vgl. Bertschi-Kaufmann (1994) S. 50, und Karl Landherr: Das Kinder- und Jugendbuch in der Schule. Donauwörth 3. Aufl. 1996, S. 34.

88 Christa-Maria Zimmermann: Die letzte Fahrt der Hindenburg. Bindlach, Loewe 2000; Die Nacht, in der die Titanic sank. Bindlach, Loewe 1998.

89 Catherine Jinks: Pagan und die Tempelherren. Pagan in der Fremde. Pagan und die schwarzen Mönche. Pagan in geheimer Mission. Die Bände sind ab 2003 bei dtv in der Reihe Hanser erschienen.

90 Vgl. Werner Graf: Knick oder Kick in der Lektürebiografie? Die literarische Pubertät. In: Lesen + Schreiben. Schüler-Jahresheft 2003. Seelze-Velber 2003, S. 114.

91 Vgl. Klaus Ring: Wann beginnt das Lesen? In: Antworten auf PISA: Wann beginnt das Lesen? (= Leseförderung. Schriftenreihe des Zentrums für Literatur in der Phantastischen Bibliothek Wetzlar). Wetzlar 2003, S. 29-38.

92 Vgl. 9.3. Eine ganze Kiste voller Bücher – der Umgang mit Bücherkisten und Kap. 9.11. Schüler schreiben Rezensionen zu Büchern über den Nationalsozialismus.

93 Zu den ästhetischen Kriterien vgl. auch: Georg Veit (1997), S. 443.

94 Vgl. Bettina Hurrelmann: Klassiker der Kinder- und Jugendliteratur. In: Praxis Deutsch 135 (1996), S. 20 ff.

95 Bettina Hurrelmann (2003), S. 7

96 Vgl. Michael Sauer (2003), S. 236

97 Zum Beispiel aus der Reihe das magische Baumhaus von Mary Pope Osborne und Will Osborne die Bände „Mit Anne und Philipp bei den Rittern“ und „Mit Anne und Philipp im alten Ägypten“. Sie wenden sich zwar an jüngere Schulkinder, zeigen aber, dass Zeitreise und faktengetreue Wissensvermittlung sich nicht ausschließen müssen.

98 Ein gelungenes Beispiel dafür ist z.B. von Sigrid Heuck „Meister Joachims Geheimnis“; dagegen muss der Roman „Das schwarze Kloster“ von Jo Pestum eher dem phantastischen Genre zugerechnet werden.

99 Vgl. Ulf Abraham u. Christoph Launer (Hrsg.): Weltwissen erlesen: literarisches Lernen im fächerverbindenden Unterricht. (= Deutsch-didaktik aktuell; Bd. 7) Baltmannsweiler 2002, S. 64 f.

100 Die Stichpunkte orientieren sich an dem Fragenkatalog, den Dietmar von Reeken in mehreren Veröffentlichungen entwickelt hat. Vgl. Dietmar von Reeken (2002), S. 78 f. Für die Schülerhand aufbereitet: Dietmar von Reeken: Jugendbücher. In: Lernbox Geschichte. Das Methodenbuch. Seelze-Velber 2000, S. 49.

101 Vgl. Kap. 5.4. Stichwort: Multiperspektivität.

102 Vgl. Kap. 5.2. Stichwort: Imagination.

103 Vgl. Kap. 5.5. Stichwort: Personifizierung.

104 Vgl. Niemann (2001), S. 56.

105 Zum Begriff der Irritation vgl. Georg Veit (1996), S. 9-12 und Kap. 5.2. Stichwort: Imagination.

106 Vgl. Rank (2003), S. 85.

107 Vgl. Spinner (2000), S. 16.

108 Diese Hinweise orientieren sich an: Peter Conrady: Jugendbücher für Jugendliche – damit sie verstehen, was sie lesen. In: Lesekompetenz erwerben und fördern. Hrsg. v. Claudia Crämer, Iris Füssenich u. Gabriele Schumann. Braunschweig 1998, S. 145-150. Jürgen Genuneit: Lesetexte für Leseunge-wohnte. In: Lesekompetenz erweben und fördern. Hrsg. v. Claudia Crämer, Iris Füssenich u. Gabriele Schumann. Braunschweig 1998, S. 151-163.

109 Der Ravensburger Verlag gibt seit Neuestem mit „short & easy“ eine ganz neue Jugendbuchreihe heraus, die diesen Anspruch erhebt und die genannten Kriterien weitgehend erfüllt. Man kann nur hoffen, dass bald auch historische Romane in dieser Reihe erscheinen.

110 Z.B. Terhart, Franjo: Das Geheimnis der Amphore. Ein Mitratekrimi aus dem Alten Rom. dtv München 2005.

111 Abenteuer im Alten Ägypten. Dorling Kindersley, Starnberg 2004, 32 S. Die Leser erleben mit diesem Buch ein Abenteuer im alten Ägypten am Hofe der Pharaonin Sobeknofru. Am Bildrand des großformatigen Buches läuft wie

ein Filmstreifen das spannende Geschehen als eine Art Comic ab, auf den Bild-Innenseiten kann je nach Lust und Laune viel über das damalige Leben nachgelesen werden.

112 Ich würde für solche Jugendliche beispielsweise das zwar äußerst umfangreiche, aber bei Jugendlichen sehr beliebte phantastische Werk von Ralf Isau „Der Kreis der Dämmerung" nicht von vorneherein als Gegenstand des Geschichtsunterrichts ausschließen.

113 „bücher" 2/2004, S. 65

114 Wie wichtig, aber dennoch außergewöhnlich ein solches Leseerlebnis ist, zeigt: Niemann (2001), S. 55.

115 Gemeint sind Maronen; es gibt sie heute gekocht und geschält zu kaufen.

116 Die altrömische Küche hat große Mengen von frischen oder getrockneten Kräutern verwendet. Es ist dabei nicht so wichtig, alle genannten Kräuter zu haben; es ist nur wichtig, dass eine große Menge an Kräutern zugefügt wird.

117 Eine Art Fischsauce; ersetzbar durch Worcestersauce oder einfach durch Salz.

118 Riesenchampignon oder Kaiserschwamm; das Gericht kann aber auch einfach in einer Schüssel serviert werden.

119 Rezepte aus der „Kochkunst" des Apicius. Eingeleitet, übersetzt und erläutert von Elisabeth Alföldi-Rosenbaum (= Lebendige Antike) Zürich und Stuttgart, 3. Aufl. 1971, S. 44.

120 Innerhalb Hessens verleiht zum Beispiel die Phantastische Bibliothek Wetzlar in Zusammenarbeit mit dem Zentrum für Literatur eine Bücherkiste mit historischen Jugendromanen zu gemischten Themen und zwei zum Thema Holocaust bzw. Holocaust und Zweiter Weltkrieg. Kontakt: Phantastische Bibliothek Wetzlar, Friedrich-Ebert-Platz 3, 35578 Wetzlar. Tel.: 06441/99792. Fax: 06441/99794. E-Mail: phbiblwz@wetzlar.de.

121 Vgl. Juliane Köster: Wie kommt der Leser zum Buch? Entscheidungskompetenz gewinnen – Auswahlentscheidungen durchschauen. In: Praxis Deutsch 164 (2000), S. 21.

122 Georg Veit (1997), S. 446.

123 Vgl. z.B. Cornelia Tillmanns: Die Lesekiste. Eine Methode zur Leseförderung im Deutschunterricht eines 3. Schuljahrs. (= Leseförderung. Schriftenreihe des Zentrums für Literatur in der Phantastischen Bibliothek Wetzlar. Bd.2). Wetzlar 2003.

124 Vgl. Jörg Knobloch: Das Geheimnis der Lesekiste. Leseförderung in Schule und Bibliothek. In: Beiträge Jugendliteratur und Medien. 3/1999, S. 151-157.

125 Das Museum im Schuhkarton wird als Methode auch von Museumspädagogen bei Veranstaltungen für Kinder genutzt.

126 Gerhard Schneider: Gegenständliche Quellen. In: Handbuch Medien im Geschichtsunterricht. Hrsg. v. H.-J. Pandel u. G. Schneider. Schwalbach/Ts. 1999, S. 513.

127 Dr. Jörg Knobloch: *www.lesefoerderung.de/lesekistenkatalog.htm*

128 Zur Idee vgl. Karl H. Spinner: Ein Lexikon zum Buch. Eine Anregung zum Leseunterricht. In: Praxis Deutsch 176 (2002), S. 42-43.

129 Siehe z.B. Gerdhard Henke-Bockschatz: Oral-History im Geschichtsunterricht. In: Geschichte lernen 76 (2000), S. 18-24.

130 Vgl. Monika Rox-Helmer: Zeitzeugenbefragung: Mehr als „Erzähl doch mal?" Oral History in der Sekundarstufe II. In: Geschichte lernen 68 (1999), S. 54-59.

131 Vgl. Dorothee Wierling: Oral History. In: Handbuch Geschichtsdidaktik. Hrsg. von Klaus Bergmann u.a., 5. überarb. Aufl. 1997, S. 236-239.

132 Vgl. Uwe Kaminsky: Oral History. In: Handbuch Medien im Geschichtsunterricht. Hrsg. von Hans-Jürgen Pandel und Gerhard Schneider. Schwalbach/Ts. 2. Aufl. 2002, S. 458.

133 Deshalb eignet sich beispielsweise von den Büchern Klaus Kordons eher die Trilogie über Frank als „Krokodil im Nacken" für diese Methode, obwohl Kordon in beiden Werken seine Kindheitserfahrungen autobiografisch verarbeitet, sich die Handlungen also gleichen. Bei „Krokodil im Nacken" dominiert letztlich aber doch immer der Fluchtversuch und die Isolationshaft den Leseeindruck.

134 Zum Beispiel das Buch „Tina, Charlie, Che und ich" von Michael Hatry, in dem der dreizehnjährige Cello versucht, die Rolle seines Vaters in der 68er-Studentenrevolte zu klären.

135 Zum Zeitbild vgl. auch Monika Rox-Helmer: Ein Zeitbild der Sechzigerjahre. Zwei Generationen im Gesprächskreis. In: Geschichte lernen 76 (2000), S. 44-49.

136 Michael Sauer. Die Zeitleiste. In: Handbuch Medien im Geschichtsunterricht. Hrsg. v. H.-J. Pandel u. G. Schneider. Schwalbach/Ts. 2. Aufl. 2002, S. 197-208. Michael Sauer: Zeitleiste und Geschichtsfries. In: Geschichte lehren und lernen. Seelze/Velber 1997, S. 90-91. Sauer (2003), S. 261 ff.

137 Sauer (2003), S. 264.

138 Freya Stephan-Kühn hat zwei Unterrichtsmodelle einschließlich Unterrichtsmaterialien dazu vorgestellt: „Die kühlen, durchdringenden Augen des geborenen Führers". Kinder- und Jugendliteratur als historische Quelle. In: Geschichte lernen 71 (1999), S. 58-61. Und: „Mach, dass unsere Truppen siegen, dass wir wieder schulfrei kriegen". Kinder- und Jugendliteratur als historische Quelle. In: Praxis Geschichte 1 (1994), S. 34-38.

139 Vgl. Stephan-Kühn (1994), S. 34.

140 Vgl. Kap. Geschichte im Jugendbuch – Das ist nichts Neues.

141 Vgl. Stephan-Kühn (1999), S. 58 f.

142 Bei diesen Kinderbuchklassikern muss allerdings bedacht werden, dass es gelegentlich kleine, aber signifikante Änderungen bei Wiederauflagen gegeben hat, die auf Veränderungen im Zeitgeist zurückzuführen sind.

143 Vgl. Bettina Hurrelmann: Klassiker der Kinder- und Jugendliteratur. In: Praxis Deutsch H. 135 (1996), S. 19 ff.

144 Alle Seitenzahlen beziehen sich auf den Sammelband: Nesthäkchen. Stuttgart, Thienemann 1997.

145 Christiane Kopka zum Todestag von Else Ury im WDR, zitiert nach: *http://www.wdr.de/radio/wdr2/westtzeit/200211stichtag.html*

146 Beim Meidinger-Verlag waren die Nesthäkchen-Bände nach dem Struwelpeter die Bücher mit den höchsten Verkaufszahlen. Gesamtauflage ca. 7 Mio.

147 Alle Bände mit Ausnahme des 4. Bandes „Nesthäkchen im Weltkrieg" sind in den 1990er-Jahren beim Thienemann-Verlag für € 9,90 neu aufgelegt.

Die ersten drei Bände gibt es sogar als Sammelband (€ 12,00). Inzwischen hat der Bertelsmannverlag für € 5,11 pro Band eine Taschenbuchausgabe herausgebracht.

148 Allerdings dürften die jetzigen Leser weniger Jugendliche sein, als vielmehr Erwachsene, die sich am Wiederlesen erfreuen.

149 Else Ury hat zumindest in den ersten fünf Bänden genaue historische Bezüge mit Namen, Daten und Ortsbezeichnungen eingefügt. Eine Bearbeitung hat diese jedoch ab Band 3 so weit getilgt, dass die Reihe jetzt kaum noch spürbar im Kaiserreich, im Ersten Weltkrieg und in der Weimarer Republik spielt, sondern in einem fiktiven Deutschland, einem politischen Phantasieland. Vgl. Klaus-Ulrich Pech: Ein Nesthaken als Klassiker. Else Urys „Nesthäkchen"-Reihe. In: Klassiker der Kinder- und Jugendliteratur. Hrsg. v. Bettina Hurrelmann. Frankfurt a.M. 1995, S. 349.

150 Vgl. Klaus-Ulrich Pech (1995), S. 342.

151 Vgl. *http://www.mariannebrentzel.de/nest.htm*

152 Z.B. im Internet unter: *http://www.st.kramer.bei.t-online.de/ury00.htm* oder *http://www.ghwk.de/sonderausstellung/ury/else-ury.htm.* Sehr aufschlussreich auch die Biographie von Marianne Brentzel: Nesthäkchen kommt ins KZ. Eine Annäherung an Else Ury 1877-1943. Frankfurt a.M. 1997.

153 Das Berliner Zentrum für Kinderliteratur „LesArt" bietet regelmäßig einen literarischen Spaziergang für Schulklassen zu Klaus Kordons Buch „1848" an. (LesArt Berliner Zentrum für Kinder- und Jugendliteratur Weinmeisterstraße 5; 10178 Berlin Tel. 030/282 97 47; *www.lesart.org).* Vgl. auch: Fokken, Silke: Literarische Spurensuche. Eine Stadterkundung mit Texten aus Jugendbüchern über die Revolution von 1848. In: Praxis Deutsch 152 (1998), S. 8 f.

154 Zum geschichtsdidaktischen Potential und zu den Schwierigkeiten des Lernens an historischen Orten vgl. Ulrich Mayer: Historische Orte als Lernorte. In: Handbuch Methoden im Geschichtsunterricht. Hrsg. v. Ulrich Mayer, Hans-Jürgen Pandel u. Gerhard Schneider. Schwalbach/Ts. 2004, S. 392 ff.

155 Vgl. LesArt – Berliner Zentrum für Kinder- und Jugendliteratur (Hrsg.): Von Alex bis Zoo. Auf den Spuren literarischer Figuren. Berlin 1998, S. 7 ff.

156 Mayer (2004), S. 395.

157 Schweikert, Ulrike: Das Jahr der Verschwörer. Würzburg 2003, 380 S. (Hörbuch: Jumbo Medien 2004.)

158 Haß, Ulrike: Der plötzliche Reichtum der armen Leute von Kombach. Reinbek 1980. (zur Zeit vergriffen)

159 Vgl. Ulrich Mayer: Handlungsorientierter Geschichtsunterricht. In: Neue geschichtsdidaktische Positionen. Hrsg. v. Marko Demantowsky u. Bernd Schönemann. Bochum 2002, S. 35 f.

160 Schröder, Rainer M.: Das Geheimnis der weißen Mönche. 6. Aufl. als Taschenbuch 2004, 475 S.

161 Vgl. Schmitz, Christoph: Lenz und das Krokodil im Nacken. Ein Gespräch mit Klaus Kordon über sein Buch „Krokodil im Nacken". In: Werkstattbuch Klaus Kordon. Weinheim u.a. 2003, S. 31-42.

162 Klaus Kordon, im Frühjahr 1999. Nachbemerkung zu: Frank oder Wie man Freunde findet. Weinheim und Basel 1999.

163 Bei der Identifizierung von älteren Straßennamen können folgende Internet-
adressen hilfreich sein: *www.alt-berlin.info*, *www.berlin-topographie.de* oder
www.luise-berlin.de
164 Zit. nach: Werkstattbuch Klaus Kordon. Weinheim u.a. 2003, S. 40 f.
165 Gedenkstätte Berlin-Hohenschönhausen, Genslerstraße 66, 13055 Berlin.
Tel. 030/9860 82 402. *www.stiftung-hsh.de* E-Mail: besucherdienst@stiftung-
hsh.de.
166 Museum Haus am Checkpoint Charlie, Friedrichstr. 43-45.
Tel. 030/253 725-0.
167 Die Josty-Straße gibt es seit 1969 aufgrund größerer Umstrukturierungen
nicht mehr. Sie ähnelt dem Verlauf der heutigen Mollstraße.
168 Fahrplanauskunft: *www.BVG.de* oder Tel. 030-19449.
169 Siehe dazu: *www.berlinstreet.de/orte/stalinallee.html*. Zum Gegenwartsbezug
von Straßennamen vgl. Klaus Bergmann: Gegenwarts- und Zukunftsbezug.
In: Handbuch Methoden im Geschichtsunterricht. Hrsg. v. Ulrich Mayer,
Hans-Jürgen Pandel u. Gerhard Schneider. Schwalbach/Ts. 2004, S. 95 f.
170 Alternativ bietet die Gedenkstätte Führungen durch ehemalige Gefangene
an.
171 Diese Aufgaben müssen mit der Gedenkstätte abgesprochen werden, denn
die Schülerinnen und Schüler dürfen nur dann in die Zellen, wenn eine
Aufsichtsperson der Gedenkstätte dabei ist.
172 Vgl. Materialien der Gedenkstätte Hohenschönhausen: HSH-LISUM_
Broschuere_2004.pdf.
173 Vgl. Ralph Erbar: Jugendbücher zum Thema Nationalsozialismus. In: Praxis
Geschichte 3 (1994), S. 56.
174 Vgl. Lange (1998), S. 22 ff.
175 Vgl. Wolfgang Emer: Rezension. In: Lernbox. Lernmethoden – Arbeitstechniken. Hrsg. v. Uwe Horst und Karl Peter Ohly. Seelze/Velber 2000,
S. 118 f.
176 Zum Beispiel die Leseempfehlungen 80 der Stiftung Lesen mit dem Titel:
„1945 Literatur gegen das Vergessen. Nationalsozialismus, Kriegsende,
Neubeginn" oder Leseempfehlung 96 „Verfolgung und Vernichtung unter
nationalsozialistischer Herrschaft. Auch in der Reihe „Arbeitshilfen für
Schule und Jugendbildung" sind mehrere Hefte zum Thema Kinder- und
Jugendliteratur zum Nationalsozialismus publiziert. In einem sehr umfang-
reichen Katalog von Malte Dahrendorf werden 271 Kinder- und Jugendbücher zu diesem Thema vorgestellt und durch ein thematisches Sachregister
erschlossen. Franz-Josef Payrhuber hat folgende Zusammenstellungen
herausgegeben: Jugendbücher zum Thema: Drittes Reich. Primarstufe/
Sekundarstufe (= Stiftung Lesen H. 3) Mainz 1988. Jugendbücher zum
Thema: Nationalsozialismus. Primarstufe/Sekundarstufe (= Stiftung Lesen
H. 7) Mainz 1993. Jugendbücher zum Thema: Kriegs- und Nachkriegszeit.
(= Stiftung Lesen H. 8) Mainz 1995.
177 Zusammengestellt in Anlehnung an Beurteilungskriterien der Zeit-
geschichtlichen Kinder- und Jugendliteratur von Lange (1998), S. 21 f. Und:
Winfred Kaminski u. Gerhard Haas: Zeitgeschichtliche und politische

Kinder- und Jugendliteratur. In: Kinder- und Jugendliteratur. Ein Handbuch. Hrsg. v. G. Haas. 3. überarb. Aufl. Stuttgart 1984, S. 96 f.

178 Hans-Jürgen Kliewer: Die siebziger Jahre. In: Geschichte der deutschen
Kinder- und Jugendliteratur. Hrsg. v. Reiner Wild. Stuttgart 1990,
S. 334.

179 Vgl. Ursula Kirchhoff: Die achtziger Jahre. In: Geschichte der deutschen
Kinder- und Jugendliteratur. Hrsg. v. Reiner Wild. Stuttgart 1990,
S. 361.

180 Dieser Roman wird ausführlich in Kapitel 9.7. vorgestellt.

181 Vgl. Lange (1998), S. 15

13. Verzeichnis der erwähnten Jugendbücher

Zu den mit * gekennzeichneten Büchern finden sich Inhaltsbeschreibungen bei den entsprechenden Unterrichtsmodellen.

*Bentele, Günther: Blutiges Pergament. Stuttgart, Thienemann 2002. 18,00 €

*Bentele, Günther: Die zwei Leben der Isolde G. Stuttgart, Thienemann 2004. 18,00 €

*Boie, Kirsten: Monis Jahr. Hamburg, Oettinger 2003. 12,00 €.

*Schröder, Rainer M.: Die lange Reise des Jakob Stern. München, C. Bertelsmann Jugendbuch Verlag 2003. 16,00 €. (Taschenbuch 5,00 €).

*Svedelid, Olov: Die Hexe von Aggunda. München, dtv 2005. 6,50 €

*Ury, Else: Nesthäkchens erstes Schuljahr. Stuttgart, Thienemann 1997. 9,90 €.

*Ury, Else: Nesthäkchen. Stuttgart, Thienemann 1997. 12,00 €. (Sammelband).

*Almagor, Gila: Auf dem Hügel unter dem Maulbeerbaum. München, dtv 1999.

*Asscher-Pinkhof, Clara: Sternkinder. Oettinger, 1998. 7,50 €.

*Barth-Grözinger, Inge: etwas bleibt. Stuttgart, Thienemann 2004. 18,00 €.

*Bayer, Ingeborg: Zeit für Hora. Arena 1989. (zur Zeit vergriffen)

*Burger, Horst: Warum warst du in der Hitlerjugend. Vier Fragen an meinen Vater. Reinbek, Rowohlt 1978. 6,90 €.

*Franková, Hermína: Ein Versteck für Paul. München, dtv 2003. 8,00 €.

*Holler, Renée: Der Geheimbund der Skorpione. Ein Ratekrimi aus dem alten Rom. (= Tatort Geschichte). Bindlach Loewe 2. Aufl. 2003. 7,90 €.

*Kehren, Raphaela: Zwei rostbraune Zöpfe. Weinheim, Beltz&Gelberg 2002 5,90 €.

*Kertész, Imre: Roman eines Schicksallosen. Reinbek, Rowohlt 1999. 8,90 €.

*Kordon, Klaus: Krokodil im Nacken. Weinheim, Beltz&Gelberg 2002. 19,90 €. (als Taschenbuch 9,90 €).

*Levoy, Myron: Der gelbe Vogel. München, dtv 2002. 5,50 €.

*Richter, Hans-Peter: Damals war es Friedrich. München, dtv 1974. 5,50 €.

*Vinke, Hermann: Das kurze Leben der Sophie Scholl. Ravensburg, Ravensburger 1997. 5,95 €.

*Weiss, Ruth: Meine Schwester Sara. München, dtv 2004. 9,00 €.

Bünting, Karl-Dieter: Timo und der Tanz der Buchstaben. München, dtv 2005. 7,00 €.

Castejon, Philippe und Desplanche, Vincent: Die Gründer Roms. Die Welt der römischen Antike. (= Helden, Mythen, Abenteuer). Bindlach, Loewe 2002. 5,00 €.

Fritsche, Susanne: Die Mauer ist gefallen. Eine kleine Geschichte der DDR. München, Hanser 2004. 14,90 €.

Gaarder Jostein: Sofies Welt. Roman über die Geschichte der Philosophie. München u. Wien, Hanser 1999. 10,00 €.

Haß, Ulrike: Der plötzliche Reichtum der armen Leute von Kombach. (zur Zeit vergriffen).

Hatry, Michael: Tina, Charlie, Che und ich. München, dtv 1999. 7,11 €.

Heuck, Sigrid: Meister Joachims Geheimnis. Stuttgart Thienemann 1989. 13,00 €.

Holler, Renée, Fabian Lenk: Auf der Fährte der Verräter. Bindlach, Loewe 2004. 8,95 €.

Holler, Renée, Fabian Lenk: Der geheimnisvolle Unbekannte. Bindlach, Loewe 2004. 8,95 €.

Holler, Renée: Der Geheimbund der Skorpione. Bindlach, Loewe 2002. 8,95 €.

Holler, Renée: Gefahr für den Kaiser. Bindlach, Loewe 2002. 7,90 €.

Holler, Renée: Im Schatten der Akropolis. Bindlach, Loewe 2003. 7,90 €.

Holler, Renée: Rettet den Pharao. Bindlach, Loewe 2002. 7,90 €.

Holler, Renée: Spurensuche am Nil. Bindlach, Loewe 2004. 7,90 €.

Isau, Ralf: Der Kreis der Dämmerung. Bergisch-Gladbach, Lübbe Verlagsgruppe 2005. 7,95 €.

Jinks, Catherine: Pagan in der Fremde. München, dtv 2003. 7,50 €.

Jinks, Catherine: Pagan in geheimer Mission. München, dtv 2004. 7,50 €.

Jinks, Catherine: Pagan und die schwarzen Mönche. München, dtv 2003. 8,00 €.

Jinks, Catherine: Pagan und die Tempelherren. München, dtv 2003. 7,50 €.

Kordon, Klaus: Brüder wie Freunde. Weinheim, Beltz&Gelberg 1992. 5,95 €.

Kordon, Klaus: Frank oder Wie man Freunde findet. Weinheim, Beltz&Gelberg 2005. 9,00 €.

Kordon, Klaus: Mit dem Rücken zur Wand. Beltz&Gelberg 2002. 8,90 €.

Kruse, Max: Im weiten Land der neuen Zeit. Roman über die Entwicklung der Menschheit im Abendland. Von Galilei bis heute. München, Bertelsmann 2003. 7,50 €.

Kruse, Max: Im weiten Land der Zeit. Eine Wanderung durch Zeit und Raum, vom Urknall bis Galilei. München, Bertelsmann 2003. 7,50 €.

Lenk, Fabian: Anschlag auf Pompeji. Bindlach, Loewe 2002. 7,90 €.

Lenk, Fabian: Der Mönch ohne Gesicht. Bindlach, Loewe 2002. 7,90 €.

Lenk, Fabian: Die Spur führt zum Aquädukt. Bindlach, Loewe 2003. 7,90 €.

Lenk, Fabian: Eine Falle für Alexander. 2005. Bindlach, Loewe 7,90 €.

Lenk, Fabian: Fluch über dem Dom. 2004. Bindlach, Loewe 7,90 €.

Lenk, Fabian: Verschwörung gegen Hannibal. 2003. Bindlach, Loewe 7,90 €.

Lewin, Waldtraut: Wenn die Nacht am tiefsten. Caesar und Kleopatra – eine historische Liebe. Bindlach, Loewe 2005. 12,90 €.

Mai, Manfred: Deutsche Geschichte erzählt von Manfred Mai. Weinheim und Basel, Beltz&Gelberg erweiterte Neuausgabe 2003. 14,90 €.

Mai, Manfred: Weltgeschichte erzählt von Manfred Mai. München u. Wien, Hanser 2002. 16,90 €.

Neumann, Dietrich: Joe und der Wolkenkratzer: das Empire State Building in New York. München u.ö., Prestel 1999. 14,95 €.

Orlev, Uri: Das Sandspiel. Weinheim u. Basel, Beltz&Gelberg 1997. (zur Zeit vergriffen).

Osborne, Mary Pope; Osborn, Will: Mit Anne und Philipp bei den Rittern. Bindlach, Loewe 2004. 7,95 €.

Osborne, Mary Pope; Osborn, Will: Mit Anne und Philipp im alten Ägypten. Bindlach, Loewe 2004. 7,95 €.

Parriger, Harald: Verrat am Bischofshof. 2003. Bindlach, Loewe 7,90 €.

Pestum, Jo: Das schwarze Kloster. Thienemann 2003.14,90 €.

Pressler, Mirjam: Die Zeit der schlafenden Hunde. Weinheim, Beltz& Gelberg 2005. 14,90 €.

Quadflieg, Josef: Die Geschichte des Christentums. Düsseldorf, Patmos, 2002. 19,90 €.

Ross, Stewart: Abenteuer im Alten Ägypten. Starnberg, Dorling Kindersley 2004. 12,90 €

Schröder, Rainer M.: Das Geheimnis der weißen Mönche. Würzburg, Arena 2004. 8,90 €.

Schweikert, Ulrike: Das Jahr der Verschwörer. Würzburg, Arena 2003. 7,95 €. (Hörbuch: Jumbo Medien 2004. 17,95 €).

Terhart, Franjo: Das Geheimnis der Amphore. Ein Mitratekrimi aus dem Alten Rom. München, dtv 2006. 6,50 €.

ThiLO: Gefangen im alten Rom. 1001 Abenteuer. Bindlach, Loewe 2005. 6,90 €.

Tworuschka, Monika: Kinder erleben die Weltreligionen. Ein Abenteuerspielbuch. Christentum: im Tunnel der Zeiten; Judentum: der geheimnisvolle Leuchter. Gütersloh, Gütersloher Verlagshaus 1999. 9,90 €.

Wiebke v. Thadden: Eine Tochter ist kein Sohn. Wiebke v. Thadden erzählt die Geschichte der Mädchen. Weinheim und Basel, Beltz & Gelberg 2000. 14,90 €.

Zimmermann, Christa-Maria: Die letzte Fahrt der Hindenburg. Bindlach, Loewe 2000. 5,00 €.

Zimmermann, Christa-Maria: Die Nacht, als die Titanic sank. Bindlach, Loewe 1998. 5,00 €.

14. Verwendete Literatur

Abraham, Ulf, Launer, Christoph (Hrsg.): Weltwissen erlesen: literarisches Lernen im fächerverbindenden Unterricht. (= Deutschdidaktik aktuell; Bd. 7) Baltmannsweiler 2002.

Bergmann, Klaus und Thurn, Susanne: Didaktik der Alltagsgeschichte. In: Handbuch der Geschichtsdidaktik. Hrsg. v. Klaus Bergmann u.a. 4. Aufl. 1992. Seelze-Velber 1992. S. 315-320.

Bergmann, Klaus: Multiperspektivität. In: Handbuch der Geschichtsdidaktik. Hrsg. v. Klaus Bergmann u.a. 5. überarb. Aufl. Seelze-Velber 1997. S. 301-303.

Bergmann, Klaus: Personalisierung, Personifizierung. In: Handbuch der Geschichtsdidaktik. Hrsg. v. Klaus Bergmann u.a., 5. überarb. Aufl. Seelze-Velber 1997. S. 298-300.

Bergmann, Klaus: Multiperspektivität. In: Handbuch Methoden im Geschichtsunterricht. Hrsg. v. Ulrich Mayer, Hans-Jürgen Pandel u. Gerhard Schneider. Schwalbach/Ts. 2004. S. 65-77.

Bergmann, Klaus: Gegenwarts- und Zukunftsbezug. In: Handbuch Methoden im Geschichtsunterricht. Hrsg. v. Ulrich Mayer, Hans-Jürgen Pandel u. Gerhard Schneider. Schwalbach/Ts. 2004. S. 91-112.

Bertschi-Kaufmann, Andrea, Gschwend-Hauser, Ruth: Jugendliteratur in der Lesewerkstatt. In: Praxis Deutsch 127 (1994). S. 50-56.

Brunken, Otto: „Ein Brief des Allmächtigen Gottes an seine Geschöpffe". Biblische Geschichte als historische Unterweisung und Beginn der Geschichtserzählung für Jugendliche. In: Geschichtsbilder. Historische Jugendbücher aus vier Jahrhunderten. Wiesbaden 2000. S. 101-114.

Conrady, Peter: Jugendbücher für Jugendliche – damit sie verstehen, was sie lesen. In: Lesekompetenz erwerben und fördern. Hrsg. v. Claudia Crämer, Iris Füssenich u. Gabriele Schumann. Braunschweig 1998. S. 145-150.

Dolle-Weinkauf, Bernd: Geschichtsstunden mit Spartakus und Robin Hood. Historische Belletristik der sozialistischen und pazifistischen Kinder- und Jugendliteratur vom Kaiserreich bis zum Ende des Zweiten Weltkrieges. In: Geschichtsbilder. Historische Jugendbücher aus vier Jahrhunderten. Wiesbaden 2000. S. 168-182.

Eicher, Thomas: Stichwort Lese(r)förderung. In: Zwischen Leseanimation und literarischer Sozialisation. Konzepte der Lese(r)förderung. Hrsg. v. Thomas Eicher. Oberhausen 1997. S. 7-14.

Emer, Wolfgang: Rezension. In: Lernbox. Lernmethoden – Arbeitstechniken. Hrsg. v. Uwe Horst und Karl Peter Ohly. Seelze-Velber 2000. S. 118-119.

Erbar, Ralph: Jugendbücher zum Thema Nationalsozialismus. In: Praxis Geschichte 3 (1994). S. 56 f.

Feilke, Helmuth; Ludwig, Otto: Autobiographisches Erzählen. In: Praxis Deutsch 152 (1998) S. 15-25.

Franzmann, Bodo: Die Deutschen als Leser und Nichtleser. In: Leseverhalten in Deutschland im neuen Jahrtausend. Eine Studie der Stiftung Lesen. Hrsg. v. Stiftung Lesen und dem SPIEGEL-Verlag (= Schriftenreihe „Lesewelten", 3). Hamburg und Mainz 2001. S. 7-33.

Galle, Heinz: Serienliteratur im „Dritten Reich". In: Kinder- und Jugendliteratur. Ein Lexikon. Hrsg. v. Kurt Franz, Günter Lange u. Franz-Josef Payrhubel. Meitingen 1995 ff. 12. Erg.-Lfg. Juni 2001. S. 1-18.

Gansel, Carsten: Moderne Kinder- und Jugendliteratur: ein Praxishandbuch für den Unterricht. Berlin 1999.

Genuneit, Jürgen: Lesetexte für Leseungewohnte. In: Lesekompetenz erwerben und fördern. Hrsg. v. Claudia Crämer, Iris Füssenich u. Gabriele Schumann. Braunschweig 1998. S. 151-163.

Graf, Werner: Knick oder Kick in der Lektürebiografie? Die literarische Pubertät. In: Lesen + Schreiben. Schüler-Jahresheft 2003. Seelze-Velber 2003. S. 114-116.

Günther-Arndt, Hilke: Der grüne Wollfaden oder Was heißt „Geschichte erzählen" heute? Zu alten und neuen Problemen der Geschichtsdarstellung in Wissenschaft und Unterricht. In: GWU 36 (1985). S. 684-704.

Hagemeister, Volker: Ergebnisse der PISA-Studie. In: Nach PISA: Teamarbeit Schule und Bibliothek. Hrsg. v. Rolf Busch. Bad Honnef 2003. S. 34-51.

Hanke, Eckard: Das historische Jugendbuch im Geschichtsunterricht – ein Beispiel aus der Hauptschule. In: Geschichtsdidaktik 8 (1983).

Henke-Bockschatz, Gerhard: Oral-History im Geschichtsunterricht. In: Geschichte lernen 76 (2000). S. 18-24.

Henke-Bockschatz, Gerhard: Überlegungen zur Rolle der Imagination im Prozess des historischen Lernens. In: GWU 7 (2000). S. 418-429.

Hoffmann, Jeanette: „Es war einmal ein Junge namens Harry Potter." Sprachliches, literarisches und interkulturelles Lernen in der Leseförderung. In: Nach PISA: Teamarbeit Schule und Bibliothek. Hrsg. v. Rolf Busch. Bad Honnef 2003. S. 109-123.

Hurrelmann, Bettina u. Nickel-Bacon, Irmgard: Kinder- und Jugendliteratur in Schule und Unterricht. In: Praxis Deutsch Sonderheft. Seelze-Velber 2003. S. 3-7.

Hurrelmann, Bettina: Klassiker der Kinder- und Jugendliteratur. In: Praxis Deutsch 135 (1996). S.18-25.

Hurrelmann, Bettina: Leseleistung – Lesekompetenz. Folgerungen aus PISA, mit einem Plädoyer für ein didaktisches Konzept des Lesens als kulturelle Praxis. In: Praxis Deutsch 176 (2002). S. 6-18.

Hurrelmann, Bettina: Lesen als Basiskompetenz in der Mediengesellschaft. In: Lesen + Schreiben. Schüler Jahresheft 2003 v. Friedrich Verlag. Seelze-Velber 2003. S. 4-12

Josting, Petra: Geschichte und Jugendliteratur im Nationalsozialismus. In: Geschichtsbilder. Historische Jugendbücher aus vier Jahrhunderten. Wiesbaden 2000. S.183-203.

Jung, Michael: Geschichtserzählung heute: Die Wiedergeburt einer untauglichen Methode. In: Geschichtsdidaktik 4 (1980). S. 383-391.

Kaminski, Winfred u. Haas, Gerhard: Zeitgeschichtliche und politische Kinder- und Jugendliteratur. In: Kinder- und Jugendliteratur. Ein Handbuch. Hrsg. von G. Haas. 3. überarb. Aufl. Stuttgart 1984. S. 88-109.

Kaminski, Winfred: Faschismus. In: Geschichte der deutschen Kinder- und Jugendliteratur. Hrsg. v. Reiner Wild. Stuttgart 1990. S. 266-284.

Kaminsky, Uwe: Oral History. In: Handbuch Medien im Geschichtsunterricht. Hrsg. von Hans-Jürgen Pandel und Gerhard Schneider. Schwalbach/Ts. 2. Aufl. 2002. S. 451-467.

Kirchhoff, Ursula: Die achtziger Jahre. In: Geschichte der deutschen Kinder- und Jugendliteratur. Hrsg. v. Reiner Wild. Stuttgart 1990. S. 354-371.

Kliewer, Hans-Jürgen: Die siebziger Jahre. In: Geschichte der deutschen Kinder- und Jugendliteratur. Hrsg. von Reiner Wild. Stuttgart 1990. S. 328-353.

Knobloch, Jörg: Das Geheimnis der Lesekiste. Leseförderung in Schule und Bibliothek. In: Beiträge Jugendliteratur und Medien. 3/1999. S. 151-157.

Köster, Juliane: Wie kommt der Leser zum Buch? Entscheidungskompetenz gewinnen – Auswahlentscheidungen durchschauen. In: Praxis Deutsch 164 (2000). S. 20-23.

Landherr, Karl: Das Kinder- und Jugendbuch in der Schule. Donauwörth 3. überarb. Aufl. 1996.

Lange, Günter: Zeitgeschichtliche Kinder- und Jugendliteratur. In: Kinder- und Jugendliteratur. Ein Lexikon. Hrsg. v. Kurt Franz, Günter Lange u. Franz-Josef Payrhubel. Meitingen 1995 ff. 5. Erg. Lfg. Februar 1998. S. 1-40.

Leinkauf, Simone: Leseratte, Bücherwurm & Co. Wie Kinder ans Lesen herangeführt werden – mit geprüften Leseempfehlungen. München 2003.

LesArt – Berliner Zentrum für Kinder- und Jugendliteratur (Hrsg.): Von Alex bis Zoo. Auf den Spuren literarischer Figuren. Berlin 1998.

Loewe, Max: Leistungstest PISA. Deutschland spielt weiter in der zweiten Liga. In: Erziehung und Wissenschaft 12/2004. S. 17-18.

Markmann, Hans-Jochen: Das historische Kinder- und Jugendbuch. In: Medien im Geschichtsunterricht. Hrsg. v. Hans-Jürgen Pandel und Gerhard Schneider. Düsseldorf 1985. S. 123-142.

Mayer, Ulrich: „Ich wollte das Buch nicht mit dem Scheitern enden lassen". Faktizität und Fiktionalität im Jugendbuch. In: Geschichte lernen 71 (1999). S. 43-49.

Mayer, Ulrich: Handlungsorientierter Geschichtsunterricht. In: Neue geschichtsdidaktische Positionen. Hrsg. v. Marko Demantowsky u. Bernd Schönemann. Bochum 2002. S. 27-37.

Mayer, Ulrich: Historische Orte als Lernorte. In: Handbuch Methoden im Geschichtsunterricht. Hrsg. v. Ulrich Mayer, Hans-Jürgen Pandel u. Gerhard Schneider. Schwalbach/Ts. 2004. S. 389-407.

Mohrhart, Dieter: Plädoyer für die Geschichtserzählung. In: GWU 2 (1982). S. 94-116.

Niemann, Heide: Formen des Lesens. In: Lesen in der Schule. Perspektiven der schulischen Leseförderung. Hrsg. v. Bertelsmann Stiftung. 6. Aufl. 2001. S. 53-59.

Pandel, Hans-Jürgen und Schneider, Gerhard: Veranschaulichen und Vergegenwärtigen. In: Handbuch der Geschichtsdidaktik. Hrsg. v. Klaus Bergmann u.a. 4. Aufl. 1992. Seelze-Velber 1992. S. 464-469

Pandel, Hans-Jürgen: Comics. Gezeichnete Narrativität und gedeutete Geschichte. In: Handbuch Medien im Geschichtsunterricht. Hrsg. von Hans-Jürgen Pandel und Gerhard Schneider. Schwalbach/Ts. 2. Aufl. 2002. S. 339-364.

Pandel, Hans-Jürgen: Dimensionen des Geschichtsbewusstseins. Ein Versuch, seine Struktur für Empirie und Pragmatik diskutierbar zu machen. In: Geschichtsdidaktik 12/2 (1987). S. 130-142.

Pandel, Hans-Jürgen: Geschichtsunterricht in der Haupt- und Realschule. In: Handbuch der Geschichtsdidaktik. Hrsg. v. Klaus Bergmann u.a. 5. überarb. Aufl. Seelze-Velber 1997. S.526-530.

Pandel, Hans-Jürgen: Legenden–Mythen–Lügen. Wieviel Fiktion verträgt unser Geschichtsbewusstsein? In: Geschichte lernen 52 (1996). S. 15-16.

Pandel, Hans- Jürgen: Erzählen. In: Handbuch Methoden im Geschichtsunterricht. Hrsg. v. Ulrich Mayer, Hans-Jürgen Pandel u. Gerhard Schneider. Schwalbach/Ts. 2004. S. 408-424.

Pech, Klaus-Ulrich: Ein Nesthaken als Klassiker. Else Urys „Nesthäkchen"-Reihe. In: Klassiker der Kinder- und Jugendliteratur. Hrsg. v. Bettina Hurrelmann. Frankfurt a.M. 1995. S. 339-357.

Pleticha, Heinrich: Das geschichtliche Jugendbuch. In: Kinder- und Jugendliteratur. Ein Lexikon. Hrsg. v. Kurt Franz, Günter Lange und Franz-Josef Payrhuber. Meitingen 1995 ff. Grundwerk S. 1-12.

Praxis Deutsch Themenheft „Autobiographisches Erzählen" 152 (1998)

Rank, Bernhard: Zwischen Hitliste und pädagogischem Wert. Erfolgreiche Kinder- und Jugendbücher. In: Lesen+Schreiben. Schüler-Jahresheft 2003. Seelze-Velber 2003. S. 82-85

Reeken, Dietmar von: Das historische Jugendbuch. In: Handbuch Medien im Geschichtsunterricht. Hrsg. v. H.-J. Pandel u. G. Schneider. Schwalbach/Ts. 2. Aufl. 2002. S. 69-83.

Reeken, Dietmar von: Jugendbücher. In: Lernbox Geschichte. Das Methodenbuch. Seelze-Velber 2000. S. 48-51.

Rink, Klaus: Wann beginnt das Lesen? In: Antworten auf PISA: Wann beginnt das Lesen? (= Leseförderung. Schriftenreihe des Zentrums für Literatur in der Phantastischen Bibliothek Wetzlar). Wetzlar 2003. S. 29-38.

Rinn, Karin: Jugendbuchrezensionen. Leseförderung und authentischer Schreibanlass für die Jahrgangsstufe 8. (= Leseförderung, Bd. 4. Schriftenreihe des Zentrums für Literatur in der Phantastischen Bibliothek Wetzlar). Wetzlar 2004.

Rox-Helmer, Monika: Ein Zeitbild der Sechzigerjahre. Zwei Generationen im Gesprächskreis. In: Geschichte lernen 76 (2000). S. 44-49.

Rox-Helmer, Monika: Zeitzeugenbefragung: Mehr als „Erzähl doch mal?". Oral History in der Sekundarstufe II. In: Geschichte lernen 68 (1999). S. 54-59.

Sauer, Michael. Die Zeitleiste. In: Handbuch Medien im Geschichtsunterricht. Hrsg. v. H.-J. Pandel u. G. Schneider. Schwalbach/Ts. 2. Aufl. 2002. S. 197-208.

Sauer, Michael: Geschichte unterrichten. Eine Einführung in die Didaktik und Methodik. 2. Aufl. Seelze-Velber 2003.

Sauer, Michael: Historische Kinder- und Jugendliteratur. In: Geschichte lernen 71 (1999). S. 18-26.

Sauer: Zeitleiste und Geschichtsfries. In: Geschichte lehren und lernen. Seelze-Velber 1997. S. 90-91.

Scheuer, Helmut: Biographie. In: Handbuch der Geschichtsdidaktik. Hrsg. v. Klaus Bergmann u.a. 4. Aufl. 1992. Seelze-Velber 1992. S. 201-204.

Schmitz, Christoph: Lenz und das Krokodil im Nacken. Ein Gespräch mit Klaus Kordon über sein Buch „Krokodil im Nacken". In: Werkstattbuch Klaus Kordon. Weinheim u.ö. 2003. S. 31-42.

Schneider, Gerhard: Ein alternatives Curriculum für den Geschichtsunterricht in der Hauptschule. In: GWU 7/8 (2000) S. 406-417.

Schneider, Gerhard: Gegenständliche Quellen. In: Handbuch Medien im Geschichtsunterricht. Hrsg. v. H.-J. Pandel u. G. Schneider. Schwalbach/Ts. 2. Aufl. 2002. S. 509-524.

Schön, Erich: Vor dem Ende der Lesekultur? Zur Zukunft des Lesens. In:

Zwischen Leseanimation und literarischer Sozialisation. Konzepte der Lese(r)förderung. Hrsg. v. Thomas Eicher. Oberhausen 1997. S.15-17

Schörken, Rolf: Geschichte im Sachbuch. In: Handbuch der Geschichtsdidaktik. Hrsg. v. Klaus Bergmann u.a., 5. überarb. Aufl. Seelze-Velber 1997. S. 612-615.

Schörken, Rolf: Geschichtsbewusstsein/Geschichtsbild. In: Ploetz. Lexikon für den Geschichtsunterricht. Hrsg. v. Gerold Niemetz. Freiburg und Würzburg 1984. S. 59-61.

Schörken, Rolf: Historische Imagination und Geschichtsdidaktik. Paderborn u.a. 1994.

Spinner, Karl H.: Ein Lexikon zum Buch. Eine Anregung zum Leseunterricht. In: Praxis Deutsch 176 (2002). S. 42-43.

Spinner, Kaspar H.: Vielfältig wie nie zuvor. Stichworte zur aktuellen Kinder- und Jugendliteratur und ihrer Didaktik. In: Praxis Deutsch 162 (2000). S. 16-20.

Steinlein, Rüdiger und Kramer, Thomas: Geschichtserzählende Jugendliteratur in Deutschland nach 1945. In: Geschichtsbilder. Historische Jugendbücher aus vier Jahrhunderten. Wiesbaden 2000. S. 204-222.

Steinlein, Rüdiger: Geschichte als Jugendliteratur – Anmerkungen zu Entwicklung und Funktion eines besonderen Genres. In: Geschichtsbilder. Historische Jugendbücher aus vier Jahrhunderten. Wiesbaden 2000. S. 14-56.

Stephan-Kühn, Freya: „Die kühlen, durchdringenden Augen des geborenen Führers". Kinder- und Jugendliteratur als historische Quelle. In: Geschichte lernen 71 (1999), S. 58-61.

Stephan-Kühn, Freya: „Mach, dass unsere Truppen siegen, dass wir wieder schulfrei kriegen". Kinder- und Jugendliteratur als historische Quelle. In: Praxis Geschichte 1 (1994), S. 34-38.

Tillmanns, Cornelia: Die Lesekiste. Eine Methode zur Leseförderung im Deutschunterricht eines 3. Schuljahrs. (= Leseförderung. Schriftenreihe des Zentrums für Literatur in der Phantastischen Bibliothek Wetzlar. Bd.2). Wetzlar 2003.

Tocha, Michael: Auf die Inhalte kommt es an. In: Geschichtsdidaktik 4 (1980), S. 393-397.

Veit, Georg: Historische Jugendliteratur. In: Handbuch der Geschichtsdidaktik. Hrsg. v. Klaus Bergmann u.a., 5. überarb. Aufl. Seelze-Velber 1997. S. 440-446.

Veit, Georg: Von der Imagination zur Irritation. Eine didaktische Neubewertung des Fiktiven im Geschichtsunterricht. In: Geschichte lernen 52 (1996). S. 9-12.

Wierling, Dorothee: Alltags- und Erfahrungsgeschichte. In: Handbuch der Geschichtsdidaktik. Hrsg. v. Klaus Bergmann u.a., 5. überarb. Aufl. Seelze-Velber 1997. S. 233-235.

Wierling, Dorothee: Oral History. In: Handbuch Geschichtsdidaktik. Hrsg. von Klaus Bergmann u.a. 5.überarb. Aufl. 1997. Seelze-Velber S. 236-239.

Wilkending, Gisela: Mädchenliteratur von der Mitte des 19. Jahrhunderts bis zum Ersten Weltkrieg. In: Geschichte der deutschen Kinder- und Jugendliteratur. Hrsg. v. Reiner Wild. Stuttgart 1990. S. 220-250.

Wilkending, Gisela: Geschichtserzählende Literatur für Mädchen bis zum Ende der Weimarer Republik. In: Geschichtsbilder. Historische Jugendbücher aus vier Jahrhunderten. Wiesbaden 2000. S. 133-155.

WOCHEN
SCHAU
VERLAG
... ein Begriff für politische Bildung

Geschichtsdidaktik

Hans-Jürgen Pandel und
Gerhard Schneider (Hrsg.)

Handbuch Medien im Geschichtsunterricht

Mit Beiträgen von:
Ursula A. J. Becher, Klaus Bergmann, Christina Böttcher, Margarete Dörr, Renate El Darwich, Waldemar Grosch, Uwe Kaminsky, Dietmar Klenke, Ulrich Mayer, Hans-Jürgen Pandel, Josef Rave, Dietmar von Reeken, Michael Sauer, Gerhard Schneider, Wulfhild Sydow, Hartmann Wunderer

Medien gewinnen auch im Geschichtsunterricht zusehends an Bedeutung. Das Handbuch bietet das Grundlagenwissen und zuverlässige Informationen über die wichtigsten Arbeitsmittel im Geschichtsunterricht.

ISBN 3-87920-430-6, 672 Seiten,
Studienausgabe € 24,80

Ulrich Mayer, Hans-Jürgen Pandel,
Gerhard Schneider (Hrsg.)

Handbuch Methoden im Geschichtsunterricht

unter Mitarbeit von:
Klaus Bergmann, Markus Bernhardt, Christina Böttcher, Bodo von Borries, Franziska Conrad, Wolfgang Emer, Peter Gautschi, Waldemar Grosch, Gerhard Henke-Bockschatz, Thomas Lange, Ulrich Mayer, Klaus-Ulrich Meier, Bernhard Müller, Elisabeth Ott, Hans-Jürgen Pandel, Michael Riekenberg, Michael Sauer, Gerhard Schneider, Manfred Seidenfuß, Renate Teepe, Uwe Uffelmann, Andreas Urban, Bärbel Völkel, Hartmut Voit, Birgit Wenzel, Hartmann Wunderer

Das Handbuch ist nicht nur ein nützliches und unentbehrliches Hilfsmittel für die Unterrichtspraxis, sondern fasst auch den Diskussionsstand zusammen, gewichtet ihn kritisch und vereinheitlicht nicht zuletzt die disparate Begrifflichkeit im Bereich der Methodik.

ISBN 3-87920-436-5, 704 S., € 42,80

www.wochenschau-verlag.de

Adolf-Damaschke-Str. 10, D-65824 Schwalbach/Ts., Tel.: +49(0)6196/86065, Fax: +49(0)6196/86060, info@wochenschau-verlag.de

Hans-Jürgen Pandel

Geschichts-
unterricht
nach PISA

Bildungsstandards
und Kompetenzen

ISBN 3-89974171-4, 160 S., € 16,80

Nach dem Erscheinen der PISA-Studie ist der Geschichtsunterricht im Umbruch. Der Einschnitt wird vermutlich schärfer sein als in den 1970er-Jahren. Damals wurde über Rahmenrichtlinien, Wissenschaftsorientierung sowie Lernziele debattiert, und es entstanden neue Schulbuchtypen. Heute stehen die Begriffe Bildungsstandards, Kompetenzen, Kerncurriculum und Kanon im Mittelpunkt. Mit diesen Begriffen ist nicht nur der Geschichtsunterricht, sondern auch die Geschichtsdidaktik herausgefordert.

Über fachspezifische Bildungsstandards oder Kompetenzen wurde allerdings bisher nicht nachgedacht. Selbst in neuesten Veröffentlichungen der Geschichtsdidaktik sucht man sie vergeblich. Deshalb füllt jeder diese Begriffe nach eigenem Gutdünken.

Hans-Jürgen Pandel versucht in seinem Essay, eine Diskussionsgrundlage für einen Modernisierungsprozess des Geschichtsunterrichts zu geben.

Aus dem Inhalt:

- Veränderungen
- Geschichtsbewusstsein als Ziel
- Kompetenzen
  - Gattungskompetenz
  - Interpretationskompetenz
  - Narrative Kompetenz
- Graduierung – Stufen
- Kanon und Kern
- Ein Kerncurriculum für Geschichte als Denkfach
- Lehrplankonstruktion
- Geschichtskultur

WOCHEN SCHAU VERLAG

WÖRTERBUCH GESCHICHTS- DIDAKTIK

Ulrich Mayer, Hans-Jürgen Pandel, Gerhard Schneider, Bernd Schönemann (Hrsg.)

Wörterbuch Geschichtsdidaktik

Zum ersten Mal in der 250-jährigen Disziplingeschichte der Geschichtsdidaktik liegt ein fachspezifisches Wörterbuch vor. Es bietet Informationen zu folgenden Themen (Auszug):

- Anforderungsniveau
- Anthropologie
- Archiv
- Begriffsgeschichte
- Bilder
- Bildungsstandard
- Chronik
- Comics
- Curriculum/Lehrpläne
- Denkmal
- Didaktische Analyse
- Einheitliche Prüfungsanforderung (EPA)
- Einstieg
- Erinnerungsorte
- Erzählen
- Eurozentrik
- Fakten
- Fiktion
- Film
- Gedächtnis
- Gegenwartsbezug
- Georg-Eckert-Institut
- Geschichtsbewusstsein
- Geschichtskultur
- Geschichtsrevisionismus
- Geschichtswettbewerb
- Geschichtswissenschaft
- Historikerstreit
- Historismus
- Identität

- Ideologiekritik
- Intertextualität
- Kanon
- Karikatur
- Kompetenz
- Konstruktivismus
- Längsschnitte
- Lehr-/Lernforschung
- Lehrpläne, Curricula
- Lernziele
- Living History
- Motivation
- Multiperspektivität
- Museumspädagogik
- Oral History
- Parteilichkeit
- Personalisierung
- PISA
- Projektarbeit
- Quellen
- Sachurteil
- Schülerwettbewerbe
- Sozialgeschichte
- Statistik
- Tradition
- Transfer
- Universalgeschichte
- Wehrmachtsausstellung
- Werturteile

ISBN 3-89974257-5, ca. 220 S., Hardcover, ca. € 12,80

Subskriptionspreis: € 10,– bis 30.6.2006

www.wochenschau-verlag.de

Adolf-Damaschke-Str. 10, 65 824 Schwalbach/Ts., Tel.: 06196 / 8 60 65, Fax: 06196 / 8 60 60, e-mail: info@wochenschau-verlag.de